职业技能培训教材

ZHIYE JINENG PEIXUN JIAOCAI

内燃装卸机械修理工

山东港口青岛港集团有限公司　组织编写

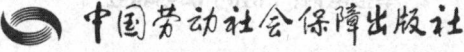

图书在版编目（CIP）数据

内燃装卸机械修理工 / 山东港口青岛港集团有限公司组织编写. -- 北京：中国劳动社会保障出版社，2024. --（职业技能培训教材）. -- ISBN 978-7-5167-6739-9

I. U653.92

中国国家版本馆 CIP 数据核字第 20244VQ514 号

中国劳动社会保障出版社出版发行

（北京市惠新东街 1 号　邮政编码：100029）

*

河北宝昌佳彩印刷有限公司印刷装订　　新华书店经销

787 毫米 × 1092 毫米　16 开本　16.25 印张　300 千字

2024 年 12 月第 1 版　2025 年 3 月第 2 次印刷

定价：56.00 元

营销中心电话：400-606-6496

出版社网址：https://www.class.com.cn

版权专有　　侵权必究

如有印装差错，请与本社联系调换：（010）81211666

我社将与版权执法机关配合，大力打击盗印、销售和使用盗版图书活动，敬请广大读者协助举报，经查实将给予举报者奖励。

举报电话：（010）64954652

编审委员会

主　任：苏建光　李武成
副主任：张保华
委　员：吴宇震　崔　亮　王芙玲　袁　青
　　　　赵　波　邢东亮　姚如秀　王　晋
　　　　李　涛

编写人员

主　编：孙晓林　杜　红
副主编：滕　斐　林　蓓
编　者：王立国　张克鹏　李雅蕾

前　言

工人伟大，劳动光荣。党的二十大报告明确提出，要深入实施人才强国战略，并把大国工匠和高技能人才作为国家战略人才力量的重要组成部分。党的二十届三中全会审议通过的《中共中央关于进一步全面深化改革、推进中国式现代化的决定》指出，要"着力培养造就卓越工程师、大国工匠、高技能人才，提高各类人才素质"，进一步彰显加强技能人才队伍建设的重要意义。近年来，中共中央、国务院制定出台了《新时期产业工人队伍建设改革方案》《关于提高技术工人待遇的意见》《关于加强新时代高技能人才队伍建设的意见》等一系列指导意见，为加强技能人才队伍建设顶层设计、深化技能人才发展体制机制改革提供了有力保障。

企业技能等级认定是技能人才工作的重要组成部分，是企业技能人才开发的"牛鼻子"和"指挥棒"。为进一步贯彻落实中共中央关于技能人才队伍建设系列工作要求，山东港口青岛港结合港口新材料、新工艺、新技术、新设备的应用，以及港口机械设备大型化、自动化、智能化的普及，特成立教材编写小组，编写了6册港口职业技能等级认定教材，期待为港口行业各职业工种高技能人才借鉴提供有益参考。

本系列教材适应了当前港口的发展变化以及港口装卸（电动、内燃、流体）机械司机和维修工新颁布的国家职业标准要求，坚持以培养从业人员职业能力和满足岗位需求为目的，内容难易适度，理论知识以"够用"为度，确保从业人员能看得懂、学得会。同时，注重理论联系实际，重点帮助从业人员了解港口装卸机械的基本组成、结构和工作原理，掌握港口装卸机械的基础知识和基本技能，着重提高从业人员的职

前言

业素养和实际操作技能。教材具有较高的针对性、通用性和实用性，可满足技术工人自学需求及港口行业职业技能等级认定学习需要。

山东港口青岛港集团有限公司组织编写本系列教材，得到了山东省人力资源和社会保障厅相关处室、山东省公共就业和人才服务中心、青岛市人力资源和社会保障局、青岛市人力资源发展研究与促进中心、山东省港口集团有限公司党委组织部（人力资源部）的指导帮助，得到了中国港口协会、青岛港湾职业技术学院的大力支持，在此深表谢意。由于编者能力和时间所限，教材中难免存在部分问题和缺陷，敬请各位专家、读者批评指正。

山东港口青岛港集团有限公司教材编写组

2024 年 9 月

目 录
Contents

第一章　内燃装卸机械修理工艺 / 001
第一节　机械的修理 / 001
第二节　机械设备的拆卸 / 008
第三节　机械零部件的装配 / 011
第四节　常用修复技术 / 014

第二章　发动机的装配与维修 / 034
第一节　内燃机的基本组成与工作原理 / 034
第二节　发动机两大机构的装配与维修 / 040
第三节　发动机四大系统的装配与维修 / 057
第四节　发动机的装配 / 071
第五节　发动机常见故障诊断与排除法 / 078

第三章　液压系统的装配与维修 / 086
第一节　液压传动的工作原理与系统组成 / 086
第二节　液压系统故障分析方法 / 089
第三节　液压泵的修理与装配 / 092
第四节　液压马达的修理与装配 / 105
第五节　液压油缸的修理与装配 / 108
第六节　液压控制阀的修理 / 114
第七节　液压辅助装置的修理 / 138
第八节　港口典型设备液压系统的修理 / 143

第四章 底盘的检修与调整 / 163

第一节 传动系统的检修与调整 / 163
第二节 行驶系统的检修与调整 / 176
第三节 转向系统的检修与调整 / 180
第四节 制动系统的检修与调整 / 185
第五节 回转系统的检修与调整 / 191

第五章 内燃装卸机械的维护保养 / 207

第一节 内燃装卸机械的保养 / 207
第二节 内燃装卸机械的磨损及控制 / 211
第三节 内燃装卸机械的防腐 / 219
第四节 内燃装卸机械的涂漆 / 224

第六章 检测技术在港口设备上的应用 / 229

第一节 内燃装卸机械的故障 / 229
第二节 常见故障诊断方法 / 233
第三节 内燃机械故障自诊断系统 / 237

第七章 新技术在内燃装卸机械上的应用 / 243

第一节 新型能源动力车辆技术 / 243
第二节 环保排放电子控制系统 / 246
第三节 新材料的应用 / 249

第一章
内燃装卸机械修理工艺

第一节 机械的修理

内燃装卸机械的修理是指在内燃装卸机械技术状况劣化或发生故障后，为了恢复其应有功能、消除故障而采取的更换或修复已磨损、失效的零部件，以及对整机或局部进行拆装、调试等技术活动。

一、修理原则

1. 预防为主的原则

设备管理必须贯彻预防为主的原则。有计划地对内燃装卸机械进行预防性修理，是保证内燃装卸机械在使用过程中保持良好运行状态，并避免故障频繁发生的重要措施，也是贯彻预防为主原则的重要手段。

在内燃装卸机械的维修管理中，维护保养和计划修理两者相辅相成，是一个不可分割的有机整体。良好的内燃装卸机械维护保养，可以减缓劣化趋势、延长修理周期，达到减少修理工作量、降低修理费用的效果。目前，许多港口在内燃装卸机械维修管理中，已在积极研究探索对内燃装卸机械采取强制保养、预防维修的做法，并已初步取得较为明显的成果。

2. 经济合理的原则

从经济的角度考虑，过多的维修会因维修过剩而增加维修费用；过少的维修会因维修不足而导致内燃装卸机械加剧劣化，增加故障停机损失和修理费用。因此，需要

根据不同的条件选择合理的维修方式。这也充分体现出维修的经济性是内燃装卸机械修理管理的重要方面。

另外，在保证内燃装卸机械修理质量的前提下，还应积极开展修旧利废、进口配件国产化替代等工作，努力降低修理成本。

3. 为生产经营服务的原则

内燃装卸机械是港口装卸生产经营活动的重要物质基础，只有技术状态完好的内燃装卸机械才能保证装卸生产的正常进行。因此，内燃装卸机械的维修必须树立为装卸生产经营创造经济效益服务的观点，具体可体现在以下几个方面。

（1）正确处理生产与维修的关系，按照生产经营特点合理安排维修计划。

（2）根据装卸生产不平衡的特点，充分利用维修"窗口"组织维修。

（3）努力探索运用先进的维修方式，缩短维修停机时间。

（4）提高维修质量，减少故障，提高内燃装卸机械的可靠利用率。

充分合理地利用设备，为企业生产经营活动服务是企业设备管理的首要任务。正确的做法应是：将修理内容"化整为零"，在时间上应尽可能利用生产间隙"见缝插针"去完成。开工前应作好充分准备，特别是要准备好备品和工具、仪器；开工后要加强管理，确保修理按时完成。当生产间隙实在难以满足修理需求时，生产应作有限度的让步，即"扩缝插针"。见缝插针、化整为零、加强管理、落实备品的做法，对连续作业的内燃装卸机械维修尤为适用。

4. 修理与改造相结合的原则

对现有内燃装卸机械采用修理与改造相结合的办法，是改善和提高其性能、生产能力的一种最经济、最有效的技术措施，可取得投资少、收效快的效果。

结合修理对现有内燃装卸机械进行改造，是指应用现代科学技术成果，通过部分改造内燃装卸机械的机构，或安装新的装置、新的附件等手段，使内燃装卸机械原有的性能得到改善和提高，或使内燃装卸机械增加新的功能、扩大生产能力，使其达到或局部达到新设备的技术水平，使内燃装卸机械得到质的提升。

二、修理制度

1. 计划预修制

计划预修制的含义是：为防止设备意外损坏而按预定计划进行的预防性维护、修理、管理的组织措施和技术措施。它的理论基础是磨损理论和疲劳累积损伤理论。执行计划预修制的目的是防止设备急剧磨损和老化，因此，在执行期间，不管设备运转过程中的技术状况如何，都应严格按计划进行停机修理，以恢复设备功能，保持设备处于正常发挥应有效能的状态，以保证企业实现安全可靠的生产。

计划预修制是通过两个基本手段来实现的：一是有严格的修理周期；二是有一系列完善的维修定额标准。

（1）修理周期

包括间隔期、修理周期结构和内容。

1）间隔期：相邻两次同级修理间的运行小时。

2）修理周期结构：一个修理周期内，大修、中修、小修、保养的次数和排列顺序。

3）内容：各种修理类别的作业范围和技术标准。

由于各港口企业的内燃装卸机械结构、技术状况、维修力量、生产需要及使用条件等情况不同，因此，修理周期也不尽相同。各港口企业可根据生产与经济等综合因素，制订各自的修理周期结构和内容并贯彻实施。

（2）维修定额标准

1）维修工时定额：企业为完成内燃装卸机械各种维修工作所需的劳动时间标准。

2）维修费用定额：每个修理类别所需耗费的费用，包括材料费和人工费。

3）材料消耗定额：每个修理类别所需材料（包括零配件）的消耗额度。规定材料消耗定额可起到控制和降低维修费用的目的。

4）维修停车日定额：各个修理类别所需停车修理的时间规定。

维修定额标准可以为制订修理计划提供依据，同时也是内燃装卸机械维修工作的考核依据。

2. 状态维修制

状态维修制又称状态监测维修制，是自20世纪70年代开始逐步发展起来的一种设备维修管理方式。

故障理论、统计理论和概率论是状态维修制的理论基础。这种维修管理方式不以运行小时为依据，而是利用检测设备和检测技术对设备的技术状态进行检测，并应用数理统计方法对检测所获取的数据信息进行分析、处理，对设备劣化趋势和故障发生时间进行判断，再根据以上结论在必要时对设备进行适时、有针对性的维修。

（1）状态维修制的原则

内燃装卸机械的技术状态变化受使用、维护、修理等多方面因素的影响，在状态维修制中这些因素是一个有机整体。在执行状态维修制时必须遵循以下几点原则。

1）正确使用的原则。规范内燃装卸机械操作人员的操作行为，使操作人员能严格按技术要求规范操作，可以起到防止内燃装卸机械在作业过程中发生非正常磨损，减缓劣化趋势，延长使用寿命的作用。正确使用内燃装卸机械可以达到延长修理间隔期的目的。

2）强制保养的原则。内燃装卸机械在使用过程中，由于存在运动、摩擦、内部应力和腐蚀等物理、化学变化，因此，必然会导致技术状态不断劣化，并通过设备零部件松动、温升异常、设备异响等现象表现出来。不管内燃装卸机械技术状况如何，定期对内燃装卸机械按规范进行强制保养，可使内燃装卸机械的状态劣化得到及时改善，消除可以避免的磨损和损坏，起到保持设备状态和减缓劣化趋势的作用，在实质上延长了修理间隔期。因此，对内燃装卸机械执行强制保养是状态维修制的基础，没有强制保养的基础保证，也就无法推行状态维修制。

3）适时修理的原则。执行状态维修制，必须通过检测随时掌握内燃装卸机械状态潜在的变化情况，适时对内燃装卸机械实施修理。不适时的维修会破坏内燃装卸机械的正常磨合状态，存在损坏机械的潜在可能性；适时的维修可以在保持内燃装卸机械良好技术状态的前提下，收到减少修理工作量、节约维修费用的效果。

（2）技术状态检测

执行状态维修制的关键是对内燃装卸机械技术状态的检测。该检测一般可分为以下两种。

一是主观检测。主观检测是指以经验为主，通过人的感官凭经验主观地判断设备状态。这种检测方法不需大量投资检测设备，因此，目前在各行业中已得到广泛应用。但是，这种检测方法不能定量地给出内燃装卸机械状态变化的参数，不能确切地反映劣化的程度及发展趋势，因此，它只是状态维修制的一种辅助性检测方法。

二是客观检测。客观检测是指利用各种检测仪器对内燃装卸机械进行检测。这种方法能比较确切地反映出内燃装卸机械的技术状况，并能结合数理分析方法正确掌握劣化的发展趋势。通过客观检测所取得的状态信息是状态维修制决策的重要依据。这种检测方法的缺点在于需要高昂的检测仪器费用及丰富的检测判断技术，因此，除了对生产影响比较大的关键设备以外，检测仪器一般以简单的便携式仪器为主，并根据客观条件适当地配备少量精密仪器来完成对内燃装卸机械的检测。

（3）状态维修的质量保证

为提高内燃装卸机械状态维修的工作质量，应重视如下两点。

1）合理确定检测项目。检测项目确定的正确与否直接反映状态维修的工作水平，所确定的检测项目必须是能反映出整机或总成部件技术状态变化的关键项目。确定检测项目是一项难度较大的工作，需要通过研究和实践不断地总结。

2）应用计算机管理。将来自使用、保养、故障、修理、检测等多方面的状态信息进行汇总，经分析处理才能为维修决策提供正确的依据。此项工作的工作量大、难度高，依靠人工有一定困难。为提高决策效率，应借助计算机将所获取的信息进行分析处理，提高对内燃装卸机械的劣化趋势判断的精确度，预测故障发生期，最终为维修决策提供正确的依据。

三、修理分类

1. 计划预修制分类

计划预修制将修理分为大修、中修、小修和项修四个类别，其含义如下。

（1）大修

大修是一种恢复性修理，是计划预修制中工作量最大的一种修理，其目的是通过大修恢复内燃装卸机械的动力性、经济性和机件的坚固性，以确保内燃装卸机械技术状况完好并延长其使用寿命。

大修作业的内容有：将内燃装卸机械的全部或大部分部件解体，检验分类，更换不可用零件，修复需修零件，并按规范进行装配、试验、调整、试车。

大修虽然是一种恢复性修理，但大修后很难保证内燃装卸机械的技术性能得到100%的恢复。大修后的内燃装卸机械除了技术性能会比上一次大修前有所降低，所耗费用也会随着大修次数的增加而增加，所以无论在经济上还是技术上都不宜对内燃装卸机械进行过多次数的大修，而应采用更新或大修与改造相结合的方法来保持和提高内燃装卸机械的性能和生产能力。

（2）中修

中修是一种平衡性修理，是计划预修制中工作量介于大修和小修之间的一种修理，其目的是消除内燃装卸机械各总成的不平衡磨损，以延长两次大修的间隔。

中修作业的内容有：更换或修复部分无法使用至下次计划修理时间的磨损零件。一般情况下，应将内燃装卸机械的主要总成部件进行解体修理，其他部分则采取检查和维护性修理。目前各港口企业已基本上用项修来替代中修。

（3）小修

小修是一种维护性修理，是计划预修制中工作量最小的一种修理，其目的是消除部分零件因自然磨损、操作不当或保养不良所造成的局部损伤，以保持各总成、组合件的正常运行。

小修作业的内容有：拆检部分总成和组合件，更换或修复失效或即将失效的一般零部件，并进行必要的调整，以保证内燃装卸机械的正常工作能力。

（4）项修

项修又称项目修理，是根据内燃装卸机械的实际技术状况，并结合其使用特点及存在的问题，按实际需要对内燃装卸机械技术状态劣化的一个或几个项目进行有针对性的修理。通常对内燃装卸机械某个项目的修理，应等同于对该项目实施的大修。

2. 状态维修制分类

状态维修制是在合理使用、强制保养、酌情维修的基础上建立起来的一种新型维修管理体制，其修理的主要依据是通过检测手段获取的内燃装卸机械实际技术状况及劣化发展趋势，力图在故障发生前对内燃装卸机械的一个部分或几个部分实施有针对性的修理。它不像计划预修制那样有严格的修理间隔期和明确的修理类别。

根据目前状态维修制的发展和国内各港口企业对状态维修制的探索及研究成果，状态维修制所采用的修理类别主要是检修、项修和大修。

（1）检修

检修是指运用人的感官，对内燃装卸机械进行诸如日常检查、定期检查、巡回检查、定期普查等多种形式的检查，发现故障征兆后及时实施修理。检修能及时消除内燃装卸机械的故障隐患，使其保持或恢复正常的技术状态。检修的基本做法如下。

1）建立由有实践经验的专业人员组成的专门组织承担内燃装卸机械检修任务。

2）在检查过程中，发现内燃装卸机械的一般故障征兆，采用边查边修的方法及时消除。

3）当发现较大的故障征兆时，及时将其列入修理计划，并采用有针对性的项修方法解决。

（2）项修

状态维修制项修的基本含义与计划预修制项修基本相同，所不同的是，在状态维修制中，项修是在对内燃装卸机械的检测和对检测结果进行分析处理后，针对内燃装卸机械的劣化趋势预测故障发生期，有计划地对其中一个部分或几个部分实施有针对性的修理。项修是状态维修制中主要的修理类别。

（3）大修

在状态维修制里应适当保留大修。这是因为，我国多数港口企业内燃装卸机械的维修管理正处在由计划预修制向状态维修制过渡的时期，在各个环节上还不尽完善。在此状态下完全去除大修有可能会因维修不足而影响内燃装卸机械的利用率和企业的生产效益。为弥补这一缺陷，需要在状态维修制中适当保留大修这一修理类别。

四、修理方法

整机综合修理法适用于一般内燃装卸机械的常规修理，也是比较常用的方法，这里不进行详细介绍。以下主要介绍适用于重点内燃装卸机械（包括专用机械、关键设备和难以替代的其他内燃装卸机械）的几种大修方法，其目的是大幅度缩短停机修理时间，使它们的一次停修时间不至于过长。

目前广泛使用的修理方法是总成互换修理法和分部件修理法。

1. 总成互换修理法

（1）总成互换修理法的适用范围

在修理实践中，通常认为总成是由壳体连接起来的零件所组成的组装单元，如发动机、变速箱、减速器、液压泵等。总成互换修理法是指在修理时用新的或预先修理好的总成备份来更换已损坏的组装单元。使用预先准备好的总成备份可以大幅度缩短因修理工作而造成的设备停歇时间，将修理造成的停产损失降低到最低限度。

在计划修理制中，应用总成互换修理法，并不意味着所修机械的全部组装单元都要用预先准备好的总成备份来替换，需要替换的大多是进行修复时会导致整机修理时间延长的部件。因此，在开始修理之前需要制定全面的修理技术方案和修理作业工艺规程，准备好修理所需的全部辅助和专用工具等，尽可能缩短修理停机时间。因此，总成互换修理法需要同普通的修理法相结合使用。

（2）置备总成备份的原则

为了缩短非计划修理的停歇时间，通常按下述方式确定需要置备总成备份的品种和数量。

首先统计非计划修理事项，确定设备中各组装单元的故障频率和故障造成的停机时间，然后分析这些停机对生产进度的影响。在分析故障原因的基础上，制定改变结构、更换材料、采用热处理等相应措施，以提高组装单元的可靠性及其使用寿命。如使用以上措施依然无法降低故障频率，且故障造成的停机给装卸生产造成很大损失，则应为该组装单元置备总成备份。

为了提高维修效率，应确定总成备份的储备数量，这需要预估出使用总成备份更换损坏件所耗用的时间，以及因此而造成的设备停歇时间。如果某个组装单元故障频率很高，而且完成修理所需的时间超过了此组装单元在现有设备上的平均无故障工作时间（或者超过了此组装单元在某一设备上需要更换的平均间隔期），则应为其预先置备若干个总成备份。

为了扩大总成互换修理法的应用范围，应实现总成备份的标准化。组装单元储存期的长短是判别是否应置备该单元总成备份的指标之一，而储存期又取决于此组装单元无故障工作的持续时间（即使用寿命），以及可利用此组装单元的设备数量。通过标准化，可以增加利用该组装单元的设备数量，同时减少总成备份的储备数量。经过标准化的总成可以经常处于周转状态。因此，即使需要花费大量费用购置这些总成备份也依然可以保证修理的经济性。

推行总成互换修理法时，必须为总成备份制定技术验收和试验程序标准，以保证修理的质量和使用时的可靠性，此外，还应该规定修理部件的储存办法及其检验程序。如果这些组装单元部件是集中进行修理的，那么修理好的部件应送主管部门的备件库保存，而且只用于总成备份。

2. 分部件修理法

一般情况下，大修需要将内燃装卸机械完全解体，一次性进行各类机构的恢复性修理。采用这种大修方法时，内燃装卸机械各个部件及机构的修理作业可以在合理的工艺安排下或分散或同时进行，这就是通常采用的整机综合修理法。这种修理方法对于具有一定修理能力的企业来说是最合适的，它能保证花费的劳动力最少、修理的时间最短。

但是在实际修理中往往会出现一些无法使用整机综合修理法的情况。例如，根据装卸生产的进度安排，不可能让内燃装卸机械一次性长时间停歇来完成全套修理作业。又如，内燃装卸机械中的某一个机构或系统必须立即修理，但又不具备同时修理其他机构或系统的条件，如缺少配件、修理工人不足、修理环境受限等。

在这种情况下进行大修就不是一次完成全部工作量，而是分成几个部分进行。这种不将内燃装卸机械的停机修理集中安排在一次，而是分成几个短暂的时间段，分别修复其中个别组装单元和个别机构的修理方法，称为分部件修理法。

分部件修理法主要适用于生产负荷很高，停机修理对生产影响较大的设备。采用这种方法来组织大修，可以使内燃装卸机械的修理对生产的影响降低到最低程度。

在有些场合，往往将分部件修理法和总成互换修理法相结合，在使用分部件修理法进行大修时，同时使用个别的总成备份对损坏的组装单元进行替换，可以取得良好的修理效果。

第二节　机械设备的拆卸

任何机械设备都是由许多零部件组合而成的，需要修理的机械设备，必须经过拆卸才能对失效的零部件进行修复或更换。如果拆卸不当，则会造成零部件损坏，设备精度降低，甚至导致无法修复。

拆卸机械设备是为了检查和修理机械零部件，拆卸工作约占整个修理工作量的20%。为保证修理质量，在拆卸机械设备前必须周密计划，预估可能遇到的问题。

一、拆卸前的准备工作

1. 拆卸场地的选择与清理

拆卸前应选择好工作地点，不要选在有风沙、尘土的地方。

2. 保护措施

在清洗机械设备外部之前，应预先拆下或保护好电气设备，以免受潮损坏。

3. 拆前放油

尽可能在拆卸前将机械设备中的润滑油趁热放出，以利于拆卸工作的顺利进行。

4. 了解机械设备的结构、性能和工作原理

为避免拆卸工作中的盲目性，确保修理工作的正常进行，在拆卸前应详细了解机械设备各方面的状况，熟悉机械设备各部分的结构特点、传动方式，以及零部件的结构特点和相互间的配合关系，明确零部件的用途和相互间的影响，以便合理安排拆卸步骤，选用适宜的拆卸工具或设施。

二、拆卸的常用方法

1. 击卸法

击卸法是指利用锤或其他重物冲击的力量使配合的零部件移动。对于结构比较简单、坚实或不重要部位可采用此方法。使用击卸法时应遵守下列规定。

（1）应根据被击卸件的大小、质量及结合的牢固程度，选择大小适当的锤子。

（2）应使用铜棒、木棒、木板等对被击卸件的轴端、套端、轮缘等进行保护，对于某些重要零部件应制作击卸用的垫铁。

（3）应对被击卸件进行试击，以了解零件的结合牢固程度，并试探其走向。若听到坚实的声音，则要立即停止击卸，检查该声音是否由于走向相反或由于紧固件漏拆而引起。

（4）零部件严重锈蚀时，可加煤油浸润。

（5）击卸前应检查锤柄是否松动，以防猛击时锤头脱柄飞出。

（6）从轴上拆卸零部件时应将打击力施加在内座圈上，且一个部位每打击一次后需移动一下位置，使内圈受到均匀打击。

（7）从孔中拆卸轴衬套时，打击力应施加在衬套上，衬套的打击表面必须垫上垫块。

2. 拉卸法

使用拉卸法拆卸的零部件不承受冲击力，适用于精度较高，且不允许或无法敲击的零部件，以及尺寸较大或过盈较大的零部件。使用拉卸法时应遵守下列规定。

（1）仔细检查轴（套）上的定位紧固件，检查弹性卡圈、止动螺钉、紧固螺钉、螺母等是否完全拆下。

（2）在拉卸轴时应明确轴的拆出方向。拆出方向一般为轴的大端、孔的大端、花键轴的盲端。当无法明确轴的拆出方向时，应小心试击或试拉，判明有无坚实声响或用钢尺测量轴是否移动，然后继续拉卸或纠正拉卸方向。

（3）在拉卸过程中要注意轴上的键能否通过螺母、垫套、齿轮、轴承等的内孔，并应防止弹性卡圈、薄垫圈等落入槽内。

（4）应防止零件毛刺、污物等落入配合孔内卡住零件。

3. 压卸法

压卸一般在各种手压机或液压机上进行，适用于形状简单的静止连接零部件。为使轴和被拆件免遭破坏，可采取将零部件加热的方法进行压卸。

三、拆卸的一般原则

1. 拆卸前必须熟悉设备内部构造、设备特性和每个零部件的用途及相互间的关系，了解每个零部件的结构，牢记典型零部件的位置和作用。

2. 拆卸时应了解拆卸步骤、所应用的工具及其使用方法，必须保证不会对零部件造成损伤，严禁盲目敲打。

3. 拆卸时，应测量被拆卸件的装配间隙及其与相关零部件的相对位置，并进行标记，且标记应打在侧面，不得打在工作面上。机械设备的拆卸顺序一般是由整体拆成总成、由总成拆成部件、由部件拆成零件，或由附件到主机、由外部到内部。

4. 应按照与装配相反的次序和方向进行拆卸。

5. 拆下的零部件应分别放置在专用的零件箱内，按照原有结构连接在一起；对于精密的零部件应保持清洁，不得堆压，并用干净的塑料布或其他柔软材料包好，妥善保管；对于较大的部件宜放在干燥木板上，并注意遮盖防尘和防止磕碰。

6. 细长的轴拆卸下来后，应用多支点支承或将其垂直悬吊起来，以免产生弯曲变形。

7. 可以不拆卸，或拆卸后可能降低连接质量的零部件，不宜拆卸；标明不准拆卸的零部件严禁拆卸。

8. 对于热装配的零部件，应将其均匀加热至规定温度后方可拆卸。

9. 严禁用火焰直接加热的方法拆卸滚动轴承，可采用热油等加热方法，但油温不得超过 100 ℃。

10. 在拆卸过程中应注意安全。使用的拆卸工具必须牢固，操作必须准确；拆卸较高或较长的零部件时，应防止其倒塌或倾覆。

四、拆卸时的注意事项

1. 对拆卸零件要做好核对工作或进行标记

机械设备中有许多相互配合的组件和零部件，因为经过选配或质量平衡，所以装配的位置和方向均不允许改变。

2. 分类存放零部件

对拆卸下来的零部件存放应遵循如下原则：同一总成或同一部件的零件应尽量放在一起，根据零件的大小与精密度分别存放，不应互换的零件要分组存放；怕脏、怕碰的精密零部件应单独拆卸与存放，怕油的橡胶件不应与带油的零部件一起存放；易丢失的零件，如垫圈、螺母要用铁丝串在一起或放在专门的容器里，各种螺柱应装上螺母存放。

3. 保护拆卸件的加工表面

在拆卸的过程中，一定不要损伤零件的加工表面，否则将给修复工作带来麻烦，也会因此引起漏气、漏油、漏水等故障，同时还可能导致机械设备的技术性能下降。

第三节 机械零部件的装配

任何一台庞大复杂的机械设备都是由许多零件和部件组成的。按照规定的技术要求，将若干个零件组合成组件，再将若干个组件和零件组合成部件，最后将所有的部件和零件组合成整台机械设备的过程，分别称为组装、部装和总装，统称装配。

一、机械装配的一般工艺要求

1. 装配的技术准备工作

（1）研究、熟悉机械设备及各部件的总成装配图和有关技术文件。

（2）根据零部件的结构特点和技术要求，确定合适的装配工艺、方法和程序，准备好必备的工具、量具、夹具和材料。

（3）按照清单清理、检测各备装零件的尺寸精度与制造或修复质量，核查技术要求，凡有不合格者一律不得装配。

（4）零件装配前清洗。

2. 装配的工艺原则

（1）对于过渡配合和过盈配合零件的装配，如滚动轴承的内、外圈等，必须采用相应的铜棒、铜套等专门工具和工艺措施进行手工装配，或按技术条件借助设备进行加温加压装配。

（2）对油封件必须使用芯棒压入。对配合表面要仔细检查并擦拭干净，若有毛刺，则应修整后方可装配。螺柱连接应按规定的转矩值分多次均匀紧固，螺母紧固后，螺柱应露出不少于两个螺牙且各螺牙应等高。

（3）凡是摩擦表面，如轴颈、轴承、轴套、活塞、活塞销和缸壁等，装配前均应涂上适量的润滑剂。

（4）过盈配合件装配时，应先涂润滑脂，以利于装配和减少配合表面的初磨损。

（5）对某些有装配技术要求的零部件，如有装配间隙、过盈量、灵活度、啮合印痕等要求的零部件，应边安装边检查，并随时进行调整，以避免装配后返工。

（6）在装配前，要对有平衡要求的旋转零部件按要求进行静平衡或动平衡试验，合格后才能装配。

（7）每一个部件装配完毕，都必须严格仔细地检查和清理，防止有遗漏或错装的零件，尤其是对要求固定安装的零部件更需严格检查。

3. 机械设备的组成及零部件的连接方式

（1）机械设备的组成

按装配工艺划分，机械设备可分为零件、合件、组件及部件，在有关的标准文件中也将合件、组件统称部件。

（2）零部件之间的连接方式

零部件之间的连接一般可分为固定连接和活动连接两大类。固定连接能保证装配后零部件之间的相互位置关系不变；活动连接要求装配后零部件之间具有一定的相对运动关系。

4. 装配精度

（1）部件间的相互位置精度有同轴度、平行度、垂直度等。

（2）各运动部件之间的相对运动精度有直线运动精度、圆周运动精度、传动精度等。

（3）配合表面之间有配合精度和接触质量。配合精度是指配合表面之间达到规定的配合间隙或过盈的接近程度，它直接影响配合的性质。

二、装配工艺过程及装配的作业组织形式

1. 装配工艺过程

装配工艺过程一般由装配前的准备（包括装配前的检验、清洗等）、装配工作（部件装配和总装配）、校正（或调试）、检验（或试车）、包装五个部分组成。

2. 装配的作业组织形式

（1）固定式装配

1）集中装配：由一个工人或一组工人在一个工作地点完成某一机械设备的全部装配工作。

2）分散装配：将产品划分为若干个部件，由若干个工人或若干小组以平行的作业组织形式装配这些部件，然后把装配好的部件和零件一起总装成产品。

（2）移动式装配

1）自由移动装配：对移动速度无严格限制的移动式装配。

2）强制移动装配：对移动速度有严格限制的移动式装配。

三、装配工艺规程

装配工艺规程是用文字、图形、表格等形式，规定了将全部零部件装配成为整体机械设备的工艺过程以及装配过程中所使用的设备、工具和夹具等内容的技术文件。装配工艺规程既是装配工作的指导性技术文件，又是制订装配生产计划、组织并进行装配生产的主要依据，也是设计装配工艺装备和装配车间的主要依据。

装配工艺规程的内容如下：

1. 产品的装配图、零件图、装配技术要求及验收标准。
2. 产品和部件的装配方法。
3. 装配工艺系统图。
4. 装配工序。
5. 工序时间定额。
6. 装配工艺卡片或装配工序卡片（在单件小批量生产时，通常不编制装配工艺卡片，而是使用装配工艺系统图来代替）。

四、装配方法

1. 完全互换法

完全互换法装配是指不经任何选择、修配或调整，将加工合格的零件装配成符合精度要求的机械设备的装配方法。这种装配方法的实质是通过控制零件的加工精度来保证装配精度。该方法需要按照装配精度要求建立尺寸链，使各组成环（零部件的有关尺寸）的公差限定在一定范围之内。计算尺寸链可选用极值法。

2. 部分互换法

部分互换法以各零件的加工误差具有随机性为前提，放宽了尺寸链中各环的公差，使其加工简易，以降低成本。虽然尺寸链封闭环的公差可能会超出规定范围，但生产实践表明，在一定批量的零件加工中，部分互换法可以将不合格品控制在一个很小的范围内，仍然可以保证成品的经济性。

3. 选配法

选配法的实质是当零件的制造公差成倍地放大以后，为了保证配合精度，在两个（或三个）配合偶件中，选择尺寸偏大的增环零件和尺寸偏大的减环零件对应装配在一起。例如，将尺寸偏大的孔和尺寸偏大的轴相配合，这样可使装配后的配合精度提高，并达到原装配精度的要求。

4. 修配法

修配法是指把零件的公差放大后再进行制造，使零件装配时能够有一定的返修余量，经过对其中个别零件的修配加工，最后达到所要求的装配精度的装配方法。在尺寸链中，这种要进行修配加工的零件修配尺寸通常称为补偿环（修配环），所需要除去的那一层材料的厚度称为补偿量（修配量）。

5. 调整法

调整法是指将补偿件移动一定距离，或者装入一个具有补偿量的补偿零件来实现误差的补偿的装配方法。因此，调整法和修配法在本质上就是应用尺寸链基本原理，两者的主要区别在于是否需要修配金属层来补偿误差。

第四节 常用修复技术

一、钳工修复技术

钳工和机械加工是零件修复过程中最主要、最基本、最广泛应用的工艺方法，它们既可以作为一种独立的手段直接修复零件，也可以作为其他修复方法，如焊、镀、涂等工艺的准备工序或最后加工工序。

必须指出，机械加工修复的零件是旧件，其表面除磨损外还有变形，原有的加工基准又被破坏，因此，加工余量小。修复时不能只考虑加工表面本身的精度要求，还要保证加工表面与其他不修复表面之间的相互位置精度要求，所以具有一定难度。在实际生产中，要区别不同情况，合理选择加工基准和工艺方法。

1. 铰削

铰削是利用铰刀进行精密孔加工和修整性加工的方法，能得到很高的尺寸精度和较小的表面粗糙度值，主要用来修复各种配合的孔。

2. 珩磨

珩磨是利用珩磨工具，在对工件表面施加一定压力的同时作相对旋转和直线往复运动，切除工件上极小余量的精加工方法，是修复圆柱内表面的一种精加工工艺。

3. 研磨

研磨是用研磨工具和研磨剂，从工件上去除一层极薄表面层的精加工方法，常用于修复高精度的配合表面。

4. 刮削

刮削是用刮刀从工件表面上刮去一层极薄金属的精加工方法，一般在机械加工之后进行。刮削后的表面精度较高，表面粗糙度值较小，常用于零件上互相配合的重要滑动表面精加工，如机床导轨、滑动轴承等。由于刮削生产效率低、劳动强度大，因此常用磨削等机械加工方法代替。

5. 钳工修补

（1）键槽

当轴或轮毂上的键槽只磨损或损坏其一时，可把磨损或损坏的键槽加宽，然后配制阶梯键。当轴或轮毂上的键槽全部损坏时，允许将键槽扩大10%～15%，然后配制大尺寸键。当键槽磨损大于15%时，可按原槽位置旋转90°或180°，重新按标准开槽，开槽前需用气焊、电焊填满并修整旧槽。

（2）螺孔

当螺孔产生滑丝或螺纹剥落时，可先将螺孔钻去（所用钻头直径应等于所需螺孔的小径），然后攻出新螺纹，配上特制的双头螺栓。若损坏的螺孔不允许加大时，则可配上螺塞，然后在螺塞上重新攻出原规格的螺纹孔。

（3）铸铁裂纹修补

对于铸铁裂纹，在没有其他修复方法时，可采用加固法修复（见图1-4-1）。一般使用钢板加固，螺钉连接。脆性材料裂纹应钻止裂孔。

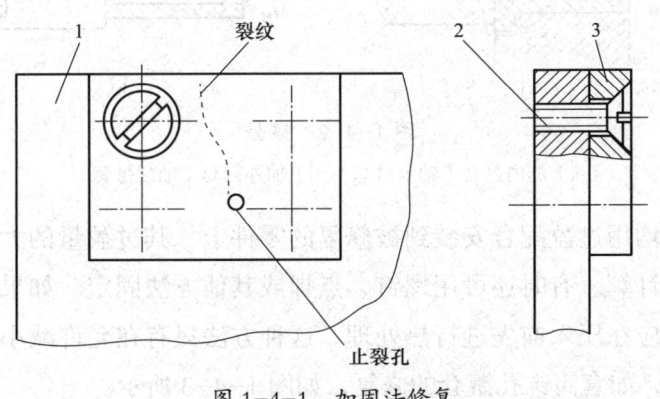

图1-4-1 加固法修复
1—被修复件 2—螺钉 3—补强钢板

二、机械加工修复技术

1. 局部更换法

若零件的某个部位局部损坏严重,而其他部位仍完好,一般不宜将整个零件报废,可把损坏的部分除去,重新制作一个新的部分,并以一定的方法使新换上的部分与原有零件的基本部分连接在一起成为整体,从而恢复零件的工作能力,这种维修方法称局部更换法。例如,重型机械的齿轮损坏,可将损坏的齿圈退火车掉,再压入新齿圈。新齿圈可事先加工好,也可压入后再加工,新齿圈与原齿轮间可用键或过盈连接,还可用紧固螺钉、铆钉或焊接等方法固定。局部更换法尤其适用于多联齿轮局部损坏、结构复杂的齿圈损坏等情况,可简化修复工艺,扩大修复范围。

2. 换位法

有些零件由于使用特点产生单边磨损,或磨损有明显的方向性,发生磨损的对称侧磨损较小。如果结构允许,则在不具备对零件进行彻底修复的条件下,可以将其换一个方向安装,利用零件未磨损的一侧继续使用,这种方法称换位法。例如,两端结构相同且只起传递动力作用、没有精度要求的长丝杠,局部磨损后可调头使用;大型履带行走机构,其轨链销大部分是单边磨损,维修时将它转动180°便可恢复履带的功能,并使轨链销得到充分利用。

3. 镶套法

镶套法是指把内衬套或外衬套以一定的过盈量安装在磨损的轴承孔或轴颈上,然后加工到最初的基本尺寸或中间的修理尺寸,从而恢复组合件的配合间隙,如图1-4-2所示。

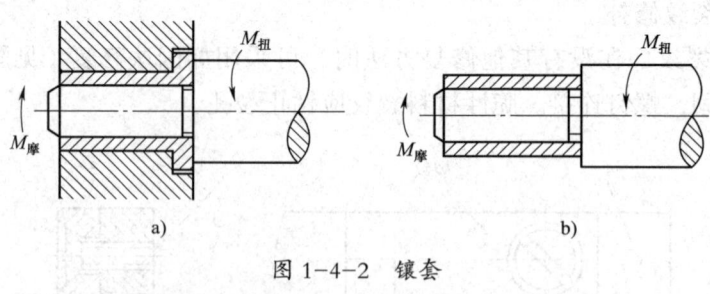

图 1-4-2 镶套
a)加内衬套(轴承衬套) b)加外衬套(轴颈衬套)

内、外衬套均用过盈配合安装到被修复的零件上,其过盈量的大小应根据所受力矩和摩擦力进行计算。有时还可用螺钉、点焊或其他方法固定。如果需要提高内、外衬套的硬度,则应在压入前先进行热处理。这种方法只有在允许减小轴颈或扩大孔的情况下才能使用,如套筒锥孔镶套的修复,如图1-4-3所示。

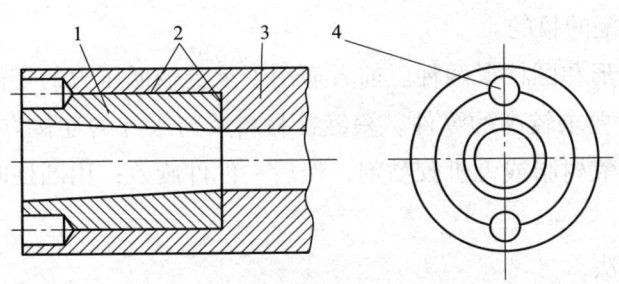

图 1-4-3　套筒锥孔镶套修复示意图
1—内套　2—无机黏结层　3—套筒　4—定位销

若套筒锥孔已磨损，且套筒已变形，则黏结后应加装两个定位销。为保证镶套后内套与主轴保持同轴度，黏结时在主轴箱主轴中先安装一个标准心轴，再将内套镶套在标准心轴上，涂以胶黏剂，将尾座移近主轴箱，待胶黏剂固化后，再将尾座退回。

镶套法又称附加零件法，附加零件磨损后可以更换，为后续维修提供方便，因此，镶套法在维修领域中应用很广。有些机械设备的某些结构在设计和制造时就应用了这一原理。

在使用镶套法时还要特别注意镶套的材料应尽量与基体一致，尺寸要合适，尽量选择合理的过盈量。镶套法对配合面的加工精度和表面粗糙度均有一定的要求。

4. 金属扣合法

当不易焊补的钢件、不许有较大变形的铸件发生裂纹或断裂时，可用金属扣合法修复。它利用扣合件的塑性变形或热胀冷缩性质实现扣合作用，达到修复零件的目的。

金属扣合法的特点是整个过程在常温下进行，排除了热变形和应力集中的影响，不需特殊设备，方法简便，可用于人工现场作业，能实现快速修理。金属扣合法主要包括强固扣合法、强密扣合法、加强扣合法和热扣合法。

（1）强固扣合法

强固扣合法是指先在垂直于损坏零件的裂纹或折断面上，铣或钻出具有一定形状和尺寸的波形槽，然后把形状与波形槽相吻合的波形键镶入，在常温下铆接，使其产生塑性变形而充满槽腔，甚至嵌入零件的基体之内。波形键的凸缘和波形槽相互扣合，将开裂的两边重新牢固连接为一个整体。

（2）强密扣合法

对于承受高压的气缸或容器等有密封要求的零件，应采用强密扣合法。这种方法是在强固扣合的基础上进行的。先用波形键把损坏的零件连接成牢固整体，然后在两波形键之间、裂纹或折断面的对合线上，每间隔一定距离加工缀缝栓孔，并使第二次钻的缀缝栓孔稍微切入已装好的波形键和缀缝栓，形成一条密封的"金属纽带"，达到阻止流体受压渗漏的目的。

缀缝栓有螺栓形和圆柱形两种。前者适用于承受较低压力的零件，后者适用于承受较高压力、密封要求较高的零件。缀缝栓材料及与零件的连接方式与波形键相同，用螺栓时可涂以环氧树脂或无机胶黏剂，然后一件件旋入；用圆柱时，应分片装入逐步铆紧。

（3）加强扣合法

加强扣合法主要用于修复承受重载荷的厚壁零件，如水压机横梁、轧机主架、辊筒等。这种零件单纯使用波形键扣合不能保证修复质量，必须在垂直于裂纹或折断面上镶入钢制砖形加强件来承受载荷，使载荷能够分布到更大的面积上，并使其远离裂纹或折断处。钢制砖形加强件和零件的连接大多使用缀缝栓。缀缝栓的中心安排在它们的接合线上，一半嵌在加强件上，另一半则留在零件基体内，必要时还可再加入波形键。加强件根据需要可设计成十字形、X形、楔形、矩形等。

（4）热扣合法

热扣合法是指利用金属的热胀冷缩原理，将选定的具有一定形状的扣合件进行加热，然后放入零件损坏处与扣合件形状相同已加工好的凹槽中。扣合件在冷却过程中收缩，可将破裂的零件重新密合。热扣合法比其他扣合法更加简便实用，常用于修复大型飞轮、齿轮和重型机架等。根据零件损坏部位的形状和安装的可行性，热扣合件可设计成不同的样式。圆环状热扣合件常用于修复损坏的轮廓部分，而工字形热扣合件则适用于修复零件壁部的裂纹或断裂。

金属扣合法对大型铸件发生裂纹或断裂的修复效果更为显著。由于金属扣合法在常温下进行，避免了热变形的影响；波形槽分散排列，波形键分层装入，逐步铆接，也避免了应力集中。金属扣合法具有工艺简便、不需特殊设备、成本低、质量好、完全用手工作业、便于就地和快速维修等特点。

5. 调整法

调整法是指用增减垫片或调整螺钉的方法来弥补因零件磨损而引起的配合间隙增大，这是修理中最常用的方法。例如，因与各种摩擦片摩擦而造成的圆锥滚动轴承磨损会引起游动间隙增大，此问题可通过调整法进行修复。

6. 修理尺寸法

在失效零件的修复中，修后能使零件达到原设计尺寸和其他技术要求的方法称为标准尺寸修理法。修理时不考虑原来的设计尺寸，采用切削加工和其他加工方法恢复其形状精度、位置精度、表面粗糙度和其他技术条件，从而获得的新尺寸，称为修理尺寸。而与此相配合的零件则按修理尺寸制作新件或修复，这种方法称为修理尺寸法。修理尺寸法的实质是在修复中解尺寸链。

确定修理尺寸，即去除表面层厚度时，应考虑零件结构上的可行性和修理后零件的强度、刚度是否满足使用需求。例如，轴颈尺寸减小量一般不超过原设计尺寸的10%；轴上键槽可扩大一级；对于淬硬的轴颈，应考虑修理后能否满足硬度要求。为了得到有限的互换性，有时可将零件修理尺寸标准化。例如，内燃机气缸套的修理尺寸通常规定了几个标准尺寸，以适应不同尺寸分级的活塞备件。标准尺寸的大小与级别还取决于气缸套的磨损量、加工余量、安全系数和磨损后几何形状变化等条件。

修理尺寸法在汽车、拖拉机和内燃装卸机械等的维修中应用极为普遍，常用于修复曲轴主轴颈、连杆轴颈、凸轮轴颈、缸套、气缸、活塞等多种零件。修理尺寸法通常是工作量最小的修理方法，工作方便、设备简单、经济性好，在一定的修理尺寸范围内能保持零件的互换性，对于贵重和复杂的零件具有更大的意义。但是，修理尺寸法降低了零件的强度和刚度，而且更换或修复相配件，会使零件互换性复杂化。

三、焊接修复技术

焊接修复技术是利用焊接的方法赋予失效的金属零件或构件等以防磨、耐蚀等熔敷层或进行必要修补的技术。在零件修复中，可使用焊接的方法将断裂的零件重新连接起来，使磨损失效的零件重新恢复尺寸，并修复有缺陷的毛坯。焊接修复技术的优点是：适用性较广，能修复多种材料和多种缺陷的零件；修复质量较高，有的零件修复后更为耐用；不受零件尺寸和工作场地的限制，焊接修复设备简单，操作容易；生产效率高，便于现场抢修；成本较低。它的缺点是：易产生焊接变形、裂纹、气孔等焊接缺陷。

1. 铸铁件的焊接修复

（1）普通铸铁件的焊接修复

由于铸铁具有突出的性能优势，因此，它至今仍是制造形状复杂、体积庞大、易于加工、防振减磨的基础零件的主要材料。在机械设备中，铸铁件的种类和质量占一半以上。

铸铁件的故障或失效，对在制品来说，多为铸铁件的气孔、砂眼、裂纹、疏松、浇铸不足等铸造缺陷所致。对已加工好的铸铁件来说，多为使用过程中发生的裂纹、磨损等所致。铸铁件的生产工艺过程较长，因此工艺费用在铸铁件价值中占有很大的比重，尤其是体积庞大、形状复杂、加工量大的铸铁件，集聚着机械设备大部分原材料和加工制造成本，也是大部分设备的残值所在。对于许多大型铸铁件，如机床床身、机器底座、大型箱体等，使用单位一般无法自行铸造和加工。因此，在维修过程中要想方设法修旧利废，补偿自然磨损。铸铁件的焊补，不仅适用于失效零件的修复，而且也可用于铸铁件在制品局部缺陷的修复，可大大降低生产成本。

铸铁件在焊补时加热和冷却的温度变化很大，导致其可焊性变差，使修复更加困难。为此，在对铸铁件进行焊补时，应采取如下必要的技术措施以保证焊补质量：选择性能好的铸铁焊条；做好焊前的准备工作，如清洗、除锈、预热等；控制冷却速度，焊后缓冷等。

铸铁件的焊补，主要适用于裂纹、破断、磨损、因铸造时产生的气孔、熔渣杂质等缺陷的修复。焊补的铸铁主要是灰铸铁，白口铸铁很少使用。焊补分为热焊和冷焊两种，需根据铸铁件的外形、强度、加工性、工作环境、现场条件等特点进行选择。

铸铁件冷焊工艺大致如下：

1）焊前准备

①根据工件的结构、尺寸、损坏情况及原因、组织状态、焊接操作条件、应达到的要求等，确定修复方案及措施。

②清洗工件。

③检查损伤情况，对未断件应找出裂纹的端点位置，钻止裂孔。

④对裂纹工件进行合拢夹固、点焊定位。

⑤制备坡口，一般为 V 形坡口，薄壁件开较浅的尖角坡口。

⑥烘干焊条，工件火烤除油。

⑦低温预热工件，小件用电炉均匀预热至 50～60 ℃，大件用氧炔焰对焊接部位周围较大面积区域进行低温烘烤。

2）施焊。使用小电流，分段、分层、锤击，以减少焊接应力和变形，并限制基体金属成分对焊缝的影响。

施焊电流对焊补质量影响很大。若电流过大，则熔深大，基体金属成分和杂质向熔池转移，不仅会改变焊缝性质，也会在熔合区产生较厚的白口层。若电流过小，则会影响电弧稳定，导致焊不透、气孔等缺陷。

分段焊的主要作用是减少焊接应力和变形。每焊一小段后熄弧，并立即用小锤从弧坑开始轻击焊缝周围，使焊件应力松弛，直到焊缝温度下降到不烫手时，再引弧继续焊接下一段。

工件较厚时，应采用多层焊，后焊的一层对先焊的一层有退火软化作用。使用镍基焊条时，可先用其焊接两层，再改用较便宜的低碳钢焊条填满坡口，以节省镍合金用量。

多裂纹焊件采用分散顺序焊补，即先焊支裂纹，再焊主裂纹，最后焊主要的止裂孔。焊缝经修整后，可使组织致密。

施焊时要合理选择焊接参数，包括焊接电流强度、焊条直径、坡口形状和角度、电源极性的连接、电弧长度等。

进行手工气焊冷焊时应注意采用加热减应焊补法。加热减应又称对称加热，就是在焊补时另外使用焊炬对焊件已选定的部位加热，以减少焊接应力和变形，这个加热部位称为减应区。

采用加热减应焊补的关键在于确定合适的减应区。减应区加热或冷却不应影响焊缝的膨胀和收缩，因此，应选在工件棱角、边缘和肋等强度较大的部位。

3）焊后处理。为缓解内应力，焊后工件必须保温和缓慢冷却，清除焊渣，并检查焊接质量。

对于大、中型非关键或非受力的铸铁件，以及焊后不再进行切削加工的铸铁件，也可以使用低碳钢焊条进行冷焊。使用此焊接方法形成的焊缝具有钢的化学成分，在钢与铸铁的交界区通常是不完全熔化区，易产生白口组织，造成焊缝强度降低。为增加焊缝的强度，可在现场使用加强螺钉进行焊补，即将螺钉插入焊补部分的边缘和坡口斜面上。

当铸铁件裂纹处的厚度小于 12 mm 时，可不开坡口。当裂纹处厚度大于或等于 12 mm 时应开 V 形或 X 形坡口，其深度应为裂纹深度的 50%~60%。螺钉直径可按焊件厚度选择，一般是焊件厚度的 15%~20%，可取 3~12 mm。螺钉的插入深度为其直径的 1.5~2.0 倍，螺钉的间距为其直径的 4~10 倍，螺钉露出部分的长度等于直径，插入螺钉的数量要根据剪应力进行计算。若焊件不允许焊缝凸出表面，则要开 6~20 mm 深的沟槽，焊料填满沟槽即可满足焊缝的强度。

（2）球墨铸铁件的焊接修复

球墨铸铁比普通铸铁焊接难度大。其主要原因是：作为球化剂的镁在焊补时极易烧损，使焊缝中的碳球化困难，同时，镁是白口化元素，若在焊补和焊后热处理不当，则易使焊缝和熔合区产生白口；球墨铸铁的弹性模量和体积收缩量均比普通铸铁大，焊补区产生的拉应力及因此而产生的裂纹倾向要比后者大得多。

为保证球墨铸铁件的焊补质量，必须正确选择焊补方法、焊接工艺、焊接材料、焊后热处理工艺等。

2. 有色金属件的焊接修复

机械设备中常用的有色金属有铜及铜合金、铝及铝合金等，因它们的导热性高、线膨胀系数大、熔点低、高温状态下脆性较大、强度低，很容易氧化，所以可焊性差，焊补比较复杂和困难。

（1）铜及铜合金

在焊补过程中，铜易氧化，并生成氧化亚铜，这会使焊缝的塑性降低，导致裂纹产生；铜的导热性强，其导热系数是钢的 5~8 倍，因此，焊补时必须用温度高且热量集中的热源；铜的热胀冷缩量大，焊件易变形，内应力增大；铜合金元素的氧化、蒸发和烧损会改变合金成分，引起焊缝力学性能降低，产生热裂纹、气孔、夹渣；铜在液态时能溶解大量氢气，冷却时过剩的氢气来不及析出，会在焊缝熔合区形成气孔，这是铜及铜合金焊补后常见的缺陷之一。

（2）铝及铝合金

铝比铜容易氧化，生成致密难熔的氧化铝薄膜，其熔点很高，焊补时很难将其熔化，会阻碍焊缝与基体金属的熔合，易造成焊缝金属夹渣，降低力学性能及耐蚀性；铝的吸气性大，液态铝能溶解大量氢气，快速冷却及凝固时氢气来不及析出，易产生气孔；铝的导热性好，需要温度高且热量集中的热源；铝热胀冷缩严重，易产生变形；由于铝在固液态转变时无明显的颜色变化，焊补时不易根据颜色变化来判断熔池的温度；铝合金在高温下强度很低，焊补时易引起塌落和焊穿现象。以上是铝及铝合金焊补的特点，其本身的特性决定了其可焊性较差。

3. 钢件的焊接修复

对钢件进行焊补主要是为修复裂纹和补偿磨损尺寸。由于钢材的种类繁多，其所含各种元素在焊补时都会产生一定影响，因此，钢件的可焊性差别很大，其中以含碳量的变化最为显著。低碳钢和低碳合金钢在焊补时发生淬硬的倾向较小，具有良好的可焊性；随着含碳量的增加，可焊性降低；高碳钢和高碳合金钢在焊补后因温度降低，易发生淬硬倾向，且由于焊区氢气的渗入，会使马氏体脆化，更易形成裂纹。焊补前的热处理状态对焊补质量也有很大影响，碳或合金元素含量很高的材料都需经热处理后才能使用，损坏后若不经退火就直接焊补会比较困难，且易产生裂纹。钢件的裂纹可分为焊缝金属在冷却时发生的热裂纹和近焊缝区母材上由于脆化发生的冷裂纹两类。

（1）低碳钢的焊接性能良好，不需要采取特殊的工艺措施。

（2）中碳钢焊补的主要困难是在焊缝内，特别是弧坑处非常容易产生热裂纹。

（3）高碳钢的焊接特点与中碳钢基本一致。

4. 堆焊

堆焊是焊接工艺方法的一种特殊应用。它的目的不是形成接头焊缝，而是在零件表面堆敷一层金属，得到一定尺寸，弥补基体金属的损失，或赋予零件表面一定的特殊性能，如提高耐磨、耐蚀性能，从而节约材料和资金，延长机件使用寿命。堆焊在机械设备维修中得到了广泛应用。

由于堆焊与焊接的任务不同，因此，在焊接材料的应用及生产工艺上，两者均有其自身特点。但是，作为焊接工艺方法的一种特殊应用，堆焊的实质、工艺原理、热过程及冶金过程的基本规律和焊接并没有什么不同，绝大多数的熔焊方法均可用于堆焊。

堆焊可按照其焊接方法进行分类，包括气体火焰堆焊、电弧堆焊、等离子弧堆焊、电渣堆焊、激光堆焊等。在必要时，可在名称前冠以堆焊材料的形态（粉末、丝材）、电极的熔化情况（熔化电极、不熔化电极）、保护介质（气体保护、自保护、熔渣保护）、自动化程度（手工、半自动、自动）等。目前应用最广的有手工电弧堆焊、氧炔焰堆焊、振动堆焊、埋弧堆焊、等离子弧堆焊等。

堆焊的主要工艺特点是：堆焊层金属具有很好的耐磨性和耐蚀性，且与基体金属有很好的结合强度；堆焊形状复杂的零件时，对基体金属的热影响最小，可防止焊件变形和产生其他缺陷；可以快速得到大厚度的堆焊层，生产效率高。

（1）手工堆焊

手工堆焊是利用电弧或氧炔焰产生的热量熔化基体金属和焊条，采用手工操作进行堆焊的方法。它适用于工件数量少，没有其他堆焊设备的情况，或工件外形不规则，不利于机械化自动化堆焊的场合。这种方法不需要特殊设备，工艺简单，应用普遍，但对于合金材料，此方法烧损严重，劳动强度大、生产效率低。

手工堆焊的操作技术与普通焊接基本相同，但须注意：要针对零件和堆焊材料的具体情况采用不同的工艺，才能获得满意的堆焊效果。

（2）自动堆焊

自动堆焊与手工堆焊的主要区别是引燃电弧、焊丝送进、焊炬和工件的相对移动等全部由机械自动进行，克服了手工堆焊生产效率低、劳动强度大等主要缺点。

1）振动堆焊：金属焊丝以一定频率和振幅振动的脉冲电弧焊，是特殊形式的自动堆焊。

2）埋弧堆焊：在焊剂保护下的自动堆焊。

3）等离子弧堆焊：利用等离子弧作为热源将填加的金属熔化，使其与基体金属实现冶金结合的一种堆焊方法。

4）宽带极堆焊：利用金属带作为填充材料的一种焊剂层下的堆焊方法。

5. 钎焊

钎焊是指将熔点比基体金属低的材料作钎料，将其放置在焊件连接处一同加热到高于钎料熔点而低于基体金属熔点的温度，利用熔化后的液态钎料润湿基体金属，填充接头间隙，并与基体金属产生扩散作用而把分离的两个焊件连接起来的一种焊接方法。

钎焊具有温度低、对焊接件组织和力学性能影响小、接头光滑平整、工艺简单、操作方便等优点，但同时又有接头强度低、熔剂有腐蚀性等缺点。钎焊适用于焊接薄板、薄管、硬质合金刀头及焊修铸铁件、电气设备等。

（1）钎焊工艺

1）根据钎料熔化温度不同可分为以下两类。

①软钎焊：又称低温钎焊，用熔点在450℃以下的钎料进行钎焊，如锡焊等。软钎焊常用的钎料是锡铅焊料。

②硬钎焊：用熔点高于450℃的钎料进行钎焊。硬钎焊常用的钎料有铜锌钎料、铜磷钎料、银基钎料、铝基钎料等，其中前两种应用最广。

2）根据采用的热源不同，钎焊又可分为火焰钎焊、炉中钎焊、高频钎焊等。

（2）焊剂

为焊接牢固，钎焊时必须使用焊剂（又称熔剂）。它的作用是熔解和清除零件钎焊部分表面的氧化物，保护钎焊表面不受氧化，改善液态钎料对焊件的润湿性。焊剂的选择应依基体金属的种类而定，选择不当会影响焊接质量。常用的焊剂有铝钎焊熔剂和银钎焊熔剂两类。软钎焊还可使用松香或氯化锌等作为焊剂。当使用铜锌钎料时，也可用100%硼砂或50%硼砂加50%硼酸等作为焊剂。

综上所述，焊接修复技术在机械设备维修中应用十分广泛，能修复零件的各种缺陷，各种金属材料都可使用焊接修复技术；焊接修复的设备简单、操作容易，能在任何场合下工作；焊接修复的结合强度高、质量好、效率高、成本低、灵活性大，能节约大量金属材料。尽管焊接修复要求操作者具有较高的技术水平，容易产生气孔、夹渣、裂纹等缺陷，且其热影响区大，会引起基体金属的组织结构和性质改变，但是，随着焊接技术的发展，以及采取相应的工艺措施，其大部分缺陷都是可以避免的。

四、热喷涂修复技术

1. 热喷涂概述

热喷涂技术是一种利用热源将喷涂材料加热至熔融状态，并通过气流吹动使其雾化，再将其高速喷射到零件表面而形成喷涂层的表面加工技术。因热喷涂技术具有方法多样性、喷涂层种类广泛性和良好的经济性，故在机械设备维修中得到广泛应用。

喷涂材料需要热源加热，喷涂层与零件基体之间主要是机械结合。

热喷涂技术主要以热源形式进行分类，并在此基础上必要时再冠以喷涂材料的形态（粉材、丝材、棒材）、材料的性质（金属、非金属）、能量级别（高能、高速）、喷涂环境（大气、真空、负压）等。常用热喷涂技术可分为四大类，即火焰喷涂、电弧喷涂、等离子喷涂和特种喷涂。

火焰喷涂通常是指以氧炔焰为热源的喷涂，又可分为线材、粉末、棒材、塑料、超声速以及气体爆燃即爆炸喷涂等。电弧喷涂是以电弧为热源，将金属丝熔化并用气流雾化，使熔融粒子高速喷到工件表面形成喷涂层。等离子喷涂是以等离子弧为热源的热喷涂。特种喷涂则是以特种方法获得喷涂层。

2. 几种主要的热喷涂工艺

（1）氧炔焰粉末喷涂

氧炔焰粉末喷涂是以氧炔焰为热源，将需用的喷涂金属、合金或氧化铝粉末借助气流输送到火焰区，待加热到熔融状态后以一定的速度射向工件表面形成涂层。图1-4-4所示为氧炔焰粉末喷涂原理简图。

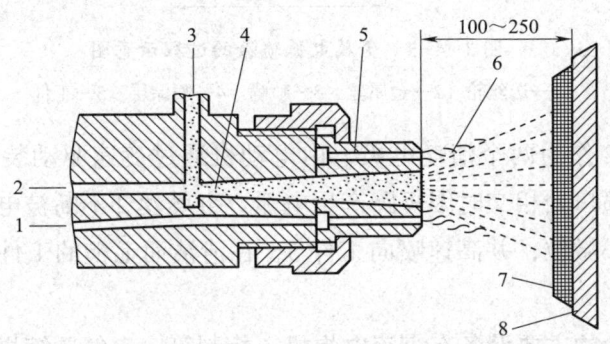

图1-4-4　氧炔焰粉末喷涂原理简图
1—氧-乙炔入口　2—空气入口　3—进料口　4—空气通道
5—喷嘴　6—火焰　7—喷涂层　8—工件

喷涂的粉末从上方料斗通过进料口3送入空气通道4中，与空气一起在喷嘴5出口处遇到氧-乙炔燃烧气流而被加热，同时喷射到工件8的表面上。

氧炔焰粉末喷涂的主要设备有喷枪、氧气和乙炔供给装置、压缩空气及控制装置等。

这种喷涂方法适用于修理已完成需预保护、已精加工或不允许变形的零件，如轴、轴套等。

（2）氧炔焰线材喷涂

氧炔焰线材喷涂是将用来喷涂的线状金属材料不断送入气体强烈燃烧的火焰区，线端不断被加热熔化，借助压缩空气将熔化的金属雾化成微粒，最后喷向清洁而毛糙的表面，形成喷涂层。

氧炔焰线材喷涂的主要设备有射吸式气体金属喷涂枪（简称气喷枪）、氧气和乙炔供给装置、压缩空气及干燥、过滤、控制装置、供丝装置等。

这种喷涂方法的应用很广。例如，在曲轴、机床主轴、柱塞、轧辊轴颈、机床导轨等磨损部位上喷钢；在桥梁、高压铁塔、钢闸门、碳化塔及化工厂区的钢铁设施上喷铝、喷锌防腐；在轴瓦上喷铜、巴氏合金；在食品容器上喷锡等。

（3）金属电弧喷涂

金属电弧喷涂的过程如图 1-4-5 所示。

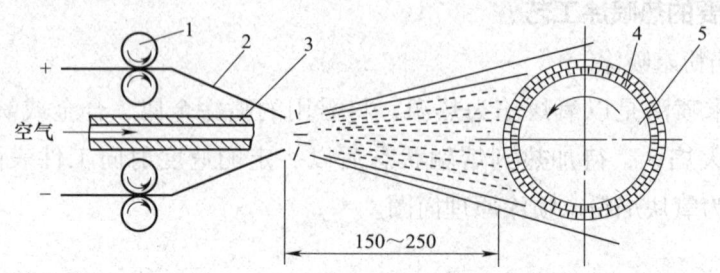

图 1-4-5　金属电弧喷涂的过程示意图
1—送丝轮　2—金属丝　3—喷嘴　4—喷涂层　5—工件

两根金属丝 2 作为两个消耗电极，由电动机通过变速驱动装置将其等速向前送进，在喷嘴 3 的喷口处相交时因短路产生电弧。金属丝 2 不断被电弧熔化，随即又被压缩空气吹成细小微粒，并高速喷向工件 5，在清洁而毛糙的工件表面上堆积成喷涂层 4。

金属电弧喷涂的主要设备有直流电焊机、控制箱、空气压缩机及供气装置、供丝装置、电弧喷涂枪和其他附属辅助装置。

这种方法广泛应用于曲轴、一般轴、导辊、负荷轴的修复，也可制备各种功能性的喷涂层。由于生产效率高、使用成本低，所用设备和工艺都比较简单，因此，该技术得到迅速发展并已成为使用最广泛的一种喷涂方法。

（4）等离子喷涂

等离子喷涂是以电弧放电产生等离子体作为高温热源，将喷涂材料迅速加热至熔化或熔融状态，在等离子射流加速下获得较高速度，喷射到经过预处理的零件表面形成喷涂层。

等离子喷涂使用的主要设备有电源、控制柜、送粉器、等离子喷涂枪等，设备的辅助部分有喷砂机、空气压缩机、油水分离器、清洗装置、喷涂室或喷涂柜及加温设备等。

由于等离子喷涂的焰流温度高，喷涂层材料不受熔点高低的限制，焰流速度大，喷涂层较细密，质量较好，能在普通材料上形成耐磨、耐蚀、耐高温、导电、绝缘的喷涂层，零件的寿命可提高 1~8 倍，因此，这种方法可喷涂各种金属、非金属、塑料及高熔点材料。等离子喷涂主要用于喷涂耐磨层，修复动力机械中的阀门、阀座、气门等磨损部位。

（5）爆炸喷涂

爆炸喷涂是将经过严格定量的氧气和乙炔的混合气体送到喷枪的水冷燃烧筒内，

同时利用氮气流注入一定量的喷涂粉末，粉末悬浮于氧气和乙炔混合气体中，此时通过火花塞点燃氧气和乙炔，产生燃爆，利用爆炸能加热熔化粉末，并在爆炸力的加速下，将熔化粒子以很高的速度喷向工件形成喷涂层。爆炸喷涂的喷射能量大、密度高，所以喷涂层与基体金属的结合强度较高，可喷涂高熔点、高硬度的陶瓷粉末材料，制成优良的抗磨层，主要用于修复汽轮机叶片、刀具、模具等。

爆炸喷涂虽然黏结强度极高，但成本也极高，且沉积速度很慢，因此应用较少。

3. 喷涂材料

（1）喷涂材料的形状

用于喷涂的材料品种很多，形状只有两种，即线状和粉末状。线状喷涂材料供电弧喷涂用时直径一般为 1.6～1.8 mm，供氧炔焰喷涂用时直径为 2～3 mm，其材质主要是钢铁和非铁金属，也有用陶瓷材料制成的棒状喷涂材料。粉末状喷涂材料粒径一般为 77～125 μm，超细粉末粒径为 5～40 μm。氧炔焰喷涂时多用金属、自熔合金及熔点较低的陶瓷和金属陶瓷材料，等离子喷涂及爆炸喷涂时，还可使用熔点高于 2 700 ℃的材料。这些材料有的可直接喷涂在基体金属上，有些则需要先在基体金属上喷涂结合层。

（2）主要喷涂材料

1）自熔性合金粉末。自熔性合金粉末是在合金粉末中加入适量的硼、硅等强脱氧元素，降低合金熔点，增加液态金属的流动性和润湿性，主要包括镍基合金粉末、铜基合金粉末、铁基合金粉末和钴基合金粉末等。此类粉末形成的涂层在常温下具有较高的耐磨性和耐蚀性。

2）喷涂合金粉末。喷涂合金粉末分为两大类：打底层粉末和工作层粉末。

3）复合粉末。复合粉末是指由两种或两种以上性质不同的固相物质组成的粉末，能发挥多材料的优点，得到具有综合性能的喷涂层。按复合粉末喷涂层的使用性能，大致可将其分为以下几种。

①硬质耐磨复合粉末。

②抗高温耐热和隔热复合粉末。

③减摩、润滑、密封复合粉末。

④放热型复合粉末。

4）丝材。丝材主要指钢质丝材，如 T12、T9A、80 及 70 高碳钢丝等，用于修复磨损表面。此外，还有纯金属丝材，如锌、铝等丝材，用于防腐。

4. 喷涂工艺过程

（1）喷前准备

零件喷涂前的表面准备对喷涂层和基体金属的结合强度影响很大。为使喷涂层和基体金属能牢固结合，零件表面不应有氧化物、油脂、水和其他污物，并应具备一定的表面粗糙度，因此，必须做好喷前准备工作。

1）用碱水和清水清除零件表面油污，用砂布打磨零件表面锈层，保持零件表面的清洁。

2）将零件加热到超过喷涂时的温度，烘干 2~3 h 后进行喷涂前整形。

3）对修复表面进行加工和粗糙处理，常用方法包括喷砂、电火花拉毛、压花、车槽、车螺纹等。

4）对不喷涂的表面进行保护。例如，当轴上有键槽和油孔时，可用装上键和使用碳棒堵塞油孔的方法进行保护。

零件表面处理完毕后，必须在 3~6 h 内进行喷涂，以免重新氧化。

（2）喷涂过程

喷涂时先将基体金属预热到 100~250 ℃，以减少喷涂层与基体金属的温度差。首先喷涂一薄层（0.06~0.13 mm）作为过渡，然后立即喷涂工作层。在丝材的电弧喷涂和氧炔焰喷涂中，过渡层的材料为钼；在氧炔焰粉末喷涂及等离子喷涂中，过渡层有时采用钼，多数采用镍包铝或铝包镍粉。喷涂层的厚度根据零件的磨损量、表面准备时的加工量和喷涂后的加工余量而定。为保证较高的结合强度，对直径为 30~150 mm 的零件，每侧喷涂层厚度不得小于 0.6~1.0 mm，平面和孔的喷涂层厚度最好不要超过 3~4 mm，以免喷涂层脱落。

为保证喷涂材料得到充分熔化，获得高质量的喷涂层，必须选择合理的工艺参数。喷涂要连续进行，喷涂过程中为使零件变形量小，零件温度升高不超过 80 ℃。

（3）喷后处理和加工

喷涂后，要对喷涂层进行检查。通常用锤子轻轻敲击喷涂层，若声音清脆，则表示喷涂层结合良好；若声音低哑，则表示涂层不够紧密，应除掉重新喷涂。

喷涂后的工件非常粗糙，必须经过机械加工，加工后应认真清洗。

为提高喷涂层的耐磨性，零件喷涂后应进行渗油处理，即把清洗后的零件放入 80~100 ℃ 润滑油中浸泡 1~10 h，使润滑油尽可能多地渗入喷涂层的孔隙中。

影响喷涂层质量的主要因素有：零件喷涂前的表面状态，包括是否清洗干净、粗糙情况、预热温度等；喷涂规范；工艺参数的选择；喷涂材料等。

5. 热喷涂修复技术的应用

由于热喷涂具有适应性强、可喷涂的材料种类多，不受可焊性限制，修复后零件具有复合性能，工艺简单，生产效率高，设备简单轻便、移动方便，不受场地限制等特点，目前已广泛应用于机械、矿山、石油、化工、轻纺、水电、铁路、交通、航空航天、船舶及军工国防等工业领域，并被国家列入重点推广项目。热喷涂修复技术主要应用在以下几个方面。

（1）恢复磨损零件的尺寸。对圆柱体、内圆、平面等均能进行喷涂，如轧辊、机床主轴、导轨面，汽车、拖拉机的曲轴、缸套、凸轮轴、半轴、活塞环、阀门、压模等。

（2）修补铸造和机械加工的废品，填补铸件的裂纹。

（3）制造和修复减摩材料轴瓦。在铸造或冲压出来的轴瓦上或在合金已脱落的瓦背上，喷涂一层铅青铜或磷青铜，就可以制造或修复减摩材料的轴瓦。这种方法不但造价低，而且含油性能强，可增加零件耐磨性。

（4）喷涂特殊的合金材料，可以得到耐热、耐腐蚀的喷涂层，如室外金属构架、壳体结构、铁塔、炉用耐热构件、泵壳内表面、泵零件、搅拌器等。

（5）防腐和装饰。

6. 喷焊

喷焊是在热喷涂的基础上，将喷涂层再进行一次重熔过程处理，使喷涂层与基体金属表层材料达到熔融状态，进一步形成更紧密的冶金结合层，在零件表面获得一层类似堆焊性能的喷涂层。喷焊可以看作是合金喷涂和金属堆焊两种工艺的复合，它克服了热喷涂层结合强度低、硬度低的缺陷，同时使用高合金粉末后可使喷焊层具有一系列特殊性能，这是一般堆焊所不易得到的。但是，喷焊又不同于堆焊，堆焊时基体金属的熔池较深且不规则，而喷焊时基体金属表面的熔化层薄且均匀；喷焊也不同于热喷涂，热喷涂时零件表面未熔化，而喷焊时零件表面会产生熔化的熔敷层。

喷焊不仅可以用来修复表面磨损的零件，当使用合金粉末喷焊时，修复件比新件更耐磨，还可用于新零件表面的强化、装饰等，使零件的使用性能更好，寿命更长。

五、黏结修复技术

黏结是一项古老而又实用的技术，它是利用胶黏剂把两个分离、断裂或磨损的零件进行连接、密封、堵漏、修复或补偿尺寸的一种工艺方法。由于其具有快速、牢固、节能、经济等优点，目前已取代了部分传统的铆接、焊接及螺纹连接等工艺，成为一种应用领域非常广泛、经济效益十分显著的维修技术。

1. 黏结修复原理

（1）机械连接理论

从微观上看，任何物体表面都是粗糙、多孔的。黏结时，各种胶黏剂会渗入物体的孔隙中，固化后形成无数微小的"销钉"将两个物体镶嵌在一起，起到机械固定作用。

（2）物理吸附理论

任何物质分子之间都存在着物理吸附作用，这种力虽然弱，但由于分子数目多，因此，总的吸附力还是很强的。当物质分子接触得越紧密、越充分时，物理吸附力就越大。但这种理论无法解释某些非极性高分子聚合物，如聚异丁烯和天然橡胶等之间具有很强的黏附现象。

（3）扩散理论

胶黏剂的分子成链状结构且在不停运动。在黏结过程中，胶黏剂的分子通过运动进入到被黏结物体的表层，同时被黏结物体的分子也会进入到胶黏剂中，这样相互渗透、扩散，会使胶黏剂和被黏结物体之间牢固地结合在一起。

（4）化学键理论

胶黏剂与被黏结物体表面之间通过化学作用，形成像铁链一样的化学键，从而产生紧密的化学结合。例如，当环氧树脂、酚醛树脂等与金属铝表面黏结时，就有化学键的形成。

实际上，胶黏剂与被黏结物体之间的黏合是由机械连接、物理吸附、分子间互相扩散和化学键形成等多种形式综合作用的结果。

2. 黏结修复特点

（1）黏结时温度低，不产生热应力和变形，不改变基体金相组织，密封性好，接头的应力分布均匀，不会产生应力集中现象，疲劳强度比焊接、铆接、螺纹连接高3～10倍，接头质量小，有较好的加工性能，表面光滑美观。

（2）黏结工艺简便易行，一般不需复杂的设备，胶黏剂可随身携带，使用方便，成本低、周期短，便于推广应用，适用范围广，几乎能连接任何金属和非金属、相同的和不同的材料，尤其适用于产品试制、设备维修、零部件的结构改进。对某些极硬、极薄的金属材料，以及形状复杂、不同材料、不同结构、微小的零件采用黏结修复最为方便。

（3）胶黏剂具有耐腐蚀、耐酸、耐碱、耐油、耐水等特点，接头不需进行防腐、防锈处理，连接不同金属材料时，可避免电位差。胶黏剂还可作为填充物填补砂眼和气孔等，也可用于密封补漏、紧固防松，修复已松动的过盈配合表面，还可赋予接头绝缘、隔热、防振、导电、导磁等性能，以及防止电化学腐蚀。

（4）黏结有许多难以克服的不足之处，如不耐高温。黏结后的工件一般只能在300℃以下工作，且黏结强度比基体金属强度低得多。胶黏剂性质较脆，耐冲击力较差，易老化变质，且有毒、易燃。某些胶黏剂需配制，工艺要求严格，黏结工艺过程复杂，质量难以控制，受环境影响较大，分散性也较大。目前还缺乏有效的非破坏性质量检验方法。

3. 胶黏剂

胶黏剂简称胶，由黏料、增塑剂、稀释剂、固化剂、填料和溶剂等配制而成。

(1) 无机胶黏剂

在维修中应用的无机胶黏剂主要是磷酸-氧化铜胶黏剂。它由两部分组成,一部分是氧化铜粉末,另一部分是磷酸与氢氧化铝配制的磷酸铝溶液。这种胶黏剂能承受较高的温度(600~850 ℃),黏附性能好,抗压强度可达 90 MPa,套接抗拉强度可达 50~80 MPa,平面抗拉强度为 8~30 MPa。制造工艺简单,成本低,但性脆、耐酸碱的性能差。该胶黏剂可用于黏结内燃机缸盖进、排气门座过梁上的裂纹、硬质合金刀头,套接折断的钻头、量具等。

(2) 有机胶黏剂

由高分子有机化合物为基础组成的胶黏剂称为有机胶黏剂。常用的有环氧树脂和热固性酚醛树脂。

1) 环氧树脂。环氧树脂因分子中含有环氧基而得名。环氧基是一个极性基团,在黏结中能与某些物质产生化学反应而生成很强的分子间作用力。因此,环氧树脂具有强度高,黏附力强,固化后收缩小,耐磨、耐腐蚀、耐油,绝缘性好的优点,工作温度在 150 ℃以下,是一种使用最广泛的胶黏剂。

2) 热固性酚醛树脂。热固性酚醛树脂也是一种常用的胶黏剂,其黏附性很好,但脆性大、力学性能差,一般需要用其他高分子化合物对其改性后使用,如与环氧树脂或橡胶混合使用。

此外还有一种厌氧密封胶。它是由甲基丙烯酸酯或丙烯酸双酯及它们的衍生物为黏料,再加入由氧化剂或还原剂组成的催化剂和增稠剂等制成。由于丙烯酸酯在有氧环境中会因氧的抑制作用而不易聚合,只有在缺氧的情况下才能聚合固化,因此称为厌氧胶。厌氧胶黏度低,不含溶剂,常温可固化,固化后收缩小,能耐酸、碱、盐及水、油、醇类溶液等介质,在机械设备维修中可用于螺栓紧固、轴承定位、堵塞裂缝防漏等,但它不适宜黏结多孔性材料和超过 0.3 mm 的缝隙。

4. 黏结修复工艺

(1) 黏结的工艺过程

1) 根据受损件的结构、性能要求及客观条件,确定黏结方案,选用胶黏剂。

2) 按尽可能增大黏结面积、提高黏结力的原则设计黏结接头。

3) 对受损件表面进行处理,包括清洗、除油、除锈,以及可增加微观表面粗糙度值的机械处理和化学处理。

4) 调制胶黏剂。

5) 涂胶黏剂,厚度一般为 0.05~0.2 mm,要均匀薄涂。

6) 固化,要掌握固化温度、压力和保持时间等工艺参数。

7) 检验抗拉、抗剪、冲击和扯离等强度,并修整加工。

（2）黏结工艺要点

1）胶黏剂的选用。目前市场上供应的胶黏剂没有一种是"万能胶"。选用时必须根据受损件的材质、结构、形状、承受载荷的大小、方向、使用条件以及黏结工艺条件等，选择适用的胶黏剂。

2）接头设计。接头的受力方向应在黏结强度最大的方向上，尽量使其承受剪切力。接头的结构尽量采用套接、嵌接或扣接的形式。接头采用斜接或台阶式搭接时，应增大搭接的宽度，尽量减少搭接的长度。接头设计应尽量避免对接形式，若条件允许，可采用黏结—铆接、黏结—焊接、黏结—螺纹连接等复合形式的接头。针对接头结构设计，目前尚没有准确的计算方法与标准模式，在实践中对重要的零件黏结应进行模拟试验。

3）表面处理。表面处理是保证黏结强度的重要环节。一般结构黏结，需对受损件表面进行预加工。表面清洗与黏结的时间间隔不宜太长，以避免清洗后的表面被重新沾污。

4）黏结。按胶黏剂的形态（液体、糊状、薄膜、胶粉）不同，可采用刷涂、刮涂、喷涂、浸渍、滚筒布胶等方法进行黏结。胶层厚度一般控制在 0.05～0.35 mm，要完满、均匀涂覆。

5）固化。加压是为了挤出胶层与受损件之间的气泡和加速气体挥发，从而保证胶层均匀。加温要根据胶黏剂的特性或规定的选定温度进行，应逐渐升温使其达到胶黏剂的流动温度，同时还需保持一定时间才能完成固化反应。因此，温度是固化过程的必要条件，时间是充分条件。固化后要缓慢冷却，以免产生内应力。

6）质量检验。检查黏结层表面有无翘起和剥离，有无气孔和夹空，确认是否固化完成。一般不允许做破坏性试验。

7）安全防护。大多数胶黏剂固化后是无毒的，但固化前有一定的毒性和可燃性，因此在操作时应注意通风，防止中毒或发生火灾。

5. 黏结的应用

由于黏结有许多优点，随着高分子材料的发展、新型胶黏剂的出现，黏结修复的应用日益广泛，尤其在应急维修中，其优势表现更为明显。

（1）用于零件的结构连接，如轴断裂、壳体裂纹、平面零件碎裂、环形零件裂纹与破碎后的修复，输送带运输机中输送带的黏结等。

（2）用于补偿零件的尺寸磨损。例如，机械设备的导轨研伤粘补及磨损的恢复，可采用粘贴聚四氟乙烯软带、涂抹高分子耐磨胶黏剂、使用 101 聚氨酯胶黏结氟塑料等方法。

（3）用于零件的防松紧固。用胶黏结替代防松零件，如开口销、止动垫圈、锁紧螺母等。

（4）用于零件的密封堵漏。对于铸件、有色金属压铸件、焊缝等微气孔的渗漏，可使用胶黏剂浸渗密封，该方法已广泛应用于发动机的缸体、缸盖，变速箱壳体，泵、阀、液压元件、水暖零件，以及管道类零件螺纹连接处的渗漏修复中。

（5）用黏结替代过盈配合。例如，轴承座孔出现磨损或变形时，可将座孔镗大后黏结一个适当厚度的套圈，经固化后镗孔至要求尺寸；轴承座孔与轴承外圈的装配，可用黏结取代过盈配合，这样就避免了因过盈配合而造成的变形。

（6）用黏结替代焊接时的初定位，可获得较准确的焊接尺寸。

6. 特种黏结技术

特种黏结技术是指使用特殊黏结材料、特种胶黏剂和特殊黏结工艺进行黏结操作的一种技术，使用复合材料、智能材料和纳米材料是其显著特点。

特种黏结技术分为纯特种黏结技术和复合特种黏结技术两大类。

纯特种黏结技术是指使用单纯的特种胶黏剂，依靠或调整其性能完成黏结的全过程。使用这种技术需注意施胶的方法和黏结工作环境的条件等。施胶常用刷涂、喷涂、点涂等方法；黏结工作环境条件主要指温度、湿度、清洁度等。

复合特种黏结技术不仅要依靠特种胶黏剂的特点，还要按照一些特定的与其他技术复合构成的使用方法完成黏结的全过程。例如，在黏结面积受到限制，单一的黏结方案不能获得较理想、较可靠的黏结强度，被黏结处要承受较大的冲击负载等情况下，就可选择复合特种黏结技术，即黏结与铆接、黏结与焊接、黏结与机械连接、黏结与贴敷层等相结合。

特种黏结技术是在跨学科、跨专业、跨领域、跨行业的交叉点上成长起来的高新技术。它不仅能解决焊接、铆接、螺栓连接、过盈配合及一般黏结技术不易或不能解决的问题，还能解决表面处理、热处理等许多传统技术不易解决的难题。由于特种黏结技术在节省能源和原材料、节约人力成本、提高产品质量和工作效率、杜绝事故和挽回经济损失等方面发挥了重要作用，因此越来越被人们重视，有着广阔的应用前景。

第二章
发动机的装配与维修

第一节
内燃机的基本组成与工作原理

一、内燃机的基本组成

随着港口机械化水平的不断提高，各种类型内燃机械的不断更新，其核心内燃机（见图2-1-1、图2-1-2）也在向高效能、低能耗、低排放发展。为了保证内燃机可靠且连续地工作，以实现其能量转换过程，对往复活塞式柴油发动机（以下简称"柴油机"）而言，其基本结构大都由以下两大机构和四大系统组成。

1. 两大机构

（1）曲柄连杆机构与机体组件

曲柄连杆机构由活塞组、连杆组、曲轴飞轮组等组成，其作用是将活塞的往复运动转化为曲轴的旋转运动，从而实现热能向机械能的转化。机体组件由气缸盖、气缸体、曲轴箱、油底壳等组成，其作用是作为发动机各机构、各系统的装备骨架，同时也是曲柄连杆机构、配气机构、冷却和润滑等系统的组成部分之一。气缸体内部有气缸，气缸中有做往复运动的活塞，其顶部有气缸盖，三者密封成为燃烧室，燃油在燃烧室内燃烧，使气体膨胀后推动活塞做功。

（2）配气机构

配气机构由进、排气门和它们的启闭传动件——摇臂、凸轮轴、正时齿轮、气门挺杆、气门弹簧，以及进、排气管和空气滤清器等组成，其作用是定时向发动机气缸提供充足而干净的新鲜空气（柴油机）或可燃混合气（汽油机），并将燃烧后的废气排出气缸。

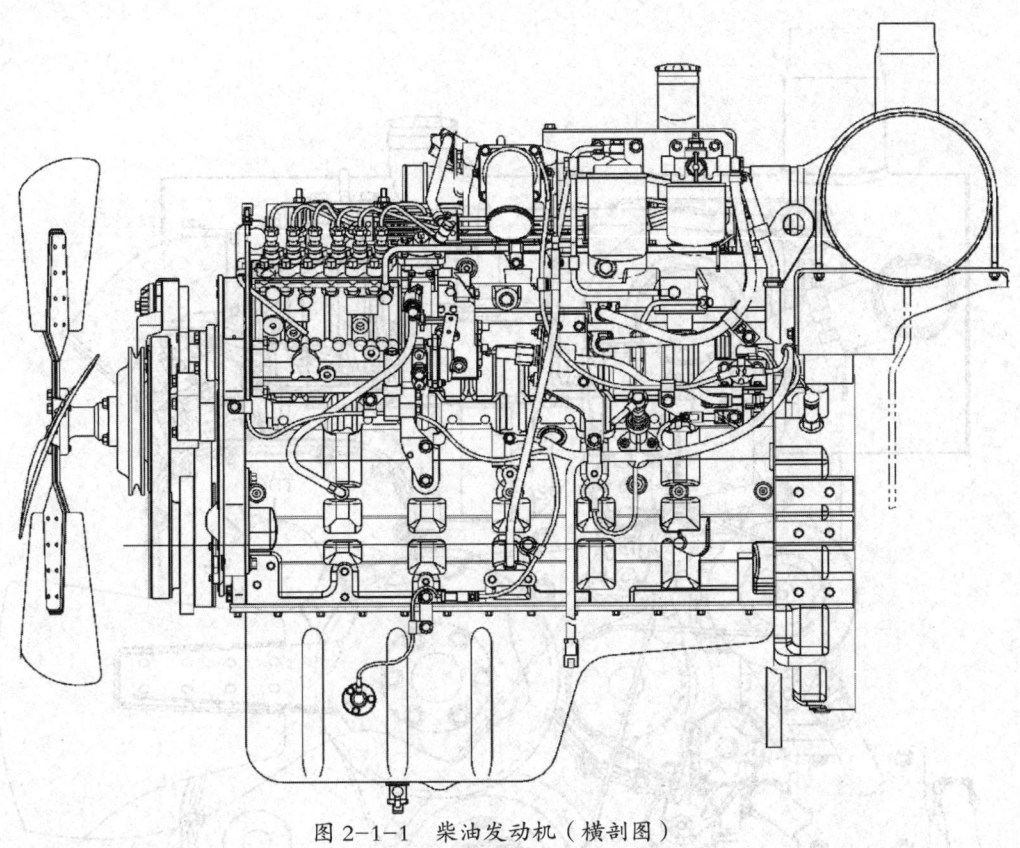

图 2-1-1 柴油发动机（横剖图）

2. 四大系统

（1）燃油供给系统

燃油供给系统的作用是按照发动机工作循环所规定的时间，并根据发动机负荷情况向气缸提供适量的燃油，一般由低压油路和高压油路两部分组成。低压油路由油箱、油管、输油泵、过滤器等组成；高压油路由柱塞偶件、出油阀偶件、高压油管及喷油器等组成。

（2）润滑系统

润滑系统由泵、滤清器、冷却器和油路等组成。其作用是将清洁的润滑油以一定的压力不间断地送入发动机各摩擦表面，以减少摩擦阻力和零件的磨损，并带走摩擦时所产生的热量和金属屑，保证发动机长期可靠地工作。

（3）冷却系统

冷却系统的任务是对发动机高温件进行适当冷却，以保证正常的工作温度，这也是保证发动机长期可靠工作的必要条件之一。水冷式内燃机的冷却系统主要由水泵、水箱、散热器及节温装置和管路等组成。

（4）启动系统

发动机由静止状态转入工作状态，需要借助外力启动。启动系统的作用就是为发

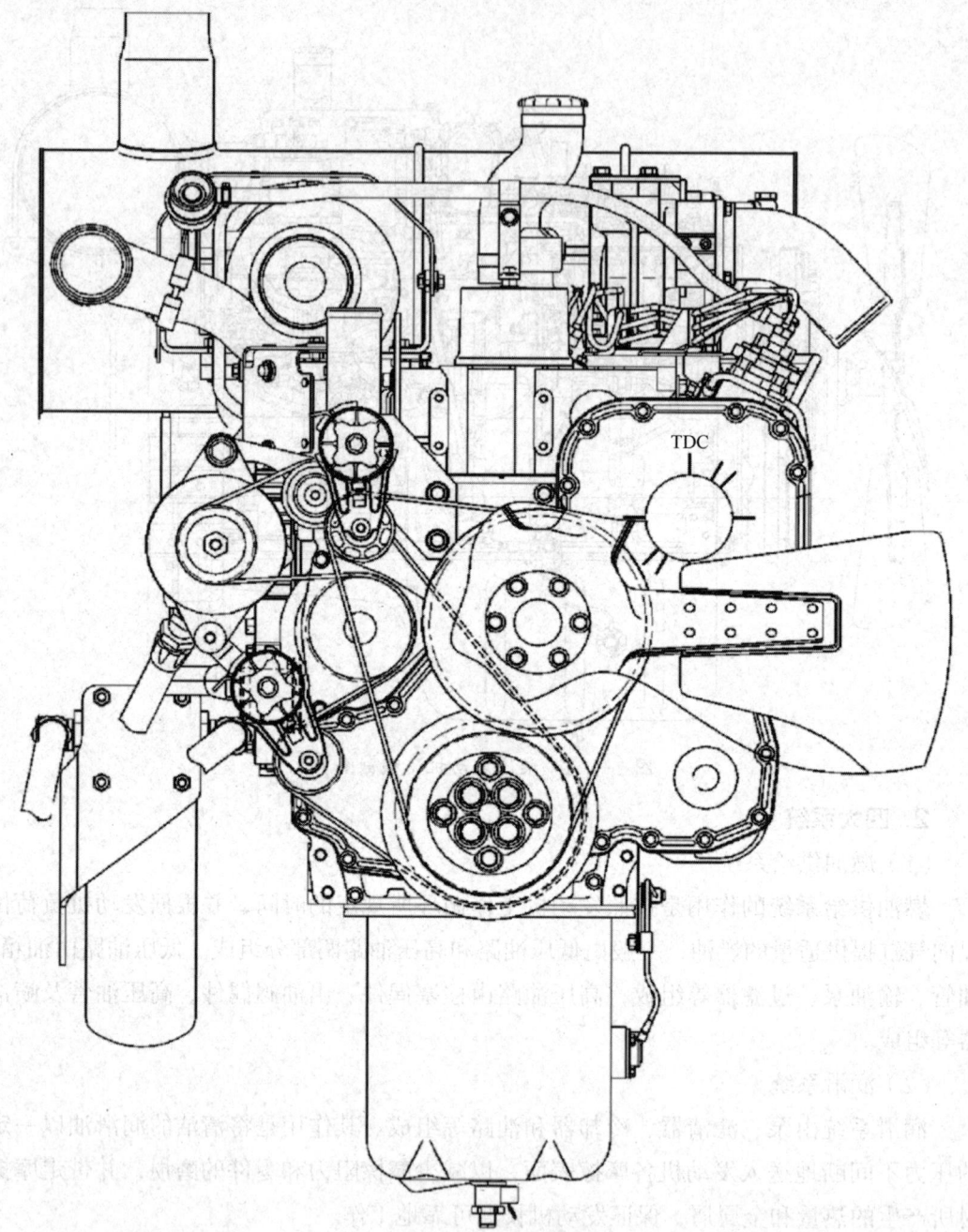

图 2-1-2 柴油发动机（纵剖图）

动机启动提供外部动力，并保证启动的安全性和可靠性，主要由蓄电池、电动机和控制电路组成。

为使发动机正常可靠地工作，以上各机构、各系统必须各尽其能、互相配合、动作协调，缺一不可。

工程机械用内燃机以柴油机为主，与柴油机相比，汽油机的组成仅增加一个点火系统。本书内容以柴油机为主，对点火系统不予介绍。

二、内燃机的工作原理

柴油机是一种压燃式的内燃机，如图 2-1-3 所示，柴油在气缸中燃烧，产生高温高压的气体，推动活塞运动，通过曲柄连杆机构由曲轴、飞轮对外输出动能，从而完成燃料的化学能转化为热能再转化为机械能的能量转换过程。

柴油机的柴油要经过与空气混合燃烧才能使化学能转变为热能。要使柴油燃烧，除必须将空气与雾化状态柴油混合形成混合气外，还必须使该混合气具有一定的温度。活塞在缸内向下运动，将空气吸进气缸内，此时空气的温度很低。活塞向上运动时，将空气迅速压缩，空气的温度和压力都上升，并达到足够使柴油燃烧的温度。此时再将柴油以雾化状态喷入，柴油立即在高温高压的空气中燃烧。柴油燃烧后放出大量热能，使气缸内气体的压力、温度急剧增高，并在气缸中膨胀，通过活塞推动曲柄连杆机构对外做功。膨胀结束表示活塞做功行程结束，活塞将做过功的废气排出。所有工作循环结束，此时发动机做好准备，以便新鲜空气再次进入。

综上所述，柴油机每做一次功，都必须经过进气、压缩、膨胀做功、排气四个过程（见图 2-1-3），这四个过程称为一个工作循环。循环不断进行，柴油机即能连续工作。

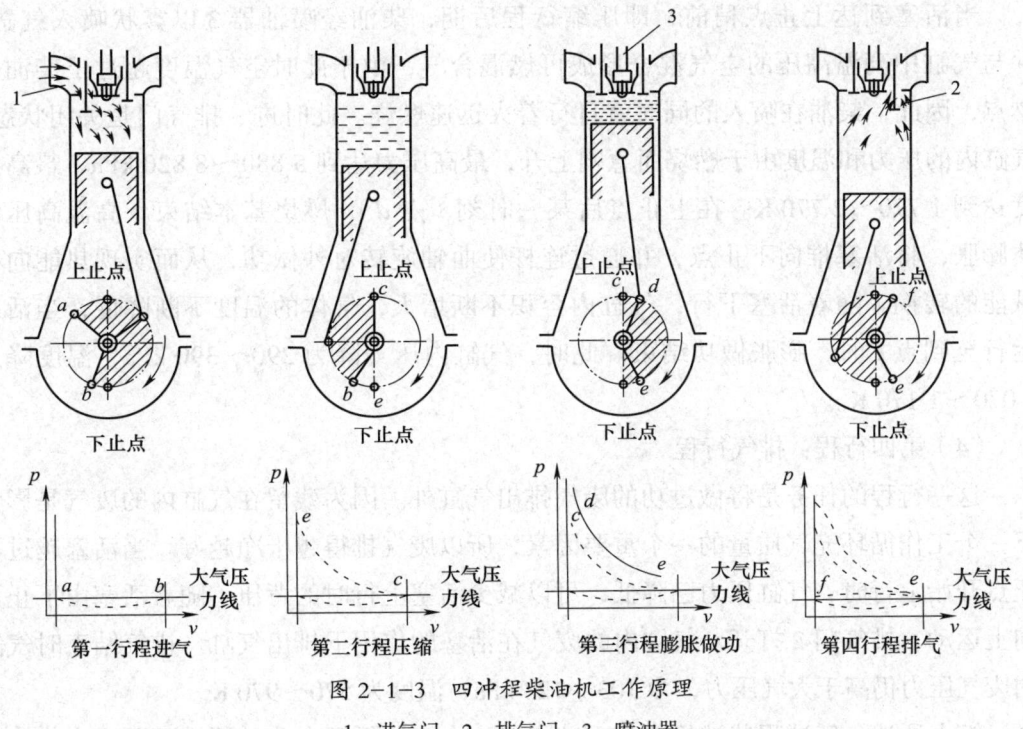

图 2-1-3 四冲程柴油机工作原理
1—进气门 2—排气门 3—喷油器

在结构上,柴油机工作循环中的进气、压缩、膨胀做功和排气过程都是通过活塞、连杆、曲轴、配气系统和燃油供给系统等部件相互配合来实现的。活塞运动四个行程完成一个工作循环的柴油机称为四冲程柴油机,只用两个行程完成一个工作循环的柴油机称为二冲程柴油机。工程机械用柴油机多为四冲程柴油机。

1. 四冲程柴油机的工作循环

(1)第一行程:进气行程

这一行程的任务是使气缸充满新鲜空气。行程开始时,活塞由上止点往下移动,进气门1打开,排气门2关闭。由于活塞下行,气缸容积增大,气缸压力降低到大气压力以下,依靠气缸内外的压差作用新鲜空气不断进入气缸。在进气过程的大部分时间里,气缸的压力低于大气压力,其值为80~95 kPa。由于进气系统的阻力,进气结束时气缸压力略低于大气压力,此时气缸内的气体温度为320~340 K。

(2)第二行程:压缩行程

这一行程的任务是将进气行程吸入气缸中的新鲜空气进行压缩,使其达到足够的温度和压力,为柴油的燃烧创造条件。当活塞从下止点运动到点 b 时,进气门1关闭,空气开始被压缩。随着活塞上行,气缸容积不断减小,空气的压力和温度不断升高,压缩结束时,气缸内气体压力达到2 940~4 900 kPa,温度达到770~970 K。

(3)第三行程:工作行程(又称膨胀做功冲程)

当活塞到达上止点稍前,即压缩行程后期,柴油经喷油器3以雾状喷入气缸,并与气缸中高温高压的空气混合形成可燃混合气,由于此时空气温度超过了柴油的燃点,因此,柴油在喷入的同时就自行着火迅速燃烧。此时进、排气门是关闭状态,气缸内的压力和温度由于燃烧而急剧上升,最高压力达到5 880~8 820 kPa,最高温度达到1 770~2 770 K。在上止点后某一时刻(点 d),燃烧基本结束。高温高压气体膨胀,将活塞推向下止点,并通过连杆使曲轴旋转对外做功,从而实现热能向机械能的转换。随着活塞下行,气缸内容积不断增大,气体的温度不断降低,当活塞运行至到点 e 时,膨胀做功结束。此时,气缸内压力降为290~390 kPa,温度降为1 070~1 170 K。

(4)第四行程:排气行程

这一行程的任务是将做过功的废气排出气缸外。因为残留在气缸内的废气是影响下一个工作循环充气质量的一个重要因素,所以废气排得越干净越好。当活塞越过下止点开始上行时,气缸压力已降低,可以减少活塞上行时的背压。随着活塞由下止点向上运动,排气门2打开,气缸内的废气在活塞的作用下排出气缸。排气结束时气缸内废气压力仍高于大气压力,为103~123 kPa,温度为570~970 K。

综上所述,四冲程柴油机有如下特点:一个工作循环在曲轴回转两圈内完成;在曲轴回转两圈过程中进气门、排气门和喷油器均只开闭一次；每个循环中只有一个工作行程对外做功，其余三个行程都是为工作行程作准备，都需要外界供给能量。柴油机常做成多缸形式，这样进气、压缩、排气行程所需的能量可由其他正在工作的气缸提供。如果是单缸柴油机，则由较大的飞轮供给能量，即在工作行程时，柴油机带动飞轮加速旋转，依靠飞轮的旋转惯性，带动柴油机完成其他三个行程。

2. 柴油机常用名词术语

（1）上止点

上止点（top dead center，TDC）是指活塞离曲轴中心线最远的位置（见图 2-1-4），此时曲轴的曲柄转至曲轴中心线上方并垂直于曲轴中心线。

（2）下止点

下止点（bottom dead center，BDC）是指活塞离曲轴中心线最近的位置，此时曲轴的曲柄转至曲轴中心线下方并垂直于曲轴中心线。

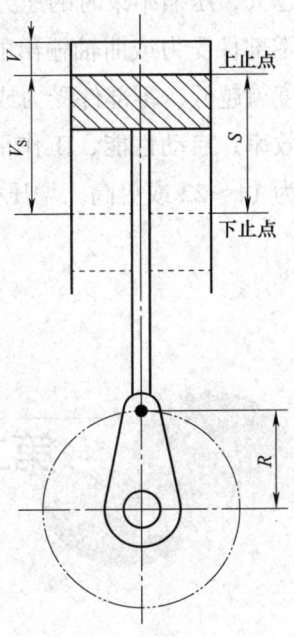

图 2-1-4　柴油机的行程

（3）行程

行程是指上止点、下止点之间的垂直距离，用 S 表示。它等于曲柄半径 R 的两倍，即 $S=2R$。若用曲柄转角表示，一个行程相当于曲柄转角 180°。

（4）曲柄半径

曲柄半径是指曲轴的曲柄销中心线与主轴颈中心线的垂直距离，常用 R 表示。

（5）缸径

缸径是指气缸内径，常用 D 表示。

（6）燃烧室容积

燃烧室容积是指活塞位于上止点时，活塞顶与气缸盖底面之间的气缸容积，用 V 表示。

（7）气缸工作容积

气缸工作容积是指活塞从上止点移到下止点时所经过的空间，又称行程容积或活塞排量，用 V_s 表示。若一台柴油机有 i 个气缸，则柴油机的总排量 V_h 为

$$V_h = iV_s$$

（8）气缸总容积 V_a

气缸总容积是指活塞在下止点时，活塞顶以上的气缸全部空间，它是燃烧室容积 V 和工作容积 V_s 之和，用 V_a 表示，即

$$V_a = V_S + V$$

（9）压缩比 ε

压缩比是指气缸总容积 V_a 与燃烧室容积 V 的比值，常用 ε 表示，即

$$\varepsilon = \frac{V_a}{V}$$

压缩比是柴油机的一个重要参数，它表明气缸内空气被活塞压缩的程度。压缩比越大，压缩结束时的压力和温度就越高，燃油就越容易燃烧，燃烧产生的压力就越高，零部件受力或曲轴输出的力就越大。反之，压缩比越小，压缩结束时的气体压力和温度就越低，零部件受力或曲轴输出的力就越小，功率就越低。压缩比对柴油机的燃烧、效率、启动性能、工作平稳性及机械负荷等都有很大影响。现代柴油机的压缩比一般为 14～22 或更高。增压柴油机压缩比比普通柴油机小。

第二节 发动机两大机构的装配与维修

一、曲柄连杆机构的维修

1. 气缸体与气缸盖

气缸体与气缸盖的破裂多发生在气门座附近和水套薄壁处。破裂的主要原因有：在冬季停放车辆时，没有将冷却水排放干净，导致结冰而胀裂气缸体或气缸盖；在严寒的冬季冷启动时骤加热水，或在发动机高温情况下骤加冷水，造成气缸体突然膨胀或收缩不一致而破裂；拆装或搬运不慎，使气缸体严重受振、碰撞，造成外部裂纹或损伤。

（1）气缸体与气缸盖破裂的检验与修理

1）检验方法

①水压试验。将气缸盖及气缸衬垫装在气缸体上，将盖板装在气缸体前壁进水口处，并用水管与水压机连通，封闭其他水道口，如图 2-2-1 所示。然后，将水压入水套，在 284～392 kPa 的压力下保持 5 min，应无渗漏。用 80～90 ℃的热水进行试验效果更好。

②气压试验。在没有水压机的情况下，可向水套内加入自来水，用气泵或打气筒

向注入水的水套内充气，借助气体压力检查是否有渗漏部位。为防止水气倒流，试验时应关闭充气管与气缸体水管接头之间的接水阀。

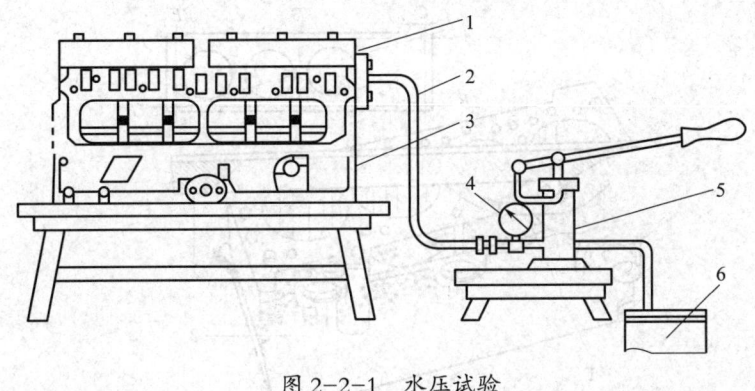

图 2-2-1　水压试验

1—气缸盖　2—水管　3—气缸体　4—压力表　5—水压机　6—水槽

2）修理方法

①除燃烧室、气门座附近等高温部位外，其他部位的裂纹或损伤均可用环氧树脂胶黏结修复。

②若裂纹在受力不大的部位，且长度在 50 mm 以下，可用螺钉填补；若裂纹较长或破洞较大，可用补板封补。

③若裂纹在受力较大的部位，则应用焊修法修复。

经修补的气缸体和气缸盖，仍需进行水压试验，确保无渗漏才能使用。

（2）气缸体与气缸盖平面的检验与修理

气缸盖螺栓拧紧力矩不均匀，即没有按照规定的力矩和拧紧顺序（见图 2-2-2）进行紧固，或者在高温下拆卸气缸盖，引起气缸体和气缸盖平面拱曲变形，或者在装配时气缸盖螺栓拧紧力矩过大，使螺孔周围的金属凸起，均会引起变形超过允许限度导致的漏水、窜气、冲坏气缸衬垫故障，因此，需认真检查和修理。

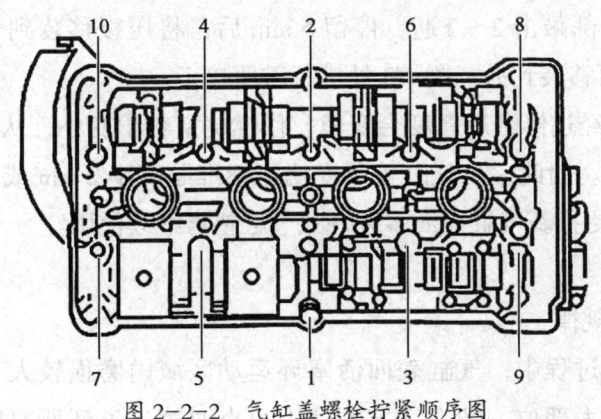

图 2-2-2　气缸盖螺栓拧紧顺序图

1）检验方法。气缸体、气缸盖的接合面是否平整，可用平板接触法检验，也可用平尺和塞尺检测（见图2-2-3），技术要求见表2-2-1。

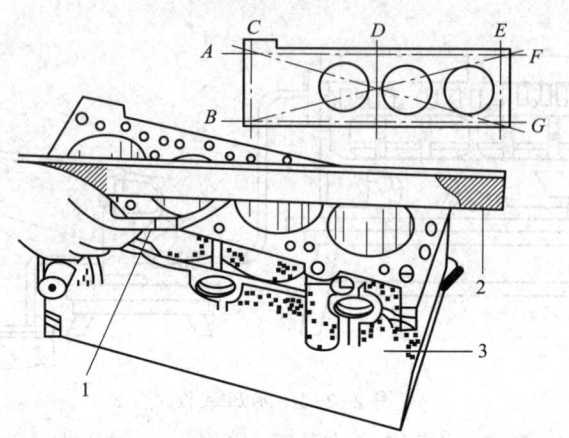

图2-2-3 气缸体、气缸盖接合面平面度检验
1—塞尺　2—钢直尺　3—气缸体

表2-2-1　气缸体与气缸盖接合面平面度公差　　　　　　　　　　　　　　　　　　mm

测量范围	发动机气缸数	铸铁缸盖	铝合金缸盖	气缸体上平面
整个平面	四缸	0.10	0.15	0.15
	六缸	0.15	0.25	0.25

2）修理方法。气缸体、气缸盖接合面凹陷或拱曲超过规定值时，应进行修整。

①气缸体平面螺孔周围的凸起，可用油石、平面砂轮修磨，或用细锉刀修平。

②若铸铁气缸体和气缸盖不平整，可用铣、磨的加工方法修复。

③若气缸盖翘曲，可用敲压法校正。先将厚度约为变形量4倍的钢片垫在气缸盖两端与平板间，把压板放在气缸盖中部，拧紧螺母，使气缸盖中部的平面与平板贴合。用小锤沿气缸盖筋部敲击2～3遍，停留5 min后，将压板移装到气缸盖一侧全长的1/3处敲击，最后再移装到另一侧1/3处进行敲压校正。

翘曲的气缸盖经过修磨后厚度会变薄，使燃烧室容积变小，从而增大压缩比，容易引起发动机爆燃。因此，当气缸盖厚度比原标准厚度小2 mm或以上（从燃烧室最低点测量）时，应更换新气缸盖或多装一只气缸垫再继续使用。

2. 气缸

（1）气缸磨损规律

在发动机工作过程中，气缸表面活塞环运动区域内磨损较大且不均匀。从气缸纵断面看，磨损最大部位一般在活塞到达上止点时第一道环所对应的气缸壁处，气缸磨损后会形成上大下小的形状，可检测出圆柱度超差，如图 2-2-4 所示。

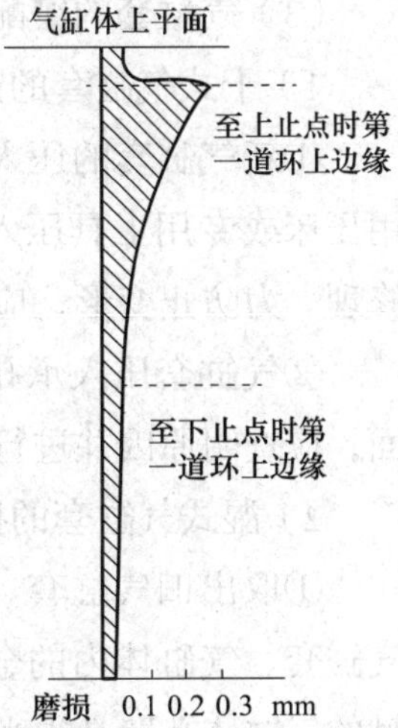

从气缸横断面看，气缸磨损后失去了原来的正圆形状，一般在进气门的对侧磨损较大，可检测出圆度超差。

从气缸纵断面看，气缸上口活塞环不接触的部位几乎没有磨损，从而形成一个明显的台阶，俗称"缸肩"。在特殊情况下，气缸可能出现中部磨损最大的情况，俗称"腰鼓形"。

气缸磨损超过一定限度后，将破坏它与活塞、活塞环的正常配合，造成气缸漏气、窜润滑油，从而导致发动机动力下降、耗油量增加、可靠性降低甚至不能工作。

（2）气缸测量和发动机大修标准

气缸测量的目的主要是通过测量气缸的磨损程度，了解气缸的磨损量，从而确定发动机的技术状态。气缸的磨损情况通常用量缸表（又称内径量表）进行测量，如图 2-2-5 所示。

图 2-2-4 气缸的磨损

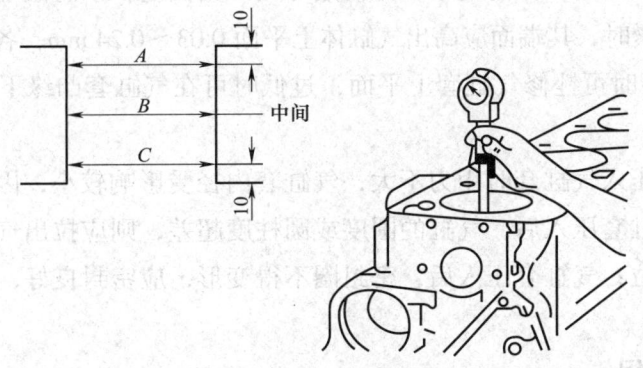

图 2-2-5 气缸磨损的测量

1）气缸圆度测量。如图 2-2-5 所示，分别在 A、B、C 三个位置上测量，圆度为同一横截面上不同方向上最大直径与最小直径差值的一半。

2）气缸圆柱度测量。如图 2-2-5 所示，在活塞行程内，找出气缸磨损最大位置，然后转动量缸表表盘使表针指到"0"位，再将量缸表垂直移至距气缸下口 10～20 mm 处，在此测得的读数的一半，就是该气缸的圆柱度，即气缸最大直径与最小直径差值的一半。

3）发动机大修标准。气缸的磨损量已超过极限值，例如，气缸直径为 100 mm，圆度超过 0.625 mm，圆柱度超过 0.20 mm，应对发动机进行大修。

为延长气缸体的使用寿命，现代发动机的工作气缸多采用气缸套的形式，可在发动机大修时同时进行更换。气缸套可分为干式气缸套和湿式气缸套。

（3）气缸套的镶配

1）干式气缸套的镶配

①新气缸套的压入。在气缸套的外壁上涂上润滑油，插入气缸后用90°角尺找正，用压床或专用工具压入。在压入过程中，如遇阻力突然增大，应立即查明原因并进行修理。为防止变形，应隔缸压入。

②气缸套压入承孔后，其端面应与气缸体上平面平齐，若高出或低于气缸体上平面，应查明原因并进行修理。

2）湿式气缸套的换配

①取出旧气缸套。拆除旧气缸套时，可轻轻敲击气缸套底部，用手或拉拔器取出气缸套。气缸体内的金属锈、污垢应清除干净。气缸套与气缸体的接合面及密封圈接触的气缸体孔壁必须光滑，防止因凹凸不平而漏水。

②换配新气缸套。气缸体上、下承孔的圆柱度公差为 0.015 mm，承孔与气缸套的配合间隙为 0.05~0.15 mm。

在安装前，应先将未装密封圈的气缸套放入承孔内。压入气缸套时，应装上新的涂有密封胶的橡胶密封圈以防漏水，并使用专用工具固定，以防搬动气缸体时气缸套活动。气缸套压紧时，其端面应高出气缸体上平面 0.03~0.24 mm，各气缸高出差不大于 0.03 mm，过高时可锉修气缸套上平面，过低时可在气缸套凸缘下垫紫铜丝调整或更换气缸套。

注意：由于压入气缸套时用力不大，气缸套内径受影响较小，因此，通常不进行光磨加工；若气缸套压入后，气缸的圆度或圆柱度超差，则应拉出气缸套，检查和修整承孔的锈蚀部位；气缸套压入后，密封圈不得变形，应密封良好，必要时应进行水压试验。

3. 活塞连杆组

（1）活塞的选配

活塞的尺寸应与气缸的修理尺寸相适应。除标准尺寸外，也有加大尺寸的活塞，在标准尺寸的基础上每加大 0.25 mm 为一级（也有的机型规定每加大 0.50 mm 为一级）。加大尺寸都标在活塞顶部。

发动机大修时，应根据气缸的修理尺寸，选配与气缸同级修理尺寸的活塞。更换活塞时应注意以下几点。

1）同一台发动机上应选用同一厂牌、同级、同组活塞，以使其材料、性能、质量及尺寸一致。

2）同组活塞直径差应不超过 0.025 mm，其质量差一般不大于 8 g，若超过要求，则可适当车削裙部或重新选配。

（2）活塞环的选配

为了适应气缸修理的需要，与活塞同样，活塞环除标准尺寸外，在标准尺寸的基础上每加大 0.25 mm 或 0.50 mm 为一级。发动机大修时应选用与气缸、活塞相同修理尺寸的活塞环，平时保养时更换的活塞环应与所换活塞环同一级别。目前液锻活塞已将活塞、活塞环及活塞销经选配按不同的规格成套供应，这样既方便修理，又可提高修理质量。

为了保证活塞环与活塞环槽、气缸的良好配合，在选配活塞环时应做好以下检查。

1）端隙。活塞环应留有端隙，这是为了防止活塞环受热膨胀后卡死在气缸内。端隙的大小与气缸直径有关。一般每 100 mm 气缸直径，第一道环端隙为 0.25～0.45 mm，其余各道环端隙均为 0.20～0.40 mm。

检查活塞环端隙时，应将活塞环平正地放入气缸内，用活塞顶部将其推平，然后用塞尺测量开口处间隙，如图 2-2-6 所示。端隙过大时，应重新选配活塞环；端隙过小时，应对环口的一端加以锉修。锉修时应注意环口平整，锉修后外口应去掉毛刺，以防锋利的环口拉伤气缸。

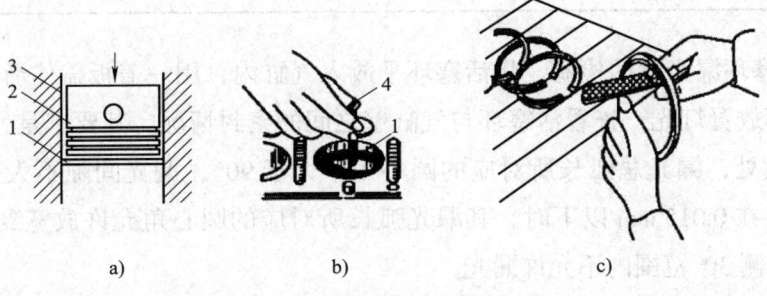

图 2-2-6　活塞环端隙的测量与修配
1—活塞环　2—活塞　3—气缸　4—塞尺

2）侧隙。一般第一道环侧隙为 0.05～0.09 mm，其余各道环均为 0.03～0.07 mm。若侧隙过大，将影响活塞环的密封作用；若侧隙过小，活塞环受热膨胀后可能卡死在环槽内。

检查截面为矩形的活塞环侧隙时，将活塞环放入环槽内，用塞尺按图 2-2-7 所示方法测量。

如侧隙过小，可将活塞环放在铺有砂布的平板上或专用设备上研磨。有切槽的活塞环在研磨时，应研磨没有切槽的一面。此外，不允许加工活塞。

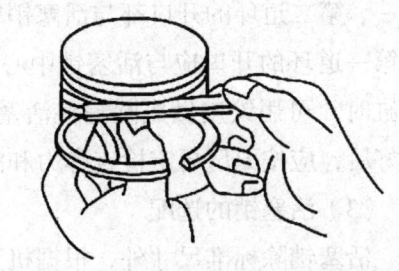

图 2-2-7　检查截面为矩形的活塞环侧隙

3）背隙。背隙即活塞环安装在活塞上放入气缸后，活塞环内圆面与活塞环槽底之间的间隙。背隙难以直接测量，通常以槽深与环厚之差来表示，一般应低于槽岸0.35 mm 左右。背隙过小，会漏气、窜油，应重新选配；背隙过大，活塞受热膨胀后可能在气缸内卡死，可切深环槽。

检查活塞环侧隙、背隙的经验方法是：将活塞环装入活塞环槽内，应能转动自如，无松旷感觉，以环低于槽岸为宜。

常用机型活塞环的装配间隙见表 2-2-2。

表 2-2-2　常用机型活塞环的装配间隙　　　　　　　　　　　　　　　　　　　　mm

机型	端隙			侧隙		背隙
	第一道环	第二、第三道环	油环	第一道环	其余气环和油环	
6135K	0.60～0.80	0.50～0.70	0.40～0.60	0.130～0.165	气环 0.11～0.145 油环 0.04～0.98	0～0.60
F6L912	0.35～0.55	0.35～0.55	0.25～0.40	0.079～0.119	气环 0.09～0.112 油环 0.04～0.72	0～0.60
6BT	0.40～0.70	0.25～0.55	0.25～0.55	0.095～0.115	气环 0.085～0.13 油环 0.04～0.085	0～0.75

4）活塞环漏光度的检验。将活塞环平放入气缸内，用一盖板盖住活塞环的内环，在气缸下部放置灯光，查看活塞环与气缸壁之间的密封情况。其要求是：同一环上漏光不多于两处，漏光总弧长所对应的圆心角不大于 90°，漏光间隙不大于 0.030 mm；当漏光间隙在 0.015 mm 以下时，其漏光弧长所对应的圆心角允许放宽到 120°；活塞环开口处两侧 30° 范围内不允许漏光。

5）活塞环的安装。装拆活塞环要用专门工具，以防止活塞环折断。活塞环需与对应的气缸、活塞环槽进行选配，不可错乱。要根据活塞环的构造、形状、缺角方向及规定顺序安装，不可颠倒或装反。装上活塞环的活塞在装入气缸前，需使各环口位置按活塞圆周均匀分布，以免漏气、窜油。活塞环开口的位置：若为四道活塞环，则第一、第二道环的开口都与活塞销中心线成 45° 角，彼此错开 180°；若为三道活塞环，则第一道环的开口应与活塞销中心线成 30° 角，各道环彼此错开 120°。带环活塞装入气缸时，可用铁皮做成圆箍将活塞环夹紧，再用锤子木柄轻轻敲动活塞顶将其导入。装好后，应按原厂规定检查弹力和漏光度，校准各项间隙。

（3）活塞销的选配

活塞销除标准尺寸外，根据机型的不同还有四级加大的修理尺寸。发动机大修时，应选择标准尺寸的活塞销。

活塞销的质量要求是：表面粗糙度值不超过 0.2 μm，无锈蚀斑点，圆柱度不应大于 0.001 25 mm；应选配同一厂牌、同级、同组活塞销，以使其质量、尺寸一致。

（4）活塞销座孔的修配

全浮式活塞销与销座孔的配合要求是：在常温下应微量过盈，一般为 0.002 5～0.007 5 mm；当活塞加温到 75～85 ℃时应有微量间隙，即活塞销能在座孔内转动；冷却后活塞裙部变形不大于 0.025 mm，且接触面积在 75% 以上。

目前活塞销座孔在出厂时已经过精加工，可直接与标准尺寸、同级别的活塞销装配，部分产品会严格选配活塞销与销座孔后成套供应。

（5）连杆衬套的选择与修配

1）连杆衬套的选择。连杆衬套外径与连杆小端孔的配合应有一定的过盈量，以保证衬套在工作时不走外圆。

2）连杆衬套的修配。活塞销与连杆衬套的配合要求是：在常温下应有一定的配合间隙，接触面积达到 75% 以上。活塞销与连杆衬套的正确配合是通过对衬套的铰削和镗削加工来实现的。

① 连杆衬套的铰削加工。铰削时，一只手握住连杆小端，并向下略施压力，另一只手托住连杆大端，均匀用力按顺时针方向扳动连杆进行铰削，如图 2-2-8 所示。

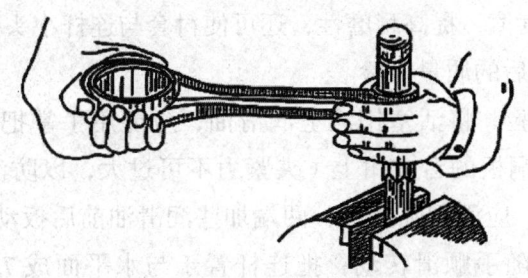

图 2-2-8　连杆衬套的铰削加工

铰削时应使连杆轴线与铰刀轴线垂直，以防铰偏。当衬套下端与刀刃下方平齐时，应停止铰削，将连杆小端下压，使其从铰刀下方脱出，以免铰出塄坎或喇叭口。在铰刀直径不变的情况下，将连杆翻面再重铰一次，以防出现锥体。

在铰削过程中应不时用活塞销试配，以防将连杆衬套孔铰大。当铰削到用手掌能将活塞销推入衬套的 1/3～2/5 时停止铰削，之后将活塞销压入或用锤子垫铜铳打入衬套内，并夹在台虎钳上，往复扳动连杆（见图 2-2-9a）进行研磨。研磨后将活塞销取出，查看接触面印痕情况，并适当进行修刮。

须根据接触面印痕和松紧度进行修刮。其要领是：刮刀应与衬套修刮面成 30°～40°角，以免修刮面积过大导致未接触的部位也被刮掉。修刮时应按由里向外、刮重留轻、刮大留小的原则进行。开始时两端边缘应少刮或不刮，防止刮成喇叭口；

待松紧度和接触面接近合适时，再稍修刮两端。当修刮至能用手掌的力量将活塞销推入连杆衬套时，松紧度为合适。修刮后接触面积应达到75%以上。

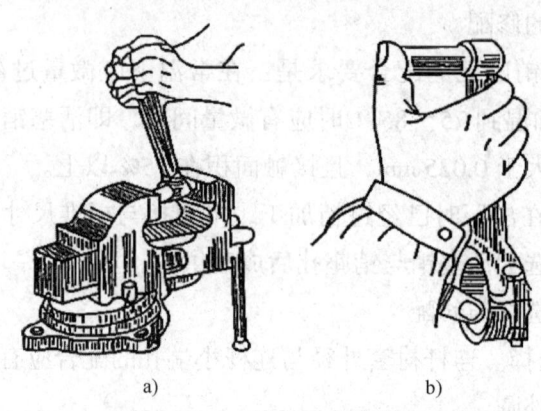

图 2-2-9 连杆衬套的试配

②连杆衬套的镗削加工。为了提高衬套的修理质量，可用车床或专用小型镗床进行镗削加工。应按活塞销的尺寸进行镗削，并使其有一定的配合间隙。衬套孔的表面粗糙度值应不超过 $Ra0.40~\mu m$，圆柱度和圆度应不大于 0.002 5 mm。

连杆衬套的加工除铰削和镗削外，还可用油压拉床进行拉削。有时先用活动铰刀对衬套进行铰削，留出微小余量（一般为 0.02～0.03 mm），再用挤光刀挤光，这样可降低衬套的表面粗糙度值，提高耐磨性，还可使衬套与连杆小头孔进一步贴合。

3）连杆衬套修配后的质量检验

①铰削衬套的检验。将活塞销涂上润滑油，应能用手掌把活塞销推入衬套。把活塞销夹在钳口垫有铜板的台虎钳上（夹紧力不可过大，以防活塞销变形），沿活塞销轴线方向扳动连杆，应无间隙感觉，两端加些润滑油前后扳动连杆应无"气泡"产生。转动连杆时应能随手顺滑转动；把连杆置于与水平面成75°角时应能停住，用手轻拍连杆应能徐徐落下。接触印痕应分布均匀，轻重一致，接触面积应达75%以上。

②镗削或挤光衬套的检验。经过镗削或挤光加工的衬套，应表面光洁、接触良好，将活塞销涂上润滑油，应能用拇指把活塞销推入衬套内（见图2-2-9b），且无间隙感觉。

（6）连杆弯曲、扭曲的检验与校正

连杆大、小端承孔的中心线应在同一平面内，其平行度（弯）应不大于0.03 mm/100 mm；在与此平面垂直的方向，中心线的平行度（扭）应不大于0.06 mm/100 mm。连杆大、小头端中心距误差一般为 ±0.05 mm。

1）连杆弯曲和扭曲的检验。连杆弯曲和扭曲的检验，一般都在连杆检验器上进行，如图2-2-10所示。

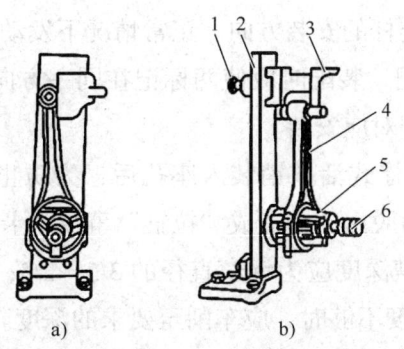

图 2-2-10 连杆检验器
1—角铁固定螺钉 2—垂直板 3—小角铁 4—连杆
5—定心块 6—横轴调整螺栓

2）连杆弯曲和扭曲的校正。经过检验，若连杆的弯曲或扭曲超过规定要求，应记住其弯曲和扭曲的方向，并予以校正。连杆弯曲、扭曲的校正，一般都在连杆校正器上进行，也可用其他方法校正。用连杆校正器校正连杆弯曲的方法如图 2-2-11a 所示，也可用压床校正。用连杆校正器校正连杆扭曲的方法如图 2-2-11b 所示，也可用长柄扳钳或管钳进行校正。

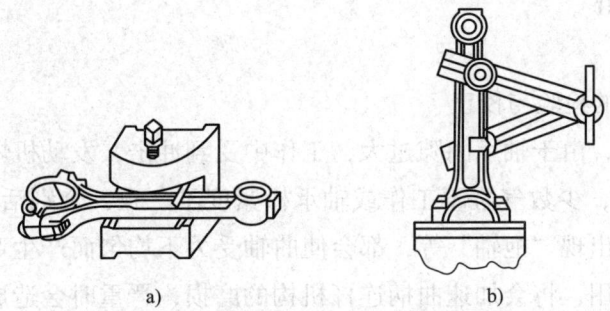

图 2-2-11 连杆弯曲和扭曲的校正

（7）活塞连杆组的组装

活塞连杆组的零件修配好后，应进行总成的组装。

1）活塞与连杆的组装。把活塞加热到 85 ℃ 左右，在已修好的活塞销和连杆衬套内涂上润滑油，取出活塞后，迅速清洁销座孔并涂少许润滑油，把活塞销插入一个座孔并稍微露出，随后把连杆小端伸入活塞销座之间，对正活塞销，将活塞销迅速地轻轻敲入连杆衬套直至活塞另一座孔。组装后应检查活塞销的浮动情况，把活塞连杆组放入水中加热到 75～85 ℃，然后迅速取出，一只手按住活塞，另一只手握住并扭转连杆大端，推拉连杆使活塞销转动。此时，若活塞销能在座孔内转动，则说明配合符合要求；若温度超过 85 ℃ 时活塞销在座孔内仍不能转动，则说明配合过紧，应进行修刮；若温度低于 75 ℃ 时活塞销在座孔内还能转动，则说明配合过松，应更换活塞销并重新修配。

组装时应注意活塞和连杆的安装方向。正常情况下发动机活塞有朝前的箭头标记，连杆身上有小凸点朝前标记，装配时应使两标记在同一方向。组装时必须将已经选配好的同一缸号的活塞和连杆对应安装。

2）装活塞销卡环。全浮式活塞销装入座孔后，为防止活塞销窜出，必须安装卡环。若卡环槽过浅，卡环易脱出，会造成"拉缸"事故。卡环的安装要求如下。

①若为钢丝环，卡环槽深度应为钢丝直径的 3/5～2/3；若为钢片环，卡环槽深度应为 0.6～0.7 mm。环槽深度不够时，应车削至要求的深度。

②卡环装入卡环槽后，应与卡环槽贴合牢靠。卡环与活塞销端面应有不小于 0.10 mm 的间隙，以适应活塞销和活塞热胀冷缩的需要。若间隙过小，卡环易被活塞销顶出，造成"拉缸"事故，此时可将活塞销磨短。

3）活塞环的安装。活塞环安装时，应先装油环、后装气环。

①表面镀铬环要装在第一道环槽内。

②有切槽的活塞环安装时应注意，内圆切槽的装配时切槽向上，外圆切槽的装配时切槽向下，并且环中开口要错开一定角度。

③装组合油环时，先把衬环装入油环槽内，然后依次装入两个刮片环于衬环的两侧，且开口错开 180°。

4. 曲轴

（1）曲轴弯曲的检验与校正

在使用过程中，由于轴承间隙过大，工作中受到冲击，发动机爆燃或突然增大负荷使曲轴过分振动，少数气缸不工作或轴承松紧度不一致，个别活塞在气缸中卡住，个别轴承因烧坏而出现"抱轴"等，都会使曲轴受力不均匀而产生弯曲变形。若曲轴弯曲变形后继续使用，将会加速曲柄连杆机构的磨损，严重时会造成裂纹、折断。因此，在光磨曲轴前必须认真进行检验。

1）曲轴弯曲的检验，如图 2-2-12 所示。

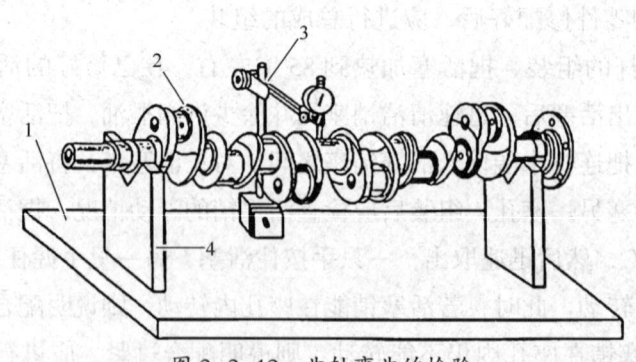

图 2-2-12 曲轴弯曲的检验

1—检验平台　2—曲轴　3—磁性表座及百分表　4—V 形铁

将曲轴两端用V形铁支承在检验平台上，把百分表的触头垂直抵在中间主轴颈上，先记下百分表的最小读数，再旋转曲轴180°，记下百分表的最大读数。百分表的最大读数与最小读数之差即为曲轴的径向圆跳动量，其值应不大于0.15 mm；差值的一半即为该曲轴轴心线的弯曲度。被检曲轴主轴颈为偶数时，应测中间两道主轴颈，取最大值作为该曲轴的径向圆跳动量。当圆跳动量小于0.15 mm时，可通过光磨曲轴加以修正；当圆跳动量大于0.15 mm时，应进行校正。曲轴弯曲的校正通常在压床上进行，如图2-2-13所示。

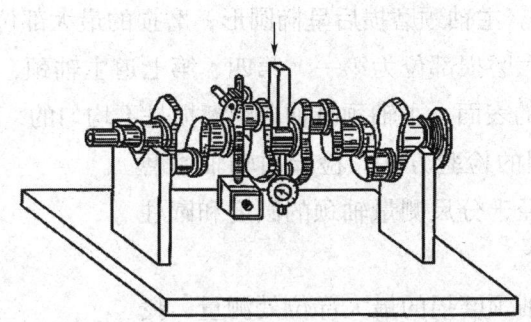

图2-2-13 曲轴弯曲的校正

2）曲轴弯曲的校正。用V形铁支承曲轴两端主轴颈，在曲轴弯曲的相反方向对中间主轴颈施加压力。将百分表放置于被压轴颈下面，触头与主轴颈下表面接触，调整表盘使表针指零。为消除曲轴弹性变形的影响，应根据曲轴的实际情况确定压校量。一般锻制中碳钢曲轴压校量为曲轴弯曲度的30～40倍，球墨铸铁曲轴压校量为曲轴弯曲度的10～15倍。压校应反复多次进行，直至符合要求为止。为减小曲轴受压变形时产生的内应力，在施压期间应取下百分表，用锤子轻击轴颈两侧曲轴臂。

在无压床的情况下，也可就气缸体进行校正，方法是：将气缸体倒放，在前、后两主轴承座上放置旧轴承，抬上曲轴，转动曲轴，用百分表找出中间主轴颈最高点并做标记，在中间主轴颈处装上带有旧轴承的轴承盖，根据弯曲程度均匀拧紧螺栓，即可达到校正弯曲的目的。

（2）曲轴裂纹的检验

曲轴裂纹多发生在主轴颈或连杆轴颈与曲轴臂相连接的过渡圆角处，以及轴颈中的油孔处。

曲轴的裂纹可用磁力探伤仪或浸油敲击的方法检验。曲轴经光磨后，各轴颈沿轴线方向的裂纹未裂至两端圆角处或油孔边缘处的，以及横向裂纹能消除的，允许继续使用，否则应予以更换，以防裂纹延伸使曲轴折断。

（3）曲轴轴颈磨损的检验与光磨

曲轴轴颈的磨损在径向和轴向都是不均匀的，其主要表现是径向磨成椭圆形，轴向磨成锥形。

1）连杆轴颈的磨损。连杆轴颈径向磨损的最大部位在各轴颈的内侧面上，即靠近曲轴中心线的一侧；轴向磨损的最大部位一般在机械杂质偏积的一侧和各个轴颈受力大的部位。有的发动机为减小机械杂质偏积造成的磨损，将连杆轴颈制作成中空的，空心部分兼作油道和油腔，发动机工作时润滑油中的机械杂质会沉积在油腔上端靠近螺塞的一侧，这样清洁的润滑油经油孔润滑连杆轴颈，可减轻轴颈和轴承的磨损。保养和修理时，均应卸下螺塞进行彻底清洗。

2）主轴颈的磨损。主轴颈磨损后呈椭圆形，磨损的最大部位在靠近连杆轴颈的一侧。六缸发动机的最大磨损部位为第一、第四、第七道主轴颈，其余几道主轴颈在相邻曲轴臂 120°夹角间的表面。主轴颈沿轴向的磨损是不均匀的，一般没有规律性。

3）曲轴轴颈磨损的检验方法。检验曲轴轴颈磨损情况，主要是用外径千分尺测量轴颈的圆度和圆柱度，如图 2-2-14 所示。

图 2-2-14　曲轴轴颈磨损的检验

其方法是：先在轴颈磨损的最大部位处测量，找出最小直径，在同一横截面上找出磨损最小部位的最大直径，最大直径与最小直径差值的一半为圆度。然后，在圆柱面上找出磨损最小部位的最大直径与最小直径，二者差值的一半为圆柱度。主轴颈和连杆轴颈磨损后，当圆度或圆柱度大于 0.012 5 mm 时，应对曲轴进行光磨。

4）曲轴轴颈光磨后的技术要求。发动机大修时，对轴颈磨损已超过规定的曲轴，应按修理尺寸进行光磨修复。曲轴轴颈的修理尺寸以每缩小 0.25 mm 为一级。在实际修理工作中，为确保曲轴的强度和刚度，一般最大缩小量都不超过 1.50 mm，超过时可用热喷涂、堆焊等方法修复，或者更换曲轴。

曲轴轴颈光磨后应符合下列技术要求：各轴颈圆度和圆柱度不大于 0.005 mm，表面粗糙度值不超过 $Ra0.4$ μm；各轴颈直径差不大于 0.02 mm，轴颈长度应不超过标准长度 0.30 mm，轴颈两端应有 $R2\sim R3$ mm 的过渡圆弧，轴颈上的油孔口应有 $C1$ mm 倒角且无毛刺；若主轴颈与连杆轴颈磨损程度不同，允许分别光磨成两个不同级别的修理尺寸。

二、配气机构的维修

1. 气门组零件

（1）气门的检验与校正

气门的常见耗损是气门杆部磨损、气门工作锥面磨损与烧蚀、气门杆弯曲变形等。气门出现下列情况之一时，应予以换新。

1)气门杆磨损出现明显的台阶形。

2)气门头圆柱面的厚度小于 1.0 mm。因为气门头圆柱部分厚度过小会增大燃烧室容积,影响发动机工作的平稳性,同时使气门头的强度降低。此外,在气门落入座圈的瞬间,尤其是重型柴油机的气门,在高冲击波的作用下可能会出现振弹,容易引起密封带烧蚀。

3)气门尾端的磨损量大于 0.5 mm。

4)气门杆的直线度大于 0.05 mm。

气门杆的直线度按图 2-2-15 所示方法进行检验。当气门杆的直线度大于 0.05 mm 时,应予以更换或校直,校直后的直线度不得大于 0.02 mm。超过规定时可用冷压的方法校正。气门杆的直线度还可通过将气门杆在平板上滚动,或用塞尺测量缝隙的方式进行检验。

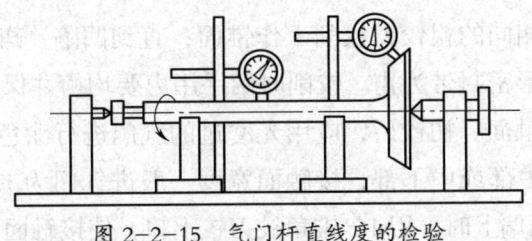

图 2-2-15 气门杆直线度的检验

(2)气门座的修理

气门座的磨损主要有磨料磨损、由于冲击载荷造成的硬化层脱落,以及受高温燃气作用而产生的腐蚀和烧蚀。气门座磨损会导致密封带变宽,气门与座圈关闭不严,气缸密封性降低。

1)气门座圈的镶换。当气门座圈有裂纹、松动、烧蚀或磨损严重,或铰削气门座,装入新气门后,气门顶部低于气缸盖燃烧室平面 2 mm 以上时,应镶换新的气门座圈。气门座圈的镶换方法如下。

①拉出旧气门座圈。

②选择新气门座圈。用外径千分尺测量座圈外径,用内径量表测量座圈孔内径,选择合适的过盈量(一般为 0.07~0.17 mm)。

③气门座圈的镶换。将检验合格的新座圈用干冰或液氮冷却(时间不少于 10 s),将座圈放入座圈孔内,垫以软金属,再迅速将座圈压入承孔中。

2)气门座的铰削。气门座的铰削通常是用气门铰刀进行手工作业。铰削的作业方法如图 2-2-16 所示,具体操作步骤如下。

①根据气门导管内径选择铰刀导杆,以能轻易插入导管内且无旷动为宜。为此,导杆插入导管内部分有的加工成锥形,以保证气门座工作锥面中心线与导管中心线重合。

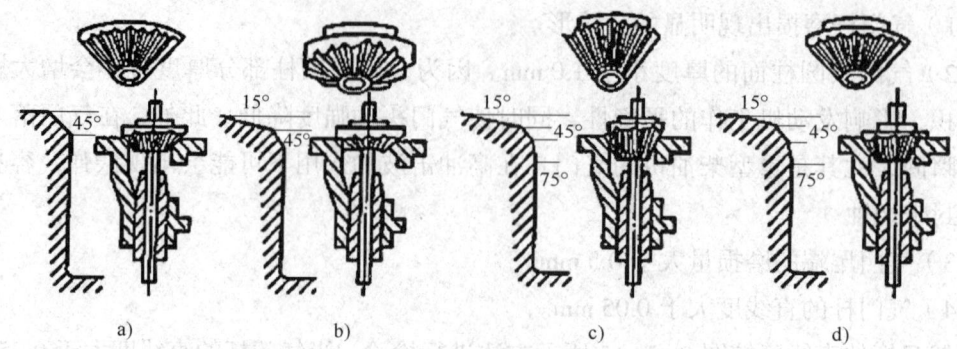

图 2-2-16 气门座铰削的作业方法

a) 粗铰 b) 接触面偏上，铰上口 c) 接触面偏下，铰下口 d) 精铰

②把砂纸垫在铰刀下，磨去气门座口硬化层，以防止铰刀打滑，并延长铰刀使用寿命。

③用与气门锥角相同的粗铰刀铰削工作锥面，直到凹陷、斑点全部去除，并形成 2.5 mm 以上的完整锥形密封带为止。铰削时两手用力要均衡并保持顺时针方向转动。

④试配与修整接触面。初铰后，应用光磨过的气门进行涂色试配，查看接触面印迹。要求接触部位在中部或中下部，接触面宽度一般进气门为 1.0~2.0 mm，排气门为 1.5~2.5 mm。当接触面偏上时，用 15°锥角铰刀铰上口，使接触面下移；接触面偏下时，用 75°锥角铰刀铰下口，使接触面上移。如果接触面宽度超过 2 mm，则可视接触部位的情况，用 15°或 75°铰刀进行修正。当出现接触面的宽度合适，但接触部位不能再修正时，若接触面距气门斜面上沿或下沿 1 mm 以上，允许使用；否则，应更换气门或座圈。

⑤最后用与工作面角度相同的细刃铰刀进行精铰，并在铰刀下垫细砂布修磨，以提高气门座口表面质量。如果铰削后的密封带精度和质量较高，一般可省去研磨工艺，让气门、气门座在高温冲击条件下自然形成一种密封带，可延长密封带的使用寿命。

（3）气门的研磨

气门的研磨可用手工或研磨机进行。

1）手工研磨。研磨前应先用汽油清洗气门、气门座和气门导管，将气门按顺序排列或在气门头部打上标记，以免错乱。然后，在气门工作锥面上薄涂一层粗研磨砂，同时在气门杆上涂上稀润滑油并插入导管内，利用气门捻子使气门做往复和旋转运动与气门座进行研磨。注意旋转角度不宜过大，在此过程中应提起和转动气门，变换气门与气门座的相对位置，以保证研磨均匀。手工研磨过程中不应过于用力，也不要提起气门用力在气门座上撞击，否则会将气门工作面磨宽或磨成凹槽。

当气门与气门座磨出一条较完整且无斑痕的接触环带时，可以将粗研磨砂洗去，换用细研磨砂继续研磨。当工作面出现一条整齐的灰色环带时，洗去细研磨砂，涂上润滑油，再继续研磨几分钟即可。

2）机动研磨。现在使用比较广泛的是气动研磨机。将气缸盖或气缸体清洗干净，置于工作台上，然后在气门工作锥面上薄涂一层粗研磨砂，同时在气门杆上涂上润滑油并插入导管内，连接好气源即可开始研磨，稍后改用细研磨砂研磨。一般一个气门研磨 10～15 s 即可。

（4）气门的密封性检验

1）检验前将气门及气门座清洗干净，在气门锥面上用软铅笔均匀地画上若干条线（见图 2-2-17a），线与线间隔约为 4 mm。然后，将气门与相配气门座接触，略压紧并转动气门 45°～90°，取出气门，查看铅笔线条。如果铅笔线条均被切断（见图 2-2-17b），则表示密封良好，否则应重新研磨。

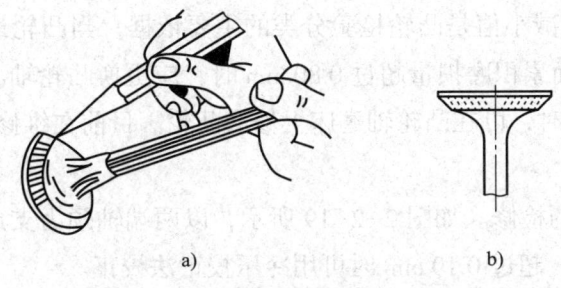

图 2-2-17 画线法检验气门密封性

2）将气门与相配气门座轻轻敲击几次，查看接触带，如有明亮的连续光环即为合格。

3）在气门工作面上涂抹一层轴承蓝或红丹油，然后用橡皮捻子吸住气门，在气门座上旋转 1/4 圈，再将气门提起。若轴承蓝或红丹油布满气门座工作面一周无间断，且十分整齐，则表示密封良好。

4）用煤油或汽油浇在气门顶面上，5 s 内观察气门与气门座接触处是否有渗漏现象。若没有渗漏现象，则为合格。

5）气压试验法。用气门密封性检验器检验气门的密封性，如图 2-2-18 所示。气门与气门座密封性检验器由气压表 1、空气容筒 2 及橡皮球 5 等组成。试验时，先将空气容筒紧密贴在气门头部周围，再压缩橡皮球，使空气容筒内具有一定压力（68.6 kPa 左右）。如果在 30 s 内气压表的读数不下降，则表示气门与气门座的密封性良好。

2. 气门传动组

（1）凸轮轴的维修

凸轮轴的主要耗损包括凸轮、支承轴颈表面和正时同步齿轮轴颈键槽的磨损，以及凸轮轴的弯曲变形等。这些耗损将使气门的最大开度和充气系数降低、配气相位失准、改变气门上下运动的速度特性，从而影响发动机的动力性、经济性，增大发动机的噪声。

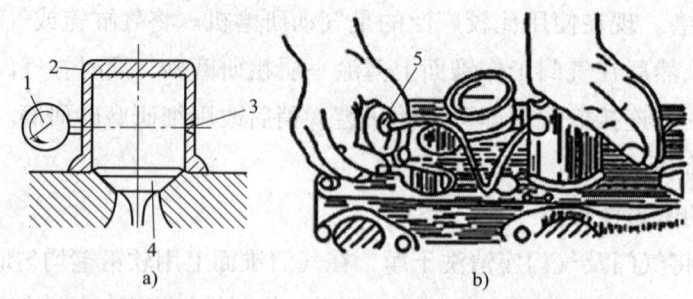

图 2-2-18 用气门密封性检验器检验气门的密封性
1—气压表　2—空气容筒　3—与橡胶球相通的气孔　4—气门　5—橡皮球

1）凸轮磨损的检修。凸轮磨损会使气门的升程规律改变和最大升程减小，因此，凸轮的最大升程减小值是凸轮检验分类的主要依据。当凸轮最大升程减小值大于 0.40 mm，或凸轮表面累积磨损量超过 0.80 mm 时，应更换凸轮轴。当凸轮表面累积磨损量不大于 0.80 mm 时，可在凸轮轴磨床上修磨凸轮。目前在维修中对凸轮极少修复，一般是换新。

2）凸轮轴弯曲的检修。如图 2-2-19 所示，以两端轴颈为支点，凸轮轴径向跳动量不得大于 0.03 mm，超过 0.10 mm 时可用冷压校正法校正。

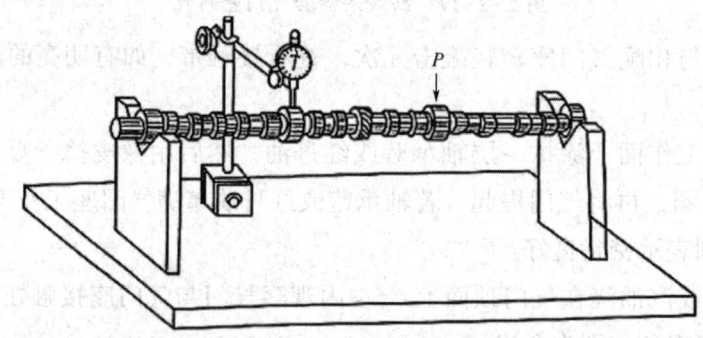

图 2-2-19 凸轮轴弯曲的检验

3）凸轮轴轴颈的磨削。当凸轮轴轴颈的圆度大于 0.015 mm，或各轴颈的同轴度超过 0.05 mm 时，应按修理尺寸法进行校正并修磨。修磨后，轴颈的圆柱度应不大于 0.005 mm，以两端轴颈的公共轴线为基准，中间任一轴颈的径向圆跳动量应不大于 0.025 mm，正时同步齿轮轴颈与止推端面的圆跳动量应不大于 0.03 mm。

（2）气门挺杆的维修

普通气门挺杆多为由冷激铸铁材料制成的筒式挺杆，其缺点是底面的冷激层极易产生疲劳磨损。因气门挺杆运动的特殊性，加之润滑条件较差或因其他原因使挺杆运动阻滞，会造成底部不均匀磨损，导致挺杆底部对凸轮的反磨效应加剧，使凸轮过度磨耗而报废。气门挺杆更换按以下要求进行。

1）气门挺杆底部出现疲劳剥落时，应立即更换。

2）气门挺杆底部出现环形光环，说明磨损不均匀，应尽早更换新件。

3）气门挺杆底部出现擦伤划痕时，应更换。

4）气门挺杆圆柱部分与挺杆导向体导孔的配合间隙一般为 0.03～0.10 mm，若配合间隙超过 0.12 mm，应视情况更换气门挺杆或挺杆导向体，装有衬套的气门挺杆可更换衬套。

在检查调整气门间隙时，应检查气门挺杆的转动阻力。检查时，食指与拇指捏住气门挺杆，应转动自如无阻滞，摆动气门挺杆无晃动感。必要时，可取出气门挺杆检查底部磨损状况。

（3）气门推杆的检修

气门推杆杆身应平直，直线度应不大于 0.30 mm；不得有锈蚀和裂纹；上端凹球面和下端凸球面半径磨损应控制在 0.01～0.03 mm。气门推杆弯曲时，应进行校直。

（4）摇臂轴和摇臂的修理

摇臂的损伤主要是摇臂头的磨损。检查时，摇臂头部应光洁无损，凹陷应不大于 0.50 mm。如超过规定应修理，修理方法为堆焊修磨。摇臂与摇臂轴的配合间隙如超过规定应更换衬套，并根据轴的尺寸进行铰削或镗削。镶套时，需将衬套油孔与摇臂上的油孔对正，以免影响润滑。摇臂上调整螺钉的螺纹孔损坏时应更换摇臂。

摇臂轴轴颈的磨损量大于 0.02 mm 或摇臂轴与摇臂承孔的配合间隙超过 0.10 mm 时，应进行刷镀修复或更换摇臂轴。摇臂轴弯曲变形时应冷压校直，校直后其直线度在 100 mm 长度上应不大于 0.03 mm。

第三节 发动机四大系统的装配与维修

一、燃料系统的修理

1. 精密偶件的磨损

（1）精密偶件的磨损

1）柱塞偶件的磨损。柱塞和套筒是喷油泵最主要的精密偶件。它们的圆度和圆柱度只有 0.001 mm，它们的配合间隙只有 0.001～0.003 mm。在工作过程中，燃油中的机械杂质、磨料随燃油以很高的压力和流速冲刷柱塞的工作表面造成磨损，最大磨损部位在柱塞套进油孔的上、下边缘，如图 2-3-1 所示。

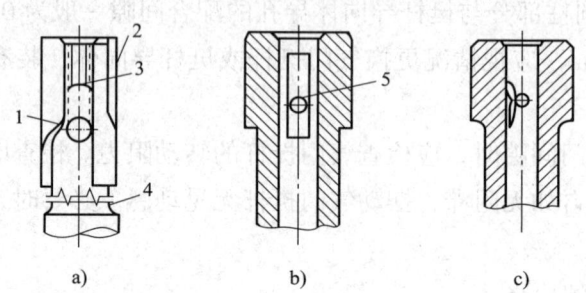

图 2-3-1　柱塞与套筒的磨损

a）柱塞的磨损情况　b）进油孔附近的磨损　c）回油孔附近的磨损

1—相对回油孔处　2—相对进油孔处　3—小过梁处
4—柱塞凸件处　5—进油孔或回油孔

2）出油阀偶件的磨损。出油阀偶件也是喷油泵上的精密偶件，经长期使用后，其工作面易发生磨损。出油阀偶件的磨损主要集中在锥形密封面上（见图 2-3-2）。

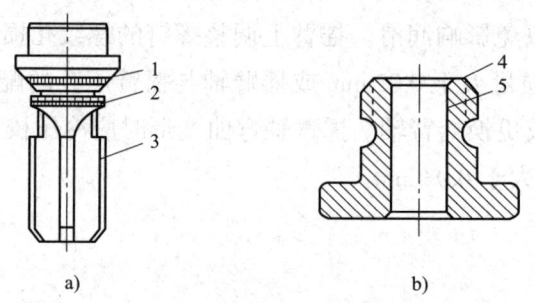

图 2-3-2　出油阀偶件的磨损

a）出油阀的磨损　b）出油阀座的磨损

1—出油阀锥形面　2—减压带　3—导向尾部
4—出油阀座锥形面　5—出油阀座内孔

3）喷油嘴偶件的磨损。喷油嘴偶件在工作过程中，会因高压燃油的冲刷、机械杂质的磨削和针阀弹簧的冲击使针阀磨损。其主要磨损部位有导向柱面、密封锥面和销针。

（2）精密偶件的磨损对喷雾质量的影响

1）喷雾质量的下降。柱塞偶件和喷油嘴偶件的磨损会使喷雾质量下降。

喷油嘴偶件的磨损对喷雾质量的影响更为明显。锥形密封面磨损后，工作时会出现滴油和渗漏，导致燃烧不完全，在喷嘴周围形成积炭；针阀表面和喷孔壁磨损出现沟纹后，燃油喷出时会被分成细流，造成雾化不良或喷雾发生偏集，使喷雾的锥形偏移；喷油针阀的倒锥体磨损也会导致喷油的锥角扩大，导致喷雾形状与燃烧室形状不匹配，影响燃烧效果。

2）喷油量、喷油时间、喷油规律发生变化。各精密偶件的磨损对喷油量、喷油提前角和延续角都有影响。一般情况下，若三组精密偶件都磨损，会导致喷油时间滞后、喷油延续角减小、喷油量减少。

2. 精密偶件的检验

（1）柱塞偶件的检验

检验柱塞偶件一般采用目测法。当柱塞偶件发生下列情况时需报废。

1）柱塞表面有严重磨损。

2）柱塞端面、直槽、斜槽等边缘有剥落和锈蚀。

3）柱塞弯曲或头部变形，柱塞套内孔表面锈蚀和有深的刮痕裂纹等。

（2）出油阀偶件的检验

出油阀偶件常采用目测法检验，即根据锥形面密封带的宽度和深度以及减压环带的磨损程度，确定出油阀偶件是否报废。出油阀与阀座有裂纹和剥落时，应报废。

（3）喷油嘴偶件的检验

喷油嘴偶件主要应检验密封锥面和导向柱面的密封性。目前采用的检验方法是：在喷油器试验器上进行试验和观察，要求喷雾细且均匀，喷雾时应带有爆裂声，不允许有滴油和渗漏现象。通过压力表观察压力自 20 MPa 下降到 18 MPa 的时间，应不少于 8 s。

3. 喷油泵的试验与调整

为了保证柴油机的工作性能，喷油泵必须严格按照相应的供油特性进行试验与调整。喷油泵工作时，在调速器的配合下，应能随柴油机负荷及转速的变化按规定的时间供给相应数量的燃油。

喷油泵的试验与调整包括三个方面，即供油时刻、不同工况下的供油量及调速器的调整。供油角度的变化影响供油量，因此，应先调整供油角度，但各种转速条件下的供油量又与调速器有关，所以须应先调整好调速器。喷油泵的调整需要反复进行，最后才能取得比较准确的试验结果。

4. 燃料系统的故障与排除

柴油机燃料系统常见的故障主要有发动机不易启动、发动机动力不足、排气烟色不正、有异响、"游车"、"飞车"等。

（1）发动机不易启动的故障原因与排除（见表2-3-1）。

表 2-3-1　发动机不易启动的故障原因与排除方法

故障现象	故障原因	诊断与排除方法
排气管不冒烟	喷油泵不供油	用手油泵泵油： （1）若供油，则检查喷油泵调节齿杆是否卡在不供油位置；若有空气，则在喷油泵放气螺塞处放净空气 （2）若不供油，则可能柴油细滤器堵塞、输油泵弹簧折断、止回阀不密封、油箱无油或油路开关关闭、油箱到输油泵油管堵塞或漏气 （3）若手油泵活塞杆提起时感觉有吸力，松手后自动回位，则说明油箱到输油管之间油路堵塞 （4）若手油泵活塞杆压下时比较费力，则说明柴油细滤器堵塞，应拆卸清洗或更换滤芯
排气管冒白烟	（1）柴油中有水 （2）喷油泵喷油提前角过迟	（1）清除柴油中水分 （2）喷油提前角过迟，柴油在气缸压力和温度下降的情况下不易着火，会随空气一起从排气管排出，故呈乳白色，应调整供油时间
排气管冒浓烟，声音杂乱	供油时间错乱	安装喷油泵联轴器时，可能将从动盘推迟了几度从而导致喷油泵在气缸活塞上止点时供油，在强力启动下勉强着火，呈不规则燃烧，声音杂乱，发动机无法工作，应重新安装喷油泵联轴器

（2）发动机动力不足的故障原因与排除（见表2-3-2）。

表 2-3-2　发动机动力不足的故障原因与排除方法

故障现象	故障原因	诊断与排除方法
发动机转速低	喷油泵供油量小	（1）在调整喷油泵时，由于实验室内温度过低或过高，虽然按技术规范调整，但在柴油机上使用时会显得供油量不足。排除方法：只需调整供油量即可 （2）柱塞偶件磨损，使供油量减少。排除方法：适当增加供油量。若磨损严重，则应更换柱塞偶件，重新调整喷油泵
发动机转速不稳	油腔中有空气，产生气阻	发动机在工作时，逐次松开喷油泵放气螺钉，如果有气泡逸出，说明气阻使供油量减小。排除方法：检查柴油管路及连接部位是否有松动和漏气现象
	输油泵输油量不足	输油泵磨损、细滤器堵塞、回油阀失效等，都会造成供油量减少。排除方法：检查输油泵磨损量，检查滤清器和回油阀
运转中突然动力不足	（1）喷油泵的供油量无法调整 （2）加速反应不灵敏	（1）调节齿杆卡住，不能移到最大供油位置；调速器运动件卡住、调速弹簧折断等。排除方法：拆检喷油泵的调速机构 （2）供油时间过早或过迟。排除方法：调整供油时间

（3）发动机排气烟色不正的故障原因与排除（见表2-3-3）。

表2-3-3　发动机排气烟色不正的故障原因与排除方法

故障现象	故障原因	诊断与排除方法
冒白烟	（1）冬季气温低，空气密度降低，气缸内燃料燃烧不充分 （2）柴油中有水，冒出如水蒸气一样的白烟 （3）供油时间过迟，部分柴油在气缸内没有完全燃烧，形成白色烟雾从排气管冒出	（1）若温度升高后停止冒烟，属正常现象 （2）清除油水分离器内的水，清洁油箱 （3）调整喷油泵供油时间，增大供油提前角
冒黑烟	（1）供油时间过早，气缸中压力、温度较低，部分柴油燃烧不完全形成炭粒，从排气管冒出 （2）喷油雾化不良，产生油滴，不能和空气很好混合，燃烧不完全 （3）空气滤清器堵塞，进气不足，使混合气过浓、燃烧不完全 （4）负荷超过了允许限度	（1）调整喷油泵供油时间 （2）拆检喷油器进行校正 （3）如果高速、低速都冒黑烟，可拆下空气滤清器，如果黑烟立即消失，说明空气滤清器堵塞，应予清洗或更换滤芯 （4）降低负荷
冒蓝烟	（1）气缸窜润滑油，活塞环或发动机气缸磨损严重 （2）空气滤清器中润滑油面过高 （3）润滑油进入气缸燃烧	（1）发动机大修 （2）清除多余的润滑油 （3）检查润滑油是否加入过多

（4）发动机异响、"游车"、"飞车"的故障原因与排除（见表2-3-4）。

表2-3-4　发动机异响、"游车"、"飞车"的故障原因与排除方法

故障现象	故障原因	诊断与排除方法
发动机运转过程中，出现有规律的异常响声，如气缸内出现敲击声，俗称"异响"	（1）供油时间过早 （2）喷油器滴油，出油阀磨损或卡住 （3）各缸供油量不均匀	（1）出油阀卡住时，拆下高压油管，用手油泵泵油，出油阀接头会冒出柴油 （2）喷油器阀针卡住、柴油机运转时，拆下喷油器端高压油管接头，在压缩行程时高压气体会从喷油器喷出 （3）个别缸有敲击声时，可用断油法来检查。当松开某一缸高压油管时，敲击声消失，说明该缸的分泵和喷油器有故障。将该缸的喷油器与另一缸的喷油器相互调换时，如故障转移到另一缸，则说明该喷油器有故障，应拆下检查调整

续表

故障现象	故障原因	诊断与排除方法
发动机工作时转速不稳定，有两种情况：一种是转速大幅度变动，声音时大时小，清晰可辨；另一种是转速在小幅波动，声音不易明显辨别，且无规律，在任何转速或任何负荷情况下都可能出现，往往会引起发动机熄火，俗称"游车"	（1）喷油泵供油齿条与柱塞移动间隙处接触不良或有异物，当供油齿条移动阻力大时，调速器灵敏度降低 （2）真空调速器部分漏气 （3）调速器调整不当，各杆系连接处磨损、间隙增大，使调速器调速不及时，发动机转速忽高忽低	（1）重新调整喷油泵供油齿条与柱塞的配合间隙 （2）检修或更换真空调速器 （3）修理或更换齿杆连接销，重新调整装配调速齿杆与调节齿轮，重新调整低速稳定器或低速限制螺钉
发动机转速失去控制，俗称"飞车"	（1）真空调速器的真空软管与大气室通大气的软管插错 （2）调速器调整不当，或调速器失效 （3）喷油泵齿杆不灵活，卡在最大供油位置	（1）拔去真空调速器的真空室和大气室的软管 （2）重新调整调速器 （3）调节喷油泵齿杆

二、冷却系统的修理

1. 冷却系统的技术状况及对发动机工作的影响

发动机冷却系统的作用是保证发动机在正常的工作温度（90 ℃左右）下工作。发动机工作时，由于混合气燃烧和摩擦产生大量的热，使机件的工作温度提高，如不及时散去热量，将影响发动机的正常工作。发动机工作温度过高会导致发动机的充气系数减小，功率下降，也可能引起早燃或爆燃。这不仅使发动机功率降低，耗油量增加，还会导致润滑油黏度下降，并被大量烧损和氧化，从而加剧发动机零件的磨损。发动机工作温度过低会导致燃料雾化不良，从而引起发动机出现工作粗暴、冒黑烟等现象。热量大量被冷却液或冷却介质带走，热量损失和机械损失就会增大，零件磨损也将明显增大，发动机动力性、经济性就随之下降。

试验表明，当发动机工作温度降低到65 ℃以下时，气缸磨损会明显增加。试验还表明，当发动机其他工作条件相同时，冷却液温度降低到30 ℃时的气缸磨损量要比冷却液温度为80 ℃时大4~5倍。这时，由于发动机气缸壁受液态燃油的冲刷，破坏了润滑油膜而与金属直接接触，导致磨损加剧；由于燃气的腐蚀作用，造成零件的腐蚀加重；由于润滑油变稀，将加剧所有发动机零件的磨损，缩短发动机的使用寿命。

发动机冷却液的温度与发动机功率及耗油量变化的关系曲线如图 2-3-3 所示。由该图可知，发动机冷却液工作温度在 80～90 ℃时最为有利。

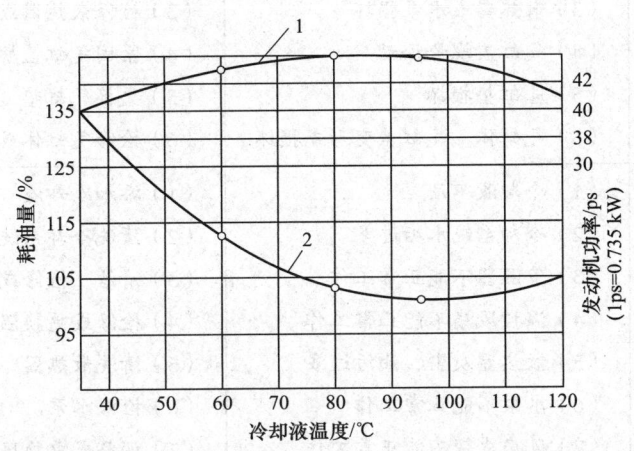

图 2-3-3　冷却液的温度与发动机功率及耗油量变化的关系曲线
1—发动机功率曲线　2—耗油量曲线

冷却系统的修理应着重于恢复冷却系统的工作性能，如清洗散热器、气缸体水套中的水垢，同时要修理水泵等。

2．散热器的修理

散热器的修理主要包括散热器的清洗、散热器的检验和散热器的修复。

3．水泵的损伤

水泵的损伤表现为：水泵壳体的渗漏、破裂，水泵轴的弯曲、磨损，水泵叶轮叶片的破裂，水封垫圈与橡木垫圈的磨损，水泵轴与轴承的磨损，轴承与轴承座孔的磨损等。

4．节温器的检验与更换

节温器的检验方法：将节温器卸下放在装有热水的容器中（不要把节温器放在容器底部），逐渐提高水温，用温度计测量节温器阀门开始开启时的温度。再继续加热，并测量节温器阀门完全开启时的温度。一般良好的节温器阀门在 68～72 ℃时开始开启，在 80～85 ℃时完全开启。若初开和完全开启的温度高于上述值，则水套水温就会过高。在寒冷地区和寒冷季节，当节温器失调时，发动机冷却液温度就不能迅速升温，此时应进行更换。

5．冷却系统的故障诊断与排除

冷却系统的故障诊断与排除方法（见表 2-3-5）。

表 2-3-5 冷却系统的故障诊断与排除方法

故障现象	故障原因	排除方法
冷却液消耗多	(1) 散热器盖及密封垫损坏 (2) 软管损坏 (3) 散热器或水泵损坏 (4) 气缸盖螺栓松动 (5) 气缸垫损坏 (6) 气缸体、气缸盖变形或损坏	(1) 检修散热器,更换密封垫 (2) 更换或紧固软管 (3) 检修散热器或水泵 (4) 紧固气缸盖螺栓 (5) 更换气缸垫 (6) 检修气缸体或气缸盖
发动机过热	(1) 冷却液不足 (2) 冷却系统水垢过多 (3) 节温器不能正常工作 (4) 温控风扇不能正常工作 (5) 散热器灰尘、油污过多 (6) 水泵不能正常工作 (7) 风扇皮带不能正常工作 (8) 发动机点火正时失准 (9) 混合气过浓或过稀 (10) 燃烧室积炭过多	(1) 添加冷却液 (2) 清洗冷却系统 (3) 清洁、检修或更换节温器 (4) 检修或更换温控风扇 (5) 清洗散热器 (6) 检修水泵 (7) 调整或更换风扇皮带 (8) 校正点火正时 (9) 调整混合气浓度 (10) 清除燃烧室积炭
发动机升温缓慢	(1) 节温器不能正常工作 (2) 温控风扇损坏 (3) 水温表或温度传感器损坏	(1) 清洁、检修或更换节温器 (2) 检修或更换温控风扇 (3) 更换水温表或温度传感器

三、润滑系统的修理

1. 润滑油泵的修理

目前常见的润滑油泵有外啮合齿轮式和内啮合转子式两种,均属于容积式润滑油泵。润滑油泵主要故障是由零件的磨损造成渗漏而引起的供油压力过低。

(1) 润滑油泵的拆检

评定润滑油泵工作性能的指标主要是泵油压力和泵油量。润滑油泵的拆检应在专门的试验台上进行。

对于外啮合齿轮式润滑油泵,拆开后要进行如下检测(见图 2-3-4)。用直尺和厚薄规测量齿轮端面到泵盖端面的距离,即端面间隙;用厚薄规测量齿轮的啮合间隙,同时在相隔 120°的三点上进行测量,相差不应超过 0.1 mm;测量齿顶与泵壳间的齿顶间隙;利用百分表测量轴与轴承间的间隙。

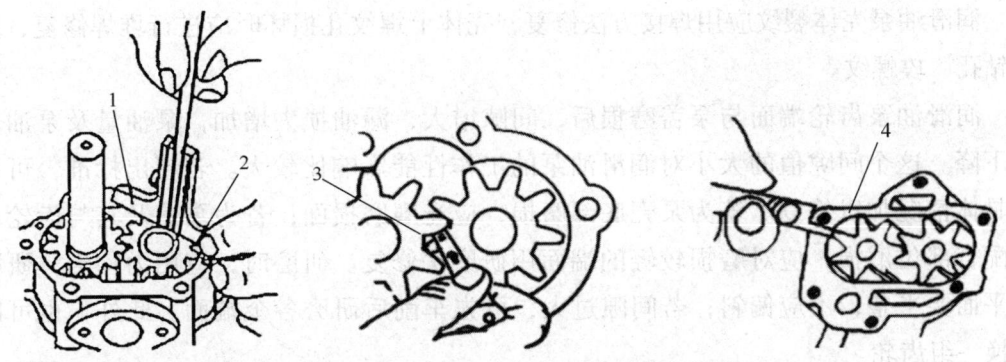

图 2-3-4 外啮合齿轮式润滑油泵的检测
1—测量端面间隙 2—测量平面度 3—测量齿侧间隙 4—测量齿顶间隙

对于内啮合转子式润滑油泵，要测量端面间隙、啮合间隙及外转子与泵壳内圆之间的间隙，如图 2-3-5 所示。

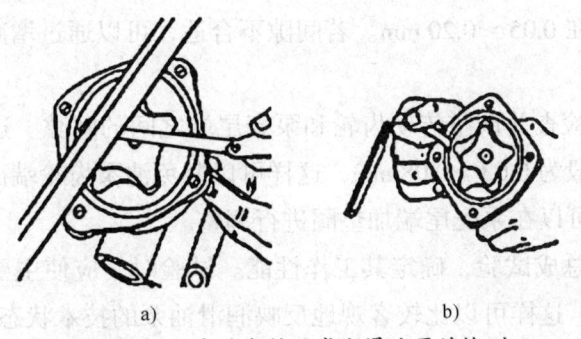

图 2-3-5 内啮合转子式润滑油泵的检测
a）测量端面间隙 b）测量外转子与泵壳内圆间隙

（2）润滑油泵壳体的修理

润滑油泵壳体的主要缺陷是主动齿轮轴轴承孔磨损、从动齿轮轴轴孔磨损、螺纹孔损坏及壳体裂纹等。如果润滑油泵轴承孔磨损过大，可按修理尺寸将孔铰大，然后相应加大轴颈尺寸，或采用轴孔镶套法将承孔恢复至公称尺寸（见图 2-3-6）。

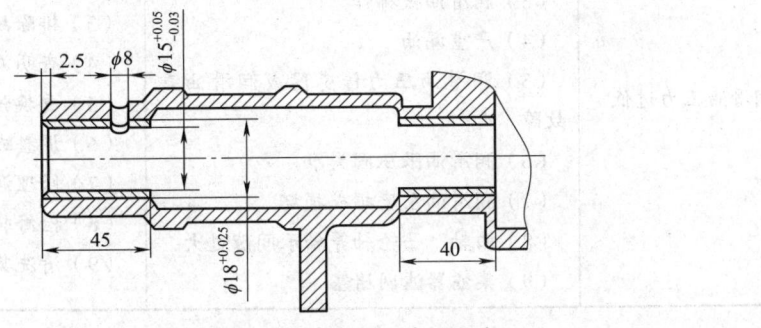

图 2-3-6 润滑油泵泵壳轴孔镶套法修复

润滑油泵壳体裂纹应用焊接方法修复，壳体上螺纹孔损坏时应进行堆焊修复，然后钻孔、攻螺纹。

润滑油泵齿轮端面与泵盖磨损后，间隙增大，漏油损失增加，泵油量及泵油压力下降。这个间隙值的大小对润滑油泵的工作性能影响比较大。若超出标准，可根据具体情况加以修复。若为泵壳底部磨损，应光磨磨损面；若为泵盖及其与齿轮端面配合部位磨损，应对磨损较轻的端面用研磨法修复。研磨时，应用力均匀，研磨后平面要平整，不应偏斜；若间隙过大，可先车削后研磨各个端面。此外，也可以更换一组齿轮。

（3）润滑油泵的装配及性能试验

装配时，要检查各部位配合情况。主要检查主动齿轮与从动齿轮，以及测量齿轮与泵盖之间的间隙。常用的简易方法是：在主动齿轮端面与泵盖之间加入一小段铅丝，装好泵盖，拧紧螺钉，然后拆下泵盖，测量被压缩后的铅丝厚度，此厚度即为端面间隙。这一间隙值应在 0.05～0.20 mm。若间隙不合适，可以通过增减泵盖与泵壳之间的衬垫加以调整。

装配时，还应检查并调整传动齿轮和泵壳尾端之间的间隙。这一间隙值应不大于前述端面间隙，一般为 0.03～0.08 mm，这样可以避免油泵齿轮端面与泵盖接触。当此间隙超过允许值时可以在泵壳尾端加垫圈进行调整。

装配后应进行总成试验，确定其工作性能。试验时，应使主要试验条件接近发动机正常的工作条件，这样可以比较客观地反映润滑油泵的技术状态。

2. 润滑系统的故障诊断与排除

润滑系统的故障诊断与排除方法见表 2-3-6。

表 2-3-6 润滑系统的故障诊断与排除方法

故障现象	故障原因	排除方法
润滑油压力过低	（1）润滑油不足 （2）润滑油黏度低 （3）润滑油被稀释 （4）严重漏油 （5）润滑油压力传感器或润滑油表故障 （6）润滑油限压阀失准 （7）润滑油泵磨损或损坏 （8）曲轴、凸轮轴等轴承间隙过大 （9）集滤器滤网堵塞	（1）添加润滑油 （2）更换润滑油 （3）排除故障，更换润滑油 （4）查明漏油部位并排除 （5）更换传感器或润滑油表 （6）调整或更换限压阀 （7）修理润滑油泵 （8）检修轴承 （9）清洗集滤器

续表

故障现象	故障原因	排除方法
润滑油压力过高	(1) 润滑油黏度过大 (2) 限压阀调整不当或卡死 (3) 油道堵塞 (4) 压力传感器或压力表失准 (5) 滤清器堵塞且旁通阀打不开	(1) 更换润滑油 (2) 调整或更换限压阀 (3) 清洗并吹通油道 (4) 更换压力传感器或压力表 (5) 更换滤芯，检修旁通阀
润滑油变质	(1) 润滑油使用时间过长 (2) 曲轴箱通风不良，燃油混入润滑油 (3) 滤清器堵塞，润滑油未经滤清 (4) 活塞与气缸壁间隙过大，燃油下泄 (5) 气缸垫或气缸体损坏，冷却液进入润滑油	(1) 更换润滑油 (2) 检修曲轴箱通风装置 (3) 更换滤清器 (4) 检修气缸套和活塞 (5) 更换气缸垫或检修气缸体
其他	(1) 润滑油从外部泄漏 (2) 气门油封损坏 (3) 气门与导管间隙过大 (4) 气缸磨损严重或拉伤 (5) 活塞环损坏或安装有误	(1) 检查发动机外部 (2) 更换气门油封 (3) 更换气门或导管 (4) 检修气缸 (5) 更换活塞环，并按要求安装

四、启动系统的修理

1. 起动机的故障诊断

起动机内部线路图如图 2-3-7 所示。

（1）空载性能试验

将起动机与蓄电池和电流表（量程为 100 A 以上的直流电流表）连接，蓄电池正极与电流表正极连接，电流表负极与起动机的 30 端子连接，蓄电池负极与起动机壳体连接。

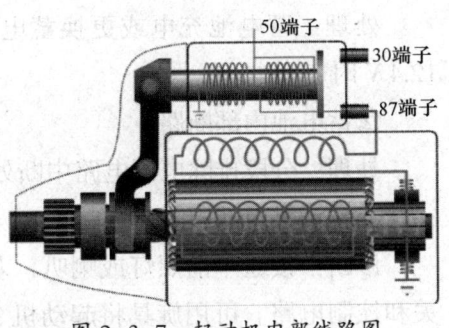

图 2-3-7 起动机内部线路图

用带夹电缆将 30 端子与 50 端子接通，此时驱动齿轮应向外伸出，起动机应平稳运转。当蓄电池电压大于或等于 11.5 V 时，消耗电流应不超过 50 A，用转速表测量电枢轴的转速应不低于 5 000 r/min。若消耗电流大于 50 A，且电枢轴转速低于 5 000 r/min，则说明起动机装配过紧，或电枢绕组与磁场绕组有短路，或搭铁有故障。若消耗电流和电枢轴转速都低于标准值，则说明起动机电路接触不良，如电刷与换向器接触不良或电刷弹簧压力不足等。

（2）电磁开关试验

1）吸拉动作试验。对电磁开关进行吸拉动作试验的方法和程序如下：将起动机固定在台虎钳上；拆下起动机87端子上的磁场绕组电缆引线端子；用带夹电缆将起动机87端子和电磁开关壳体与蓄电池负极连接；用带夹电缆将起动机50端子与蓄电池正极连接，此时驱动齿轮应向外伸出。若驱动齿轮不动，则说明电磁开关有故障，应予以修理或更换。

2）保持动作试验。在吸拉动作试验的基础上，当驱动齿轮保持在伸出位置时，拆下电磁开关87端子上的电缆夹，此时驱动齿轮应保持在伸出位置不动。若驱动齿轮复位，则说明保持线圈断路，应予以修复。

3）复位动作试验。在保持动作试验的基础上，拆下起动机壳体上的电缆夹，此时驱动齿轮应迅速复位。若驱动齿轮不能复位，则说明复位弹簧失效，应更换弹簧或电磁开关总成。

2. 起动机常见故障处理

（1）起动机不能转动

1）故障现象：将点火开关转到启动挡时，起动机不转动。

2）故障排除

①蓄电池无电

诊断：接通点火开关至1挡时，仪器、指示灯均无任何反应，说明蓄电池无电或导线接触不良。

处理：蓄电池充电或更换蓄电池。测量蓄电池电压确定电量情况，当电压低于12.4 V时应充电。

②蓄电池内部断路

处理：分段排除电源电路中断处。

③起动机内部断路

诊断：接通车前照灯或喇叭，若灯发亮或喇叭响，则说明故障发生在起动机、开关和控制电路。可用旋具将起动机30端子与87端子接通，使起动机空转。若起动机不转，则说明起动机有故障；若起动机空转正常，则说明电磁开关或控制电路有故障。若接通时无火花，则说明磁场绕组、电枢绕组和电刷引线等有故障；若接通时有强烈火花而起动机不转，则说明起动机内部有短路或搭铁有故障，须拆下起动机进一步检修。

处理：拆检起动机。将万用表（或220 V交流试灯）的两只表笔分别接磁场绕组引线端头和起动机壳体，万用表应不导通（即阻值为∞或试灯不亮）。若万用表导通

（即阻值为零或试灯亮），则说明磁场绕组绝缘损坏导致搭铁有故障。

检查起动机磁场绕组有无短路故障。当电磁开关接通时（通电时间不超过10 s），用旋具检查每个磁极的电磁吸力是否相同。若某一磁极吸力过小，则说明该磁极上的磁场线圈匝间短路。磁场绕组一般不易发生短路，当有短路故障时，则需重新绕制线圈或更换新品。

电枢绕组搭铁故障可用万用表或220 V交流试灯检查。方法是将万用表（或交流试灯）的两只表笔分别接电枢铁心与换向片，万用表应不导通（即阻值为∞或试灯不亮）。若万用表导通（即阻值为零或试灯亮），则说明电枢绕组搭铁，应重新绕制线圈或更换电枢。实践表明，起动机电枢绕组搭铁的故障率较高，其原因是绕组与绕组之间或绕组与电枢铁心之间的绝缘损坏。

检查电枢绕组短路故障需在电枢检验仪上进行。检查时，将电枢放在检验的U形铁心上，并在电枢铁心上部放一块钢片（如锯条）然后接通检验仪电源，同时缓慢转动电枢一周，这一过程中钢片应不跳动。若钢片跳动，则说明电枢绕组有短路故障。

用旋具或导线连接起动机电磁开关的两个接线柱，若起动机转动，则说明开关接线脏污或开关触头脏污。

④电磁开关不通

处理：清洗电磁开关的接线柱和触头；锉平烧蚀面或反面安装。

脱开开关线圈的两个焊接头，打开胶木盖，把两个主触头拆下，用锉刀锉平烧蚀面，然后用水砂纸研磨（两个触头应尽量锉修至同样高度）即可。若接触盘严重烧蚀，可将接触盘反面装上。

（2）起动机转动无力

1) 故障现象：接通启动开关，起动机能转动，但转动无力，不能启动发动机。

2) 故障排除

①启动操作错误

诊断：变速器未挂在空挡，或严寒天气未踏下离合器踏板就启动发动机，造成启动阻力过大，起动机无法正常工作。

处理：变速器挂空挡，或严寒天气踏下离合器踏板。

预防措施：启动操作前，检查变速器挡位是否在空挡，或在严寒天气情况下是否踏下离合器踏板。

②启动系统电路短路

诊断：打开大灯，大灯亮，但接合启动开关后，大灯灯光变暗，起动机也不转动，说明启动电路搭铁短路。

处理：立即关闭启动开关，以防损坏蓄电池或搭铁处烧毁绝缘层引起失火。排除启动系统短路处。

③电磁开关触头烧蚀

诊断：电磁开关触头烧蚀，或两触头高度调整不当，造成触头不在同一平面内，使触盘与两个触头接触不良，从而导致起动机转动无力。

处理：锉平烧蚀触头。

（3）起动机空转

1）故障现象：当接合启动开关后，起动机能正常转动，但只听到"呼呼"的空转声或"咔啦咔啦"的齿轮撞击声，而发动机曲轴并不转动。

2）故障排除

①启动开关接合时间过早

诊断：由于启动开关接合推杆触头调整不当，使启动开关接合时间过早，导致起动机齿轮未进入飞轮齿圈，起动机电路就已接通。

处理：校准启动开关的接合时间。调整启动开关接合推杆触头位置，使开关接合时间和起动机齿轮与飞轮齿相啮合的时刻一致。

②单向啮合器打滑

诊断：单向啮合器外圈的内圆接触面磨损，十字形斜槽接触面磨损，限位弹簧折断使滚柱不能定位等。

处理：更换起动机的单向啮合器。

用手先将挂钩及活动铁心压入电磁开关，然后放开，铁心应能迅速回位；如不能，则说明复位弹簧失效，应予以更换。

将离合器固定在台虎钳上，用扭力扳手顺时针转动应灵活自如，逆时针转动应能承受制动试验时的最大转矩（13 N·m）而不打滑，否则应更换新品。

应急措施：从起动机上拆下单向啮合器，并将其置于汽油或柴油中浸泡数十分钟。从汽油或柴油中取出后，在木板上振打，边敲边向空转方向扭转。

重复以上步骤数次，直至一手握住转子轴、另一手转动小齿轮，确定向一方向可自由转动而向另一方向无法转动时，方可装复回起动机。

③飞轮齿圈缺齿

诊断：若起动机空转转速很高，关闭点火开关，摇转曲轴，使飞轮齿圈转过一定角度，再启动发动机。若启动正常，则说明飞轮齿圈有几个齿损坏。

处理：焊修飞轮齿圈。

（4）起动机异响

1）故障现象：接合启动开关，听到"嘎嘎"的轮齿撞击声，而发动机曲轴不能转动。

2）故障排除

①起动机驱动小齿轮或飞轮的齿牙磨损过量

诊断：起动机驱动小齿轮或飞轮的齿牙碰伤损坏，不能正确啮合，发出齿轮碰撞声。

处理：更换飞轮或起动机驱动小齿轮。

应急措施：若飞轮齿牙的锥形端头打毛，可用油石磨掉，或将齿圈拆下反面使用。也可将飞轮齿圈转90°再装用，这是因为起动机启动和停止时，齿圈常在同一个方向。

②驱动小齿轮与飞轮齿圈啮合间隙不当

诊断：起动机的驱动小齿轮与飞轮齿圈啮合间隙过小，造成啮合困难，发出撞击声；啮合间隙过大，启动发动机时会产生严重的摩擦声。

处理：若啮合间隙过小，则将起动机与发动机紧固的螺栓孔略微锉大，使起动机与飞轮稍稍离开。若啮合间隙过大，可插入垫片来调整两者的啮合间隙。

③驱动小齿轮端面与止推垫圈间隙过小

诊断：起动机的驱动小齿轮端面与止推垫圈的间隙过小，使驱动小齿轮撞碰起动机端盖，发出撞击声。

处理：调整驱动小齿轮端面与止推垫圈之间的间隙。

将拨叉压到极限位置时，驱动小齿轮端面与止推垫圈的间隙应在（2±0.5）mm范围内。若间隙不当，可调整行程限位螺钉。

第四节 发动机的装配

发动机的装配是指将新零件、修理合格后的零件、组合件和辅助件及总成，按照工艺和技术条件装配成发动机，并对其进行磨合。发动机的装配质量和磨合质量对发动机的修理质量具有重大影响，同时对发动机的使用寿命至关重要。

一、发动机装配要求

1. 装配前的准备工作

（1）装配前必须认真清洗零件和工具，保持装配场所清洁。

（2）待装零部件、组合件、总成准备齐全。

（3）工作台、工具摆放有序，并按规定配齐衬垫、螺栓、螺母、垫圈、开口销和锁环，准备适当的密封胶和润滑油等常用材料。

2. 装配的基本要求

发动机的结构形式很多，整机装配程序也不完全一致，但是在装配时必须满足的基本要求是一致的，主要有以下方面。

（1）零部件、辅助件及总成性能试验合格。

（2）易损零件、紧固锁止件，如自锁螺母、弹簧垫片等应全部换新。

（3）严格保持零件、润滑油道清洁。

（4）装配的一般原则是以气缸体为基础，由内到外、先上后下分别进行安装。

（5）间隙配合的零件表面在装配时必须涂上润滑油。

（6）过盈配合的零件装配时，应使用压床或专用的压入工具。若需在零件表面施以压力或锤击，则必须垫以软金属或使用铜冲头。

（7）不许互换配合位置的零件，要严格按装配标记进行装配。零件的平衡配重位置应正确，且固定可靠。

（8）拧紧螺栓、螺母时，应使用合适的扳手，按规定紧固力矩、紧固方法和顺序分次拧紧。例如，塑性螺栓的塑性域紧固法，在塑性域只有螺栓转动的变化，而力矩则保持不变。有些气缸盖螺栓、连杆螺栓就可采用塑性域紧固法分三步扭紧：第一步，用专用工具将所有螺栓按规定顺序、转矩紧固后，在所有螺栓头的前端漆上记号；第二步，将预紧的螺栓按顺序以规定顺序方向扭紧90°；第三步，将所有螺栓按顺序再拧紧90°，最终螺栓头上的记号应位于其后端。此类螺栓如果破裂、变形，则应立即更换。

（9）各锁止装置要安装牢固。

（10）装配间隙必须符合要求。

二、发动机装配顺序和主要技术条件

发动机装配顺序因发动机结构的不同有所变化，但基本顺序相同。

1. 曲轴飞轮组的安装

（1）将气缸体倒置在工作台或装配架上，用压缩空气将气缸体和曲轴箱上的油道吹通。

（2）把轴承按编号装入轴承座中，轴承应与轴承盖密合，定位凸榫完整。在轴承内表面稍涂润滑油。

（3）将曲轴置于气缸体轴承座孔内，轴承盖按原来的位置装在气缸体上。各轴承盖螺栓分2～3次由中间向两端拧紧，最后一次按规定力矩拧紧。待全部轴承盖螺栓拧紧后，用一只手扳动曲轴，曲轴应能转动，否则应查明原因并予以修复。

（4）检查曲轴轴向间隙，确定其是否符合规定；若不符合，应予以调整。

（5）安装飞轮。曲轴凸缘与飞轮的配合应符合规定。安装时，应交叉、均匀地拧紧紧固螺栓。紧固后检查飞轮工作表面的端面跳动量是否符合要求。

（6）正确安装曲轴油封。

2. 活塞连杆组的安装

（1）将气缸体侧置，用纱布擦拭气缸筒。

（2）将每个气缸对应的活塞连杆组件（先不装活塞环）从气缸的上部装入气缸中，并把连杆大端的轴承、连杆盖按规定力矩紧固安装在曲轴连杆颈上。

检查活塞销与活塞销支承座端面之间的间隙，其值应符合维修手册规定的技术要求，一般约为0.001 mm。如果间隙不均匀，多为气缸中心线偏移或连杆弯曲所致，应予以校正。

摇转曲轴，使活塞分别处于气缸上、下止点和中间位置，用塞尺分别测量活塞头部在气缸前后两个方向与气缸壁的间隙，其值应符合技术要求。上述项目检查合格后，拆出活塞连杆组。

（3）用专用工具将活塞环装到活塞上，并将各道活塞环开口方向按规定摆放正确。

（4）在气缸、活塞外表面、活塞销孔、活塞环槽和活塞环上涂润滑油；拿起活塞连杆总成，对准气缸号、前后记号和方位后，用专用工具将活塞环夹紧在活塞上（见图2-4-1）。

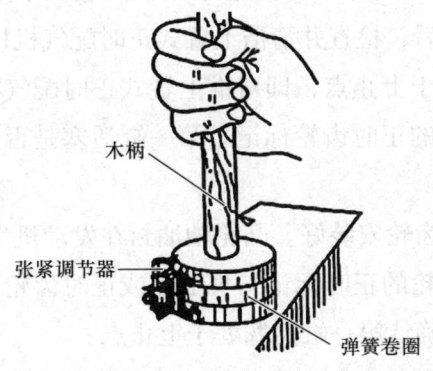

图2-4-1　活塞环收紧器

再将连杆穿入气缸内，用锤子木柄轻轻敲击活塞顶部，将其轻轻敲入气缸中，同时注意连杆大端与曲轴连杆轴颈是否对正，将对应的连杆轴承盖涂上润滑油，按正确的方位装好，并按规定力矩拧紧连杆螺栓和螺母，有锁紧装置的应按要求锁紧。

（5）将各气缸活塞连杆组装入气缸，且与曲轴连杆轴颈的连杆装配完成后，用锤子沿曲轴轴向轻轻敲打连杆盖，连杆大端应能有轻微移动；转动曲轴时，松紧应适度；各气缸活塞在上止点时，活塞顶至气缸体上平面的距离应均匀一致。

3. 气门组件的安装

（1）将气门油封压装于气门导管上。安装时油封一定要压到位，防止油封变形与损坏。

（2）装上气门、气门弹簧和弹簧座。

4. 气缸盖的安装

（1）将气缸垫放在气缸体的上平面上，对准位置、标记。

（2）将已组装好的气缸盖总成平稳、轻轻地对准位置放下，应避免放不准而反复移动气缸盖从而使气缸垫的位置移动。

（3）插入气缸盖螺栓，按规定力矩和顺序分次均匀拧紧。

5. 凸轮轴的安装

以上置式凸轮轴为例，其安装方法如下。

（1）挺柱式：将挺柱装入后再安装凸轮轴。

（2）摇臂式：先安装凸轮轴，再安装摇臂。

6. 正时配气机构的安装

上置式正时配气机构，根据气门间隙的调整方式（液压挺杆自动调节、垫片调节、螺钉调节）的不同，其安装和检验的工艺要求也各有不同，但满足正时及配气的基本要求是一致的。上置式配气机构安装的主要步骤及工艺要求如下。

（1）在气缸盖安装好后，检查并清洁上置式正时配气机构安装的所有零部件。

（2）将第一缸活塞置于上止点，即对准上置式正时配气机构曲轴正时齿轮的正时标记与正时齿轮罩上固定的正时齿轮标记。第一缸活塞是否处于上止点位置，要根据凸轮轴的位置来判断。

（3）将凸轮轴与正时齿轮安装好。凸轮轴油封在发动机大修时应更换新件。

（4）将凸轮轴正时齿轮的正时标记与气缸盖或正时齿轮罩上的正时标记对准，并通过凸轮轴的形状进一步确认第一缸活塞处于上止点。

（5）检查凸轮轴轴承盖的方位，在凸轮轴轴承滑动接触面上涂润滑油，安装凸轮轴总成。紧固凸轮轴轴承盖螺栓时，应采用多次、均匀、对称的方法紧固到规定力矩。检测凸轮轴的轴向间隙，其值应符合规定标准。

（6）安装气门室盖和正时齿轮盖。发动机大修时气门室盖密封垫应更换新件，并采用多次、均匀和对称的方法将气门室盖螺栓紧固到规定力矩。

7. 润滑油泵和油底壳的安装

安装润滑油泵时，应注意传动齿轮与凸轮轴上驱动齿轮的啮合是否准确。曲轴箱附件安装完毕后可安装油底壳，油底壳密封件应更换新件，并按规定力矩对称拧紧紧固螺栓。

8. 安装其他附件

（1）安装进、排气歧管。

（2）安装气缸盖出水管、节温器、冷却液温度传感器、水泵。

（3）安装燃油喷射装置。

（4）安装注油管、油标尺、润滑油滤清器、润滑油压力传感器。

（5）将风扇、曲轴箱通风管道、发电机、起动机等依次安装到发动机机体上。

三、发动机的磨合

发动机组装后，改善零件摩擦表面几何形状和表面物理力学性能的运转过程称为磨合。磨合是修理工艺过程的一个重要工序，是发动机从修理装配状态转入工作状态的过渡，磨合质量对总成修理质量和大修间隔期有着重大影响，因此，未经磨合的发动机是不允许投入使用的。

1. 发动机磨合的意义

总成修理后的发动机使用的零件有新有旧，零件的技术状况相差较大，修理工艺装备和企业生产技术水平又存在很大差异，有些总成修理后的发动机在磨合中就出现拉缸、烧瓦等严重故障。因此，对总成修理后的发动机进行科学的磨合就显得十分必要。发动机磨合的意义主要体现在以下几个方面。

（1）形成适应工作条件的配合性质

1）扩大配合表面的实际接触面积。新零件和经过修理的零件，由于表面微观凸点和各种误差，装配后配合副的实际接触面积仅为设计面积的 1/1 000～1/100，配合表面上单位实际接触面积的载荷是设计值的百倍乃至千倍。微观接触面在高应力、高摩擦热的作用下容易产生塑性变形和黏着磨损，引起咬黏等破坏性故障。因此，必须使零件在特定的磨合规范下运动，造成粗糙表面的微观凸点镶嵌并产生微观机械切削现象，使实际接触面积不断扩大，在短期内形成适应正常工作条件的配合表面。

2）形成适应工作条件的表面粗糙度。每一种工作条件均有其相应的表面粗糙度，发动机零件经加工后的表面粗糙度与工作条件的要求差距很大，只有在磨合中才能形成适应工作条件的表面粗糙度。

3）改善配合性质。磨合可形成适应工作条件的实际接触面积、零件表面粗糙度及配合间隙，不但可显著地提高零件的综合抗磨损性能，也可减少摩擦阻力与摩擦热，降低故障率，提高大修后发动机的可靠性与耐久性。

（2）改善配合副的润滑效能

磨合使配合间隙增大到适应正常工作条件的间隙，可改善润滑油的泵送性能，增大配合副润滑油流量，不但提高了配合副的润滑效能，也有利于保持正常的工作温度和配合表面的清洁。

（3）提高发动机的可靠性与耐久性

金属在低于或近于疲劳强度的条件下磨合一定的时间后，可实现"次负荷锻炼"，即明显地提高金属零件的抗磨损能力和抗疲劳破坏能力，从而提高机械的可靠性与耐久性。

发动机全部磨合过程由微观几何形状磨合期、宏观几何形状磨合期、适应最大载荷表面准备期三个阶段组成。在微观几何形状磨合期（第一期）内，微观粗糙表面因微观机械加工作用逐渐展平，表面金属被强化，显微硬度成倍提高，此过程会产生剧烈磨损，增大配合间隙，形成适应摩擦状态下的工作表面质量。在宏观几何形状磨合期（第二期）内，零件表面几何误差部分得以消除，磨损量逐渐减小，机械损失减弱。在适应最大载荷表面准备期（第三期）内，零件磨损率和发动机动力性、经济性逐渐稳定，故障率降低，可靠性提高。第一期在台架上完成，称为"发动机磨合"。后两期在发动机限速条件下的运动过程中完成，称为"走行磨合"。

2. 发动机磨合规范

发动机磨合分为冷磨合与热磨合两个阶段。冷磨合是由外部动力驱动总成或机构的磨合，热磨合则是发动机自行运转的磨合。发动机自行空转磨合称为无载热磨合，发动机加载自行运转磨合称为负载热磨合。发动机的磨合质量在材料、机构、装配质量等条件已确定的情况下，主要取决于磨合时的转速、载荷、磨合时间及润滑油的品质。因此，磨合转速、载荷和磨合时间共同组成了发动机磨合规范。

（1）冷磨合规范

1）冷磨合转速。冷磨合起始转速为 400～500 r/min，终止转速为 1 200～1 400 r/min。起始转速过低，尤其是发动机自润滑磨合时，曲轴溅油能力不足，润滑油泵输油压力过低，不能满足配合副对高摩擦阻力，以及摩擦热对润滑、冷却及清洁能力的需求，势必引起配合副破坏性损耗。而由于高摩擦阻力和高摩擦热的限制，起始转速也不能过高。

发动机磨合的关键是气缸、活塞环、活塞和曲轴与轴承等配合副的磨合，配合面上的载荷主要由连杆活塞组的质量和离心力所形成。数据显示，在 1 200～1 400 r/min 转速范围内单位面积上的载荷最大，超过或低于此转速载荷反而减小，影响磨合效率，如图 2-4-2 所示。

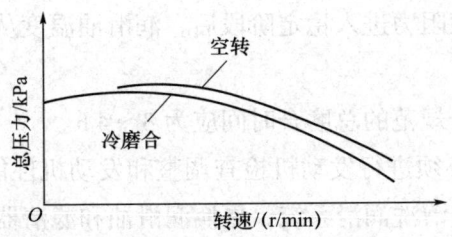

图 2-4-2 连杆轴颈上的总压力与转速的关系

磨合转速采取四级调速。在每级转速下，随着表面质量的改善，磨损率逐渐下降至平衡状态。由于无级调速磨合效率低，为了提高磨合效率，可采用有级调速，如图 2-4-3 所示。

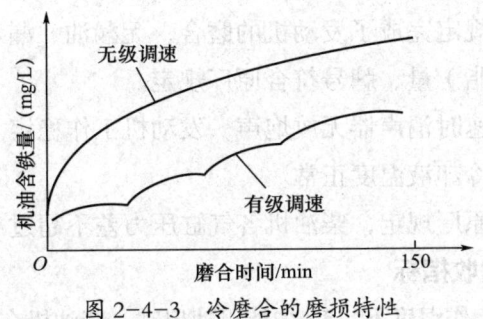

图 2-4-3 冷磨合的磨损特性

2）冷磨合载荷。冷磨合一般无须额外加载，实践证明，装好气缸盖，借助气缸的压缩压力来增加冷磨合载荷是极为有益的。

3）冷磨合润滑。现行的冷磨合润滑方式有自润滑、油浴式润滑和机外润滑。实践证明，机外润滑方式效果最佳，对提高磨合效率最为有利。所谓机外润滑，是指由专门的泵送系统，将专门配制的黏度较低、硫化极性添加剂含量高的专用发动机润滑油，以较大的流量送入发动机进行润滑的润滑方式。这种方式不但使摩擦表面松软，加速磨合过程，而且润滑、散热及清洁能力很强，还可以提高磨合过程的可靠性。

4）磨合时间。冷磨合的总时间为 1.5～2 h，具体磨合时间应根据零件加工的质量和装配情况确定。

（2）热磨合规范

热磨合是在冷磨合的基础上，以发动机自身发出的动力进行运转磨合试验的过程，又称热试。热磨合是为了检查发动机是否达到了应有的装配性能，同时也是发动机使用前的磨合，以保证发动机正常使用。

磨合时间的确定，多以每级磨合中的转速变化或润滑油温度来判断。当每级负载不变时，随着磨合时间的延长、零件工作表面质量的改善、摩擦损失的减小，发动机转速会明显升高，即表明这一级磨合已达到磨合要求，可以转入高一级转速负载梯度的磨合。此外，也可以用润滑油的温度变化评价每级磨合时间。在发动机冷却液温度保持恒定的条件下，摩擦阻力进入稳定阶段后，润滑油温度从升温转入温度稳定状态，即可以转入高一级磨合。

实践证明，上述磨合规范的总磨合时间应为 3~4 h。

在热磨合过程中，必须进行发动机检查调整和发动机性能试验，使发动机符合大修竣工技术条件。随后应清洗润滑系统，更换润滑油和滤清器滤芯，并加装限速装置。

四、发动机大修后的验收

发动机大修后，经过冷磨合、热磨合试验检测合格，即可进行竣工验收。发动机验收必须按修理标准中的有关规定执行，验收技术条件有以下几点。

1. 验收技术要求

（1）装备齐全，按规定完成了发动机的磨合，无漏油、漏水、漏气和漏电现象。

（2）加注润滑油（脂）量、牌号符合原厂规定。

（3）无异响，急加速时消声器无放炮声，发动机工作稳定。

（4）润滑油压力和冷却液温度正常。

（5）气缸压力符合原厂规定，柴油机各气缸压力差不超过 10%。

2. 主要使用性能验收指标

（1）发动机在正常工作温度下，5 s 内能迅速启动。柴油机在 5 ℃环境中能顺利启动。

（2）配气相位差不大于 2° 30′。

（3）加速灵敏，转速过渡顺滑，怠速稳定，各气缸工作平稳。

（4）最大功率和最大转矩不低于原厂规定的 90%。

（5）最低燃油消耗量不高于原厂规定。

（6）发动机排放限值符合相关规定。

第五节 发动机常见故障诊断与排除

一、爆燃

爆燃是由于气体的压力和温度过高，可燃混合气在没有点燃的情况下自行燃烧，且火焰以高于正常燃烧数倍的速度向外传播，造成尖锐的敲缸声。爆燃会使发动机过热，功率下降，润滑油消耗量增加以及机件损坏。轻微爆燃是允许的，但强烈爆燃对发动机伤害很大。正常燃烧时，混合气在燃烧室内被压缩点火，火焰传播速度为 15～30 m/s。而爆燃形成的火焰中心所产生的火焰传播速度在 2 000 m/s 以上，使未燃混合气以极高的速度燃烧。这种燃烧将会使燃烧室产生剧烈的压力增高，继而发生迅速的压力波动，压力波撞击气缸壁、活塞顶部，于是就会产生爆燃特有的尖锐金属撞击声。

1. 原因分析

发动机一旦发生爆燃，危害极大，会造成发动机气缸壁、活塞、活塞环、气门、连杆及连杆轴承等运动件变形损坏，具体产生的原因通常有以下几点。

（1）积炭聚集过多

发动机燃烧室内积炭过多，其容积相对变小，致使压缩比相应变大，积炭的蓄热和不导热性使可燃混合气提前燃烧，同时会降低混合气在压缩结束时产生的涡流强度，延长燃烧时间，增大自燃倾向，故而极易诱发爆燃。

（2）发动机过热

发动机长期处于大功率、超负荷工况或低挡高速连续行驶，尤其是炎热的夏季，外界气温高，机件散热不良，容易造成发动机过热。当过热故障较严重且得不到及时改善时，可燃混合气在进入燃烧室的同时会被预热，提前达到着火点，自行燃烧，从而引发爆燃。

2. 危害

（1）爆燃会加速机件的损坏，强烈的冲击波使活塞、连杆、气缸盖等零件过载，造成这些零件的损坏。

（2）爆燃会导致有关零部件表面温度过高，发动机过热，向冷却液传热过多，热损失加大，甚至使活塞烧顶。

（3）爆燃会使发动机过热，使更多的燃烧产物分解，增大排气污染，而排气温度增高，又会使发动机功率下降，油耗增加。

（4）爆燃使温度增高，使运动机件润滑不良，从而出现异常磨损。

（5）爆燃使积炭增多，排气管冒黑烟，污染环境。

3. 处理

（1）避免发动机过热，尽可能防止发动机长时间在大负荷下工作。

（2）保持冷却系统工作正常，及时清除活塞顶、燃烧室积炭。

（3）正确操作，及时换挡，起步时不要过早地换入高速挡，上坡及时换入低速挡等。

二、进、排气量

由于柴油的蒸发性和流动性比汽油差，自燃点较低，因此，柴油机不像汽油机那样在气缸外形成混合气，而是在气缸内完成混合气的制备，即在接近压缩行程结束时，通过喷油器把柴油经一定压力以雾状喷入气缸，与高温高压的空气混合形成可燃混合气，最终自行发火燃烧。因此，混合气的形成时间极短，且形成的混合气不均匀，存在喷油、蒸发、混合和燃烧重叠进行的过程。所以柴油发动机应始终在空气过量的情况下工作，以免产生大量炭烟、一氧化碳和碳化氢。

柴油机进气不畅或者堵塞，可能导致燃油不能完全燃烧，严重影响柴油机的输出功率，并可能伴有柴油机过热等异常现象，严重时可导致柴油机不能启动。

三、故障诊断与排除

1. 柴油机启动困难

（1）故障现象

发动机曲轴在起动机带动下以启动转速转动，但发动机不能启动，通常有两种现象。

1）启动时听不到爆发声音，排气管没有烟排出。

2）启动时可听到不连续的爆发声音，排气管有少量排烟或大量排白烟，但不能启动。

（2）原因分析

第一种现象的实质是柴油没有进入气缸，应从燃料的输送方面查找故障的原因。第二种现象的实质是柴油已经进入气缸但未能正常燃烧，应从供油时刻、燃油雾化时、压缩结束时的气缸压力和温度等方面查找故障原因。

1）柴油不进气缸的原因。油箱无油，油箱开关未打开，油箱滤网脏或堵塞；熄火拉钮没有退回；柴油滤清器滤芯脏或堵塞；输油泵进油口滤网堵塞，活塞弹簧折断，活塞磨损严重或活塞、推杆阻塞；油路中有空气，油管破裂或管接头漏油、堵塞；油路中有水，冬季结冰使油路堵塞；柴油牌号不对，冬季使用夏季用油，冷凝后析出石蜡，堵塞油路；喷油泵内有空气，喷油泵调节拉杆卡死在不供油的位置，油门操纵拉杆脱落，喷油泵驱动联轴器损坏，发动机不能驱动喷油泵，柱塞磨损严重；喷油器针阀卡死在关闭位置，喷油孔被积炭堵塞，喷油压力调整过高。

2）柴油进入气缸内但不能正常燃烧的原因

①供油时间过迟。调整不当，联轴器上的调整螺栓松动。

②供油量太小。低压油路溢流阀损坏使供油压力不足，引起喷油泵供油量减少；喷油泵出油阀密封不良，柱塞偶件磨损严重。

③喷雾质量差。喷油器的调整压力过低，针阀磨损严重；柴油中含有水分；空气

滤清器脏或堵塞；排气不畅。

④气缸压力不足。气门间隙不当，气缸不密封；外界温度低，预热装置失效。

（3）故障诊断与排除

柴油机不能启动，排气管不排烟，主要是由于柴油机燃油供给系统不工作，不能向燃烧室喷油所致。在诊断故障时，应先判断故障发生在柴油机燃油供给系统的低压油路还是高压油路。为此，可先旋松喷油泵上的放气螺塞，用手油泵泵油。若放气螺塞孔不出油或流出泡沫状油液，则说明低压油路故障。若放气螺塞孔出油正常且无气泡出现，但各气缸喷油器无油喷出，则说明高压油路故障。应按下列流程进行诊断与排除。

1）低压油路部分故障

①通过手油泵泵油，若出油不畅，则说明低压油路中有堵塞或破损，应检查柴油滤清器和管路是否堵塞。

②检查输油泵的工作情况。用手油泵泵油，若无正常的泵油阻力，且泵油多次也不出油，则说明手油泵活塞磨损严重、输油泵出油阀黏滞或不密封、弹簧折断，应予以拆检修理。

③拉出手油泵手柄，若有明显吸力，放开手柄又会自动回位，则说明输油泵至油箱的油路堵塞，应卸下柴油滤清器及输油泵进油管进行清洗，使其畅通。若在拉手柄时无吸力，但在压手柄时阻力很大，则说明柴油滤清器或输油泵以后的管路堵塞。手油泵盖密封不严，也会引起输油泵泵油不良。在低温地区和低温季节，柴油牌号选用不当或油中有水，油管容易因结蜡或结冰而堵塞，所以，必须选用规定牌号的柴油，并对发动机进行必要的季节性维护。

2）高压供油部分故障

①检查油门拉杆是否脱落。如果油门拉杆松动或脱落，则要进行重新安装。

②检查各高压油管有无因破裂或接头松动而出现漏油。如果高压油管破裂，则要更换同规格的高压油管；如果高压油管接头松动漏油，则要重新检查高压油管接头密封面有无刮痕；如果密封面无刮痕，则要进行重新紧固。

③拆下油泵侧盖，检查供油调节拉杆移动是否灵活，柱塞弹簧是否折断而卡住或柱塞卡在上行位置，拨叉式油量调节机构的调节叉或齿条式调节机构的扇形小齿轮固定螺栓是否松动，调节臂有无脱出。如果油泵供油拉杆卡滞，则要进行拆检，查明卡滞原因，并进行维修；如果柱塞弹簧折断，则要重新更换弹簧；如果拨叉式油量调节机构的调节叉或齿条式调节机构的扇形小齿轮固定螺栓松动，则要进行重新紧固；如果调节臂脱出，则要重新进行安装。

④在发动机转动时，用手试触各气缸高压油管，如图2-5-1所示。

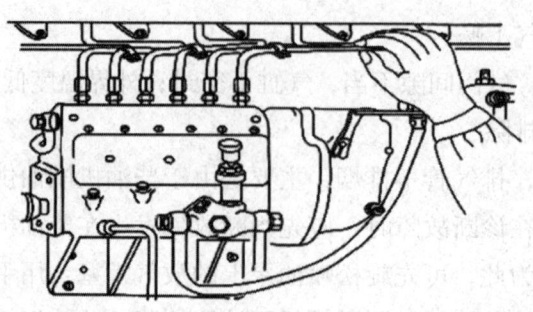

图 2-5-1 高压油路部分故障诊断与排除

若有喷油脉动,则说明故障不在喷油泵而在喷油器。若无喷油脉动或脉动甚弱,则说明故障在喷油泵。

⑤若喷油泵有故障,则拆下喷油泵的高压油管,用手油泵泵油。在泵油时,若出油阀处有油溢出,则说明出油阀磨损或密封不良,出油阀弹簧折断或密封面有污物。

若出油阀无油溢出,则应检查高压油路中有无空气。可将调节拉杆放在最大供油量的位置上,用旋具撬动喷油泵柱塞弹簧座,做泵油动作,使柴油从出油阀中喷出,直到不夹气泡为止。旋紧高压油管,再撬动喷油泵柱塞弹簧座几次,使喷油器喷出柴油,听到有清脆的泵油声音即排除故障。

⑥若喷油器有故障,则将喷油器从气缸盖上拆下,在气缸外将喷油器接到高压油管上,用旋具撬动喷油泵柱塞弹簧座,做泵油动作。若喷油质量不良,则拆检喷油器,查看弹簧弹力是否正常、喷孔有无堵塞、针阀有无卡滞等。

2. 柴油机烟色异常

(1) 故障现象

柴油机正常工作时,排出的废气呈淡灰色。当出现烟色异常时,有以下现象。

1) 冒黑烟。冒黑烟是柴油机不完全燃烧的特征,此时排出的废气中有大量固体炭粒,有时甚至带火星,并伴随排气温度升高。

2) 冒白烟。冒白烟是柴油机废气中含有水或燃油蒸气的特征,还伴随着柴油机功率下降和转速不稳。

3) 冒蓝烟。冒蓝烟是柴油机废气中含有大量润滑油蒸气的特征,还伴有呛人的烟味和柴油机润滑油消耗增加。

(2) 危害

当柴油机出现烟色异常时,会带来以下危害。

1) 功率下降,燃油消耗增加。黑烟是燃油不完全燃烧的产物,当燃烧不完全时,势必造成热效率下降,使油耗增加、功率下降。

2) 润滑油消耗增加。蓝烟是润滑油不完全燃烧的产物,出现蓝烟,势必造成润滑油消耗增加。

3）排放增加。蓝烟、白烟是低温不完全燃烧的产物，黑烟是高温不完全燃烧的产物，这些产物生成炭烟、碳氢化合物、一氧化碳等排放到大气中，污染环境。

（3）原因分析

1）冒黑烟。冒黑烟的原因主要是燃油供给系统、进排气系统和使用方面出现故障。

①喷油器雾化不良，造成滴漏或异常喷射，进入气缸的燃油不能充分燃烧，导致冒黑烟。

②喷油器喷油压力不对，影响喷油器内部燃油压力的建立时间，造成喷油的延迟或提前，导致冒黑烟。

③供油提前角过早或过晚，进入气缸的燃油不能充分燃烧，导致冒黑烟。

④个别气缸供油量过大或柴油机超负荷运转，都会使气缸内燃油过多，空气不足，燃烧缺氧，导致冒黑烟。

⑤柴油质量差，柴油质量不符合要求，特别是十六烷值超差，使柴油机燃烧性能变差，着火落后期变大，导致冒黑烟。

⑥使用的柴油性能指标达不到要求，燃油燃烧不良，导致黑烟。

⑦喷油泵柱塞磨损大、出油阀磨损大造成油管压力降低，从而恶化了喷油器雾化质量。这一切都使燃油燃烧不完全，局部高温缺氧，导致冒黑烟。

⑧压缩力不足，压缩终了的压力和温度达不到要求，燃油的燃烧条件变差，导致冒黑烟。

⑨高压油管内孔变形，将导致油管流通能力和油管压力变化，从而引起喷油器二次喷射和影响雾化质量。

⑩当空气滤清器堵塞、中冷器、排气消声器出现污堵，或增压器故障引起进气压力不足时，均使进入柴油机气缸的空气量不足，造成燃烧时空气不足、高温缺氧，导致冒黑烟。

⑪配气相位不对，不仅造成柴油机进气不足、排气不畅，还会引起进排气的规律发生变化，从而影响柴油机正常换气及燃烧，导致冒黑烟。

⑫气门密封不严，直接降低了气缸内的压缩压力和温度，燃油燃烧不完全、不充分，导致冒黑烟。

⑬柴油机超负荷拉缸、抱轴后，其摩擦功大大增加，这时只有增大发动机的做功能力，才能输出同样大的有效功，这就相当于柴油机超负荷运转，导致冒黑烟。

2）冒白烟。白烟是柴油机低温启动运转后，柴油未燃微粒或水汽所形成的液体雾粒，是低温产物，不同于固体状的黑烟。所以分析原因时，应抓住这个特点。

①产生水汽的原因。白烟的成分之一是水蒸气，所以凡是在柴油机燃烧中能产生

水蒸气的因素都是造成冒白烟的原因。

柴油中含水、气缸盖漏水、中冷器漏水，或润滑油内含水，在柴油机燃烧过程中，这些水以水蒸气形式从排气管排出，呈白烟状态。这种情况在低速、低负荷时特别明显，而在高负荷时基本消失，除非含水量特别多，不过此时柴油机会出现转速不稳和功率下降等现象。

②产生柴油蒸气的原因。白烟的成分之一是未燃烧的柴油蒸气，所以凡是在柴油机燃烧过程中能产生柴油蒸气的因素都是造成柴油机冒白烟的原因。当然，这种情况也主要是在柴油机低速、低负荷时发生的。

一是喷油器雾化不良。燃油和空气混合不良，不具备着火条件，在低速、低负荷时未被压燃而呈蒸气状态从气缸排出，产生白烟。

二是各气缸供油量不均。柴油机在低速、低负荷运行时，只有供油量大的气缸着火燃烧，而供油量小的气缸燃油燃烧不及时，呈蒸气状态从气缸排出，产生白烟。

三是气缸温度太低。水温低或环境温度低，气缸压缩温度低等，均会造成气缸内着火条件不良，使喷入气缸的燃油不能及时燃烧，并呈蒸气状态从气缸排出，产生白烟。

四是供油提前角过晚，柴油和空气混合条件不充分，不能及时良好地燃烧，一部分燃油呈蒸气状态从气缸排出，产生白烟。

3）冒蓝烟。形成蓝烟的原因是润滑油消耗高。润滑油消耗高主要是因为润滑油进入燃烧室，在不完全燃烧后排出气缸。而润滑油进入燃烧室的主要途径之一是从气缸盖活塞之间向内飞溅，即泵吸。所以，影响气缸套活塞间密封和飞溅过度的因素，均是造成润滑油窜入燃烧室的原因。

①活塞环卡滞、折断、弹力消失、漏光严重、开口间隙过大、扭曲环位置装错，或四道活塞环开口未错开，均会造成活塞环和气缸套贴合不良、密封失效，使润滑油窜入燃烧室，造成润滑油消耗高。

②活塞外圆、环槽磨损过大，以及气缸套磨损过大、失圆，也会造成活塞与气缸套间隙过大，使润滑油窜入燃烧室，造成润滑油消耗高。

③润滑油从进气道被吸入燃烧室，所以这方面的因素也是润滑油消耗高的原因。

④当气缸盖回油孔不畅时，润滑摇臂的润滑油回不到油底壳，使存在气缸盖罩壳上的大量润滑油从气门导管进入燃烧室，造成润滑油消耗过高。

⑤当气门导管与气门杆磨损严重，间隙过大时，导致润滑油从此处大量进入燃烧室，造成润滑油消耗过高。

⑥当空气滤清器污堵，空气吸入真空度大于 50 kPa，或增压的封油系统失效，增压器的润滑油被吸入空气压缩机而进入气缸，造成润滑油消耗过大。

（4）诊断方法

1）对于冒黑烟，可用烟度计测量烟度的大小。烟度计分为滤纸式烟度计和透光式烟度计两种，其测量单位用FSU（波许）表示。诊断具体原因和部位时，可用部分停止法或比较法，判断是否是燃油供给系统故障引起的，并可用仪器法进一步判断故障发生在燃油供给系统的哪一部位；对配气系统故障可用析检法或仪器法，以具体判断故障部位。

2）对于冒白烟，可使用一张硬纸对准排气口，让白烟喷到白纸上，根据白纸上的液珠判断是水汽还是燃油。水汽液珠无味，燃油液珠有烟味。最后再用析检法查出漏水原因或燃油不雾化的原因。

3）对于冒蓝烟，可用部分停止法和观察法查找原因。

第三章
液压系统的装配与维修

第一节　液压传动的工作原理与系统组成

一、液压传动的特点

液压传动装置本质上是一种能量转换装置，它首先将机械能转换为便于输送的液压能，然后又将液压能转换为机械能做功，驱动工作机构完成各种动作。液压传动实际上就是机械能→液压能→机械能的能量转化过程。

液压传动的优点：便于实现无级调速；体积小，质量轻，惯性小，结构紧凑；工作比较平稳，反应快，冲击小，能高速启动、制动和换向；易于实现自动化；易于实现过载保护，元件能自行润滑，寿命长；易于实现系列化、标准化、通用化；易于实现回转、直线运动，且元件排列布置灵活；传动过程中产生的热量可由流动的油液带走，避免系统某些局部温度过高。

二、液压系统的组成

液压系统主要由以下五部分组成。

1. 动力元件

动力元件为液压泵。它可将机械能转换为液压能，为液压系统提供液压油，是系统的动力源。

2. 执行元件

执行元件是把油液的液压能转换为机械能的装置。它可以是做直线运动的液压缸，也可以是做回转运动的液压马达或摆动式液压缸。

3. 控制元件

控制元件是对系统中油液压力、流量或流动方向进行控制或调节的构件，如溢流阀、节流阀、换向阀等。这些元件的不同组合形成了不同功能的液压系统。

4. 辅助元件

辅助元件包括油箱、过滤器、油管及各种指示器和控制仪表等。它们为保证系统正常工作和便于监测控制提供必要条件。

5. 工作介质

工作介质为液压油。系统通过它实现运动和动力的传递。

三、液压传动的工作原理

液压传动的工作原理可以用油压千斤顶的工作过程来说明。油压千斤顶的工作原理如图 3-1-1 所示。油压千斤顶的小油缸 3、大油缸 6、油箱 9，以及它们之间的连接通道构成一个密封的容器，其内部充满液压油。在放油阀 8 关闭的情况下，提起杠杆 1 时，小油缸 3 内的活塞 2 上移，其密封容积增大，形成部分真空，于是油箱里的液压油在大气压的作用下经过吸油管由单向阀 4 进入小油缸 3（即吸油）。压下杠杆 1，活塞 2 下移，使小油缸 3 的密封容积减小，油液压力升高，单向阀 4 自动关闭，液压油通过单向阀 5 流入大油缸 6 内（即输油），推动大活塞 7 将重物顶起。再次提起杠杆 1 时，大油缸 6 内的液压油使单向阀 5 关闭，油液不能倒流，保证重物不致自动落下。这样，当杠杆 1 被反复提起和压下时，小油缸 3 会不断交替进行吸油和输油过程，液压油不断进入大油缸 6 将重物逐渐顶起，从而达到起重的目的。将放油阀 8 打开，在重物的重力作用下，大油缸 6 的油液可排回油箱 9。

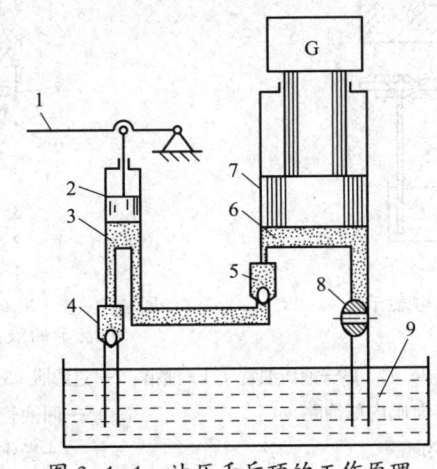

图 3-1-1 油压千斤顶的工作原理

1—杠杆 2、7—活塞 3、6—油缸 4、5—单向阀
8—放油阀 9—油箱

通过对油压千斤顶工作过程的分析可以看出，液压传动的工作原理是以液压油作为工作介质，依靠密封容积的变化来传递运动，并依靠液压油内部的压力来传递动力。

从上面这个简单的例子中可以得到以下结论：

1. 液压传动以液体作为工作介质来传递动力。
2. 液压传动用液体的压力能来传递动力，这与利用液体动能的液力传动不同。
3. 液压传动的工作介质是在受控制、受调节的状态下进行工作的，因此，液压传动和液压控制常常难以截然分开。

四、液压系统图和图形符号

液压系统是通过油管按一定要求将各个元件连接起来的系统。反映液压系统的组成、工作原理和液压元件工作情况的图称为液压系统工作原理图，简称液压系统图。

图 3-1-2 所示液压系统图是一种半结构式的工作原理图，它直观性强，便于理解，但绘制起来比较麻烦，系统中元件数量多时更是如此。为了简化液压系统的表达方式，在实际工程中通常采用国家标准规定的图形符号来绘制液压系统图。图形符号不表达元件的具体结构，只表示元件的具体职能，从而让整个系统的原理简单明了，易于绘制。图 3-1-3 所示为按照国家标准绘制的图 3-1-2 所示液压系统的工作原理图。

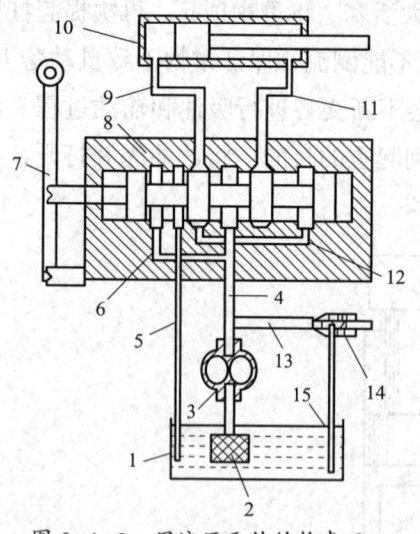
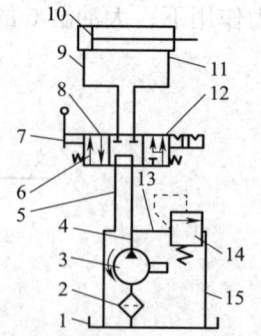

图 3-1-2　用液压元件结构表示　　　图 3-1-3　用标准液压元件的图形符号
　　　　　的液压系统图　　　　　　　　　　　表示的液压系统工作原理图

1—油箱　2—过滤器　3—液压泵　4、9、11、13—液压油管　　1—油箱　2—过滤器　3—液压泵　4、9、11、13—液压油管
　　5、15—回油管　6、12—换向阀内部油路　　　　　　　　　　5、15—回油管　6、12—换向阀内部油路
　　7—操作手柄　8—换向阀　　　　　　　　　　　　　　　　　7—操作手柄　8—换向阀
　　10—液压缸　14—安全阀　　　　　　　　　　　　　　　　　10—液压缸　14—安全阀

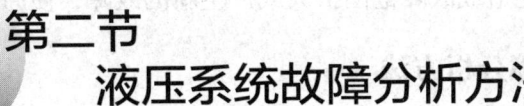
第二节 液压系统故障分析方法

液压系统使用维护不当,不仅会使内燃机械设备故障频率增加,而且会降低设备的使用寿命。例如,使用设备时超载、超速,环境过差,违章操作,维护保养不及时等,都可能加速液压系统性能的降低。结合目前内燃机械使用和维修的实际状况,本节对内燃机械液压系统故障分析方法进行了系统归纳。

一、液压系统故障分析步骤

1. 核实故障现象或征兆

鉴于液压系统故障的复杂性和隐蔽性,必须核实故障的现象或征兆。其方法是向操作人员和维修人员询问该设备近期的工作性能变化情况、维修保养情况、出现故障征兆后曾采取的具体措施、已检查和调整过的部位等。

2. 确定故障分析参数

液压系统的故障均属于参数型故障,可通过测量参数提取有用的故障信息。液压系统的参数包括系统压力、系统流量、元件温升、元件内部泄漏量、系统振动和噪声、发动机转速等。系统压力不足表现为液压缸动作无力、马达输出功率或转矩不足、液压传动机械行走无力等现象。系统流量不足表现为执行元件运动速度慢或停止不动。元件内部泄漏量大表现为执行元件动作速度慢和系统温升快。

3. 分析并确定故障可能产生的位置和范围

根据检测的结果,对照液压系统图进行分析,以构造原理和系统原理为基础得出结论,确保故障分析的准确性,减少误判。

4. 确定合理的分析过程和分析方法

根据以上分析,确定故障分析方法。

5. 选择分析用的仪器、仪表

分析用的仪器、仪表包括光电数字转速表、温度表、秒表、卷尺、压力表、听诊器、油质快速分析仪、液压检测仪等,同时配用各型接头、专用工具等。选择原则:首先选用对系统元件不做任何拆卸的仪器、仪表;其次选用需连接于系统中的仪器、仪表;最后选用液压检测仪。但在故障很复杂,无从下手时,也可先用液压检测仪来诊断。

注意：在未分析确定故障产生的位置和范围之前，严禁任何盲目的拆卸、解体或自行调整液压元件，以免造成故障范围扩大或产生新的故障，使原有的故障更复杂。

二、液压系统故障分析方法

1. 直观检查法

直观检查法是内燃机械液压系统故障诊断中一种最简易和方便的方法。该方法通常是用眼看、手摸、耳听、嗅闻等手段对零部件的外表进行检查，判断一些较为简单的故障，如破裂、漏油、松脱、变形等。直观检查法在内燃机械设备工作或不工作状态下均可进行。

眼看应先在设备不工作的状态下进行，用眼观察设备有无破裂、漏油、松脱、变形、动作缓慢或不均、爬行等现象。

手摸可以用于感觉漏油部位的漏油情况，特别是在一些眼睛不能直接观察到的地方更加合适。手摸还可以判断油管油路的通断，由于液压系统油压较高且具有一定的脉动性，当油管内（特别是胶管）有液压油通过时，用手握住，会有振动或类似摸脉搏的感觉，而无油液流过或压力过低时则没有这种现象。

耳听主要用于根据机械零部件损坏造成的异常响声判断故障点及可能出现的故障形式、损坏程度。液压故障不像机械故障那样响声明显，但有些故障还是可以利用耳听来判断的。例如，液压泵吸空、溢流阀开启、元件阻滞等故障，都会发出不同的响声，如冲击声或汽锤声等。当遇到金属元件破裂时，还可敲击可疑部位，倾听是否有嘶哑的破裂声。

嗅闻可以根据有些部件由于过热、摩擦润滑不良、气蚀等原因发出的异味来判断故障点。例如，有"焦化"油味，可能是由于液压泵或马达吸入空气而产生气蚀，由此产生高温把周围的油液烤焦而出现的。此外，还要注意有无橡胶味及其他不正常的气味。

2. 操作调整检查法

操作调整检查法主要是在无负荷动作和有负荷动作两种条件下进行故障复现操作，而且最好由设备操作人员实施，以便与平时的工作状况相比较，从而更快、更准地找出故障。检查时，首先应在无负荷条件下将与液压系统有关的各操作杆均操作一遍，将不正常的动作找出来，然后再实施有负荷动作检查。要注意，进行故障复现操作与正常操作还是有区别的。正常工作时，要求动作要轻柔、准确，一般不要过载工作；而在故障复现操作中，有时则要故意实施过载操作，使溢流阀开启或故障复现，从这些特殊状态中检查故障。

3. 对比替换检查法

对比替换检查法是在缺乏测试仪器时检查液压系统故障的一种有效方法。一种情况是，使用两台型号、性能参数相同的机械进行对比试验，从中查找故障。试验过程中可对机械的可疑元件用新件或完好的元件进行替换，再开机试验，若性能变好，则可确定故障位置；否则，可继续用同样的方法或其他方法检查其余部件。另一种情况是，目前许多大中型机械的液压系统采用了双泵或多泵双回路系统，针对这样的系统，采用对比替换检查法更为方便。而且，现在许多系统采用高压软管连接，为对比替换检查法的实施提供了更为方便的条件，即当遇到可疑元件，需要更换另一回路的完好元件时，不需拆卸元件，只要对调相应的高压软管接头即可。

4. 仪表测量检查法

仪表测量检查法是检测液压系统故障最为准确的方法，它主要是通过对系统各部分液压油的压力、流量、油温进行测量来判断故障点。其中压力测量应用较为广泛，而流量大小可通过执行元件动作的快慢作出粗略判断（但元件泄漏只能通过流量测量来判断）。液压系统压力测量一般是在整个液压系统中选择几个关键点（如泵的出口、执行元件的入口、多回路系统中每个回路的入口、故障可疑元件的出入口等部位）来进行，将所测数据与液压系统图上标注的相应点的数据进行对照，即可以判定所测点前后油路上的故障情况。

5. 诊断专家系统分析法

对于复杂的故障类型，由于其原理复杂且难以诊断，需要一些经验性知识和诊断策略，而诊断专家系统可以解决复杂故障的诊断问题。

内燃机械液压故障诊断专家系统由知识库和推理机组成。其中知识库中存放各种故障现象、引起故障的原因及原因和现象间的关系，这些信息都来自有经验的维修人员和领域内专家，它集中了多个专家的知识，收集了大量资料，排除了个人解决问题时的主观偏见，使诊断结果更接近实际。

一旦液压系统发生故障，可通过人—机接口将故障现象输入计算机，由计算机根据输入的故障现象及知识库中的知识，按推理机中存放的推理方法（正向推理、反向推理或正反混合推理），推算出故障原因并报告给用户，还可提出维修或预防措施。内燃机械液压系统故障诊断专家系统在需进行诊断时，传感器将测得的数据输入诊断专家系统网络，运行故障诊断规则，通过智能型用户接口将诊断结果通知用户，也可给出维修建议。

目前，诊断专家系统存在的问题是缺乏有效的诊断知识表达方法及不确定性推理方法，并且诊断知识获取困难。

近年来发展起来的神经网络方法，其知识的获取与表达采用双向联想记忆模型，能够存储作为变元概念的客体之间的因果关系，可处理不精确的、矛盾的甚至是错误的数据，从而提高了诊断专家系统的智能水平和实时处理能力，是诊断专家系统的发展方向。

第三节 液压泵的修理与装配

液压泵是液压系统中的能量转换元件。液压泵由原动机驱动,把输入的机械能转换为输出的液压能,再以压力、流量的形式传输到系统中,它是液压系统的动力源。液压泵性能的好坏直接影响液压系统的工作性能和可靠性,在液压传动中占有极其重要的地位。

一、齿轮泵的工作原理与修理

齿轮泵是一种常用的液压泵,其主要优点是结构简单、制造方便、价格低廉、体积小、质量轻、自吸性能好、对油的污染不敏感、工作可靠、便于维护修理,又因齿轮是对称的旋转体,故允许转速较高;其缺点是流量脉动大、噪声大、排量不可调(定量泵)。

齿轮泵有外啮合和内啮合两种结构形式。

1. 齿轮泵的工作原理

齿轮泵的工作原理如图 3-3-1 所示。

在泵的壳体内装有一对齿数相同的外啮合齿轮,齿轮及壳体两侧面通过端盖密封。壳体、端盖和齿轮的各个齿间形成了密封工作腔,两个齿轮的齿向啮合线又把密封容腔分隔为左、右两个互不相通的吸油腔 A 和压油腔 B。当齿轮按图 3-3-1 所示方向旋转时,左侧吸油腔由于相互啮合的齿轮逐渐脱开,密封工作容积逐渐增大,形成局部真空,油箱中的油液在大气压的作用下,经吸油管被吸入该腔的齿间,齿轮泵即实现吸油。随着齿轮的旋转,吸入齿间的油液被带到右侧,而在右侧压油腔,各齿轮逐渐啮合,使齿间的密封容积逐渐减小,油液被迫从压油管挤出,齿轮泵即实现压油。当齿轮不断转动时,油液便不断地经吸油腔吸入、从压油腔输出,连续地向系统提供压力油。需要注意的是,齿轮泵只能做成定量泵。

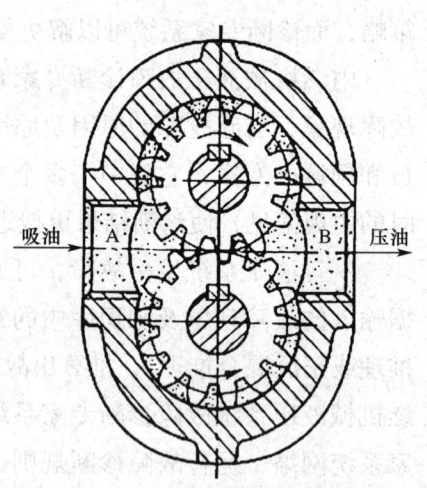

图 3-3-1 齿轮泵的工作原理

2. 齿轮泵的拆装

(1)齿轮泵的拆卸

1)松开并卸下泵盖及轴承压盖上的所有连接螺钉。

2)卸下定位销及泵盖、轴承盖。

3）从泵壳内取出传动轴及从动齿轮的轴套。

4）从泵壳内取出主传动齿轮及从动齿轮。

5）取下压力反馈侧板及密封圈。

6）检查轴头骨架油封，若其阻油唇边良好能继续使用，则不必取出；若阻油唇边损坏，则应取出更换。

7）把拆下来的零件用煤油或柴油清洗干净。

（2）齿轮泵零件的修理

齿轮泵使用较长时间后，齿轮各相对运动面会产生磨损和刮伤，端面磨损导致轴向间隙增大，齿顶圆磨损导致径向间隙增大，齿形磨损导致噪声增大。磨损拉伤不严重时，可稍加研磨抛光后再使用；磨损拉伤严重时，应根据情况予以修理或更换。

1）齿形修理。用细砂布或油石去除齿轮泵齿形上的拉伤或已磨成多棱形的毛刺，不可倒角。

2）齿轮端面修理。当齿轮端面磨损轻微时，可将两齿轮同时放在 0 号砂布上，然后再放在金相砂纸上擦磨抛光。当齿轮端面磨损和拉伤严重时，可将两齿轮同时放在平面磨床上磨去少许，再用金相砂纸抛光，此时泵体也应磨去同样尺寸。两齿轮厚度差应在 0.005 mm 以内，齿轮端面与孔的垂直度、两齿轮轴线的平行度都应控制在 0.005 mm 以内。

3）泵体修复。齿轮泵泵体的磨损主要位于内腔与齿轮齿顶圆接触面，且多发生在吸油侧。对于轻度磨损，用细砂布修掉毛刺后可继续使用。

4）侧板或端盖修复。齿轮泵侧板或前后端盖的磨损主要是装配后与齿轮相滑动的接触端面的磨损与拉伤。若磨损和拉伤不严重，可研磨端面修复；若磨损和拉伤严重，应在平面磨床上磨去端面上的沟痕。

5）泵轴修复。齿轮泵泵轴的失效形式主要是与滚针轴承相接触处容易磨损，有时会产生折断。如果磨损轻微，可抛光修复（并更换新的滚针轴承）。

（3）齿轮泵的装配

修理后的齿轮泵在装配时按如下步骤进行。

1）用煤油或柴油清洗全部零件。

2）若需更换主动轴轴头盖板上的骨架油封，先在骨架油封周边涂润滑油，用合适的心轴和小锤轻轻打入盖板槽内，油封的唇口应朝向里侧，切勿装反。

3）将各密封圈洗净后（禁用汽油）装入各相应油封槽内。

4）将合格的轴承涂润滑油后装入相应轴承孔内。

5）将轴套或侧板与主传动齿轮、从动齿轮组装成齿轮轴套副，在运动表面加润滑油。

6）将轴套副与前、后泵盖组装好。

7）将定位销装入定位孔中，轻打到位。

8）将主动轴装入主传动齿轮花键孔中，同时将轴承盖装上。

9）安装泵盖及泵壳的紧固螺钉。注意两两对角用力均匀，扭矩逐渐加大，拧螺钉的同时，用手旋转主传动齿轮，应无卡滞、过紧和憋劲的感觉。所有螺钉拧紧后，应达到旋转均匀的要求。

10）用塑料填封好油口。

11）齿轮泵组装完成后，在设备调试时应再做试运转检查。

3. 齿轮泵的故障诊断及排除

齿轮泵的故障诊断及排除方法见表 3-3-1。

表 3-3-1　齿轮泵的故障诊断及排除方法

故障现象	故障原因	排除方法
齿轮泵流量不足	（1）连接的管接头密封性不好 （2）吸油口滤清器堵塞 （3）齿轮泵轴向间隙过大 （4）油箱液面过低 （5）油液黏度过大 （6）吸油管内径过小或拐弯太多 （7）油箱盖上滤清器孔堵塞 （8）侧板与齿轮端面磨损严重	（1）重新装配或换新密封件 （2）清洗滤清器 （3）检查齿轮与泵体宽度，采取措施保证间隙为允许值（不大于 0.04mm） （4）添加油液到规定位置 （5）使用符合要求的油液 （6）加大油管内径或换新管 （7）清洗滤清器孔滤芯 （8）更换侧板或齿轮
油液产生气泡	（1）泵体轴颈密封损坏漏气 （2）吸油管接头处漏气 （3）回油管没有插入液面以下 （4）连接管道或接头漏气	（1）更换新的轴颈密封件 （2）紧固或更换接头 （3）加长或调正回油管 （4）维修处理解决漏气
泵体过热	（1）油液黏度过高或过低 （2）齿轮泵侧板与齿轮磨损严重 （3）冷却不好，油箱容积太小 （4）环境辐射热影响	（1）使用符合要求的油液 （2）修理或更换磨损件 （3）改进冷却装置，增加散热面积，加大油箱容积 （4）采取隔热措施

二、柱塞泵的工作原理与修理

柱塞泵依靠柱塞在缸体内做往复运动，使密封工作腔容积发生变化来实现吸油、压油。由于柱塞与缸体内孔均为圆柱表面，因此加工方便，配合精度高，密封性能好。同时，柱塞泵主要零件处于受压状态，可使材料强度性能得到充分利用，故柱塞泵常做成高压泵。此外，只要改变柱塞的工作行程就能改变泵的排量，易于实现单向或双向变量。所以，柱塞泵具有压力高、结构紧凑、效率高及流量调节方便等优点；其缺点是结构较为复杂，有些零件对材料及加工工艺的要求较高，因而在各类容积式泵中，柱塞泵的价格最高。柱塞泵常用于需要高压大流量和流量需要调节的液压系统中，如龙门刨床、拉床、液压机、工程机械等设备的液压系统。

柱塞泵按柱塞排列方向可分为轴向柱塞泵和径向柱塞泵，轴向柱塞泵按其结构特点又可分为斜盘式和斜轴式两类。

1. 斜盘式轴向柱塞泵

（1）斜盘式轴向柱塞泵的工作原理

轴向柱塞泵的柱塞都平行于缸体的中心线，并均匀分布在缸体的圆周上。斜盘式轴向柱塞泵的工作原理如图3-3-2所示。

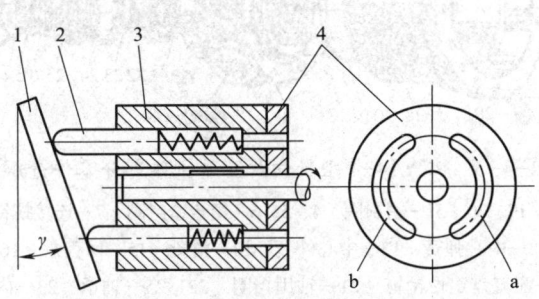

图3-3-2　斜盘式轴向柱塞泵的工作原理
1—斜盘　2—柱塞　3—缸体　4—配流盘　a、b—窗口

斜盘式轴向柱塞泵的传动轴中心线与缸体中心线重合，故又称直轴式轴向柱塞泵。它主要由斜盘1、柱塞2、缸体3、配流盘4等组成。斜盘1与缸体3间有一倾斜角度γ。缸体3由轴带动旋转，斜盘1和配流盘4固定不动，在底部弹簧的作用下，柱塞2头部始终紧贴斜盘1。当缸体3按图3-3-2所示方向旋转时，由于斜盘1和弹簧的共同作用，柱塞2做往复运动，各柱塞与缸体3间的密封腔容积便发生增大或缩小的变化，通过配流盘4上的窗口a吸油、通过窗口b压油。如果改变斜盘1倾角γ的大小，则可改变柱塞2的行程长度，也就改变了泵的排量；如果改变斜盘1倾角γ的方向，则可改变吸、压油的方向，这时该泵就成为双向变量轴向柱塞泵。

（2）PCY14-1型轴向柱塞泵的拆装

轴向柱塞泵结构复杂，检修按主体部分和变量部分分别进行。

1）主体部分的检修。图3-3-3所示为PCY14-1型轴向柱塞泵主体部分零件分解图。

①主体部分的拆卸

a. 松开主体部分与变量部分的连接螺钉，卸下变量部分，注意变量头（斜盘）及止推板不要滑落，可事先在泵下铺木板或胶皮，预防零件掉落损坏。变量部分卸下后要妥善放置并防尘。

b. 连同回程盘15取下柱塞16与滑靴14组装件（共七套）。如果柱塞16卡死在缸体40中而研伤缸体，一般难以修复，此泵即报废，应换新泵。

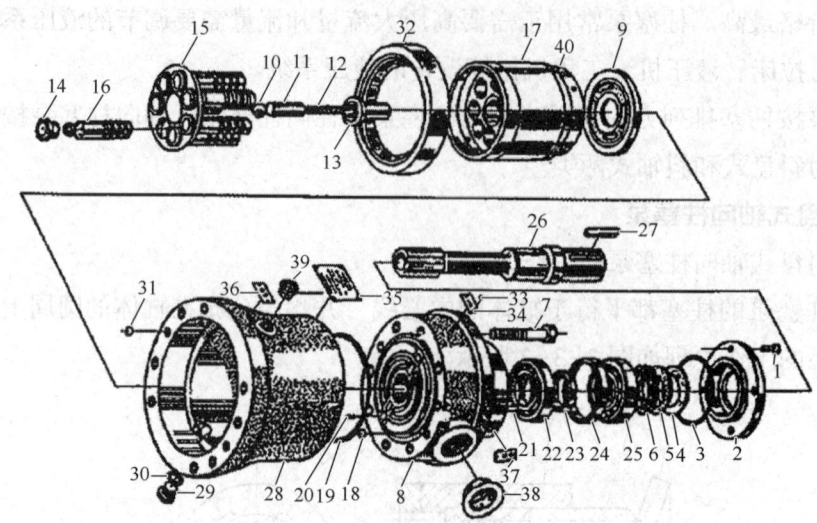

图 3-3-3 PCY14-1 型轴向柱塞泵主体部分零件分解图

1—端盖螺钉 2—端盖 3、19、30、31—密封圈 4、5、6—组合密封圈 7—连接螺钉 8—外壳体 9—配流盘 10—钢球 11—中心内套 12—中心弹簧 13—中心外套 14—滑靴 15—回程盘 16—柱塞 17—缸体外镶钢套 18—小密封圈 20—配流盘定位销钉 21—轴用挡圈 22、25—轴承 23—内隔圈 24—外隔圈 26—传动轴 27—传动键 28—中壳体 29—放油塞 32—滚柱轴承 33—铝铆钉 34—旋向牌 35—铭牌 36、37—标牌 38—防护塞 39—回油旋塞 40—缸体

c. 从回程盘 15 中取出柱塞 16 与滑靴 14 组装件。

d. 从传动轴 26 花键端内孔中取出钢球 10、中心内套 11、中心弹簧 12 及中心外套 13 组装件，并分解成单个零件。

e. 取出缸体 40 与缸体外镶钢套 17 组合件，两者为过盈配合，不分解。

f. 取出配流盘 9。

g. 拆下传动键 27。

h. 卸掉端盖螺钉 1、端盖 2 及密封件 3~6。

i. 卸下传动轴 26 及轴承组件 21~25。

j. 卸下连接螺钉 7，将外壳体 8 与中壳体 28 分解，注意外壳体 8 上配流盘 9 的定位销不要取下，并准确记住装配位置。

k. 卸下滚柱轴承 32。

② 主体部分的修理

a. 缸体的修理。缸体与外套的结构如图 3-3-4 所示，缸体通常用青铜制造，外套用轴承钢制造。缸体易磨损部位是与柱塞配合的柱塞孔内圆柱面和与配流盘接触的端面。端面磨损后可先在平面磨床上精磨端面，然后再用氧化铬抛光；若为轻度磨损，则研磨即可。

b. 配流盘的修理。配流盘的结构如图 3-3-5 所示。

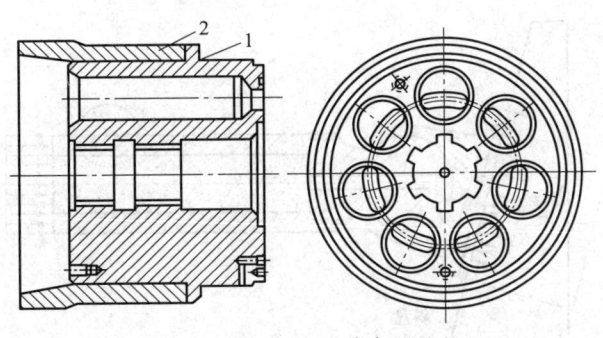

图 3-3-4 缸体与外套的结构
1—缸体 2—外套

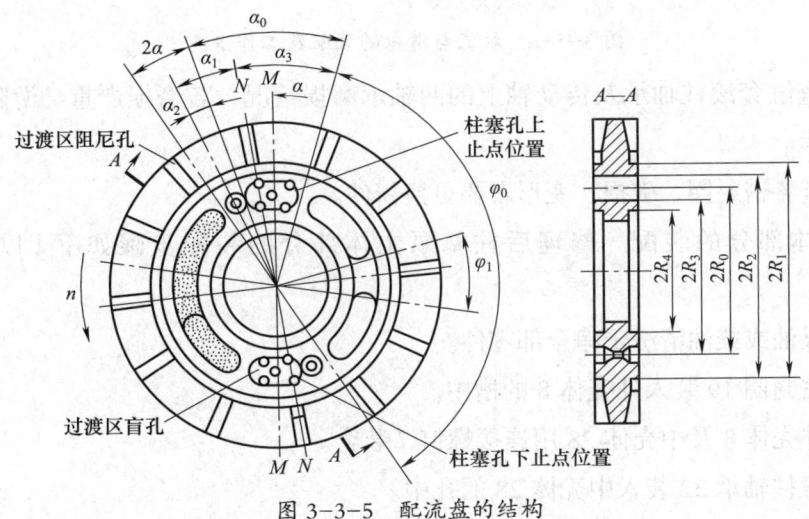

图 3-3-5 配流盘的结构

PCY14-1 型轴向柱塞泵在工作过程中，经常出现泵不起压或压力无法提高，泵不出油或流量不足等故障，这些故障有相当一部分是因为油不清洁、油的质量差，使配流盘磨损、拉毛甚至出现烧盘，引起配流盘与缸体配流面、配流盘与泵体配流面之间配合无法达到要求，降低密封性能并造成泄漏所致。

对于拉毛、磨损不太严重的配流盘，可采取手工研磨的方法修理。

c. 柱塞与滑靴的修理。柱塞与滑靴的装配及工作情况如图 3-3-6 所示。在压油区，柱塞将滑靴推向止推板；在吸油区，滑靴通过回程盘把柱塞从缸体孔中拉出来。泵每转一次，柱塞与滑靴推、拉一次，长时间工作后滑靴球窝会被拉长而造成"松靴"。修理的办法是利用专用胎具再次压合，这需要制作专用胎具或到高压泵生产厂家进行修理。

对于柱塞表面的轻度损伤，如拉伤、摩擦划痕等，只需用极细的油石研去伤痕即可；重度咬伤一般难以修复，应更换新泵。

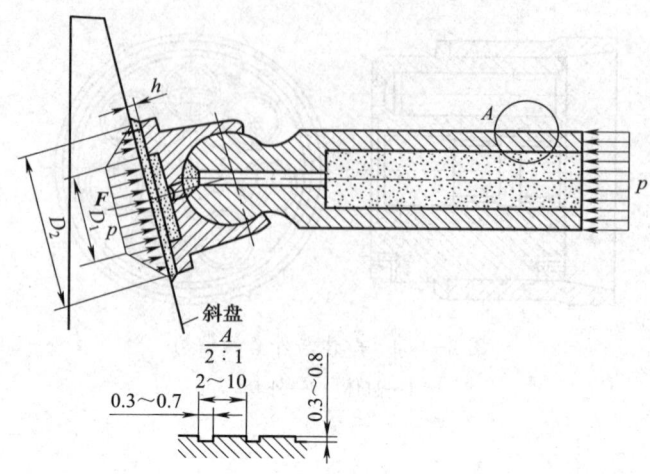

图 3-3-6 柱塞与滑靴的装配及工作情况

d. 检查缸套滚柱轴承及传动轴上的两轴承磨损情况，若磨损严重、游隙大，则要更换新轴承。

e. 检查各密封圈，破损、变形者要更换新件。

③主体部分的装配。修理后柱塞泵主体部分的装配步骤如下（以图 3-3-3 为例）。

a. 用煤油或柴油清洗干净全部零件。

b. 将密封圈 19 装入外壳体 8 的槽中。

c. 将外壳体 8 及中壳体 28 用连接螺钉 7 装合。

d. 将滚柱轴承 32 装入中壳体 28 的孔中。

e. 将传动轴 26 及轴承组件 21~25 装入外壳体 8 中。

f. 将密封圈 3 装入端盖 2，再将组合密封圈 4~6 装入端盖 2。

g. 将端盖 2 与外壳体 8 装合，用端盖螺钉 1 紧固。

h. 将配流盘 9 装入外壳体 8 端面贴紧，并用定位销定位（注意定位销不要装错）。

i. 将缸体 40 装入中壳体 28 中，注意与配流盘 9 端面贴紧。

j. 将中心内套 11、中心弹簧 12 及中心外套 13 组合后装入传动轴 26 的内孔。

k. 在钢球 10 上涂抹清洁润滑脂，粘在弹簧中心内套 11 的球窝中，防止脱落。

l. 将滑靴 14 与柱塞 16 组装件（共七套）装入回程盘 15 的孔中。

m. 将滑靴 14、柱塞 16、回程盘 15 组装件装入缸体 40 的孔中，注意钢球 10 不要脱落。

n. 装上传动键 27。

2）变量部分的检修

①变量部分的拆卸

a. 拆下变量头组件，卸下止推板。止推板背面一般不易磨损，可不拆销轴。

b. 拆下恒压变量阀，分解阀体、阀芯、调节弹簧及调节杆。

c. 拆下上法兰，取出弹簧及变量活塞。

②变量部分的简单修理

a. 止推板的修理。止推板的易磨损面为与滑靴的接触面，此表面可在平板上研磨修复，磨损划伤印痕较深时可在平面磨床上精磨后再研磨。

b. 恒压变量阀芯的修理。若恒压变量阀芯有拉毛、划伤现象，则可用细油石和细砂布修磨掉划痕。

c. 检查恒压变量阀调节弹簧是否扭曲变形，若变形，应更换新弹簧。

d. 变量活塞一般不易磨损，若有磨痕，修磨即可。

e. 检查变量活塞上方弹簧是否扭曲变形，若变形严重，应更换新弹簧。

③变量部分的装配。修理后柱塞泵变量部分的装配步骤如下。

a. 用煤油或柴油清洗干净全部零件。

b. 将变量活塞装入变量壳体内。

c. 将恒压变量阀组装后与变量壳体装合。

d. 将弹簧装入变量壳体上腔，安装上法兰。

e. 将变量头销轴装入变量活塞。

f. 将止推板装入变量头销轴。

g. 将变量壳体与中泵体间的大密封圈装入密封槽。

3）PCY14-1型轴向柱塞泵的总装

①把主体部分与变量部分准备好。

②把主体部分与变量部分之间的两个小胶圈装入中壳体孔槽。

③把变量部分与主体部分装合，注意止推板要与各滑靴平面贴合，拧入各连接螺钉。

4）拆装注意事项

①在拆装、修理过程中，要确保场地、工具清洁，严禁污物进入柱塞泵。

②在拆装、清洗过程中，禁用棉纱、破布擦洗零件，应当用毛刷、绸布，防止棉丝头进入液压系统。

③柱塞泵为高精度零件组装而成，因此，拆装过程中要轻拿轻放，勿敲击。

④装配过程中各相对运动件都要涂与柱塞泵工作介质相同的润滑油。

5）PCY14-1型轴向柱塞泵的故障诊断及排除。PCY14-1型轴向柱塞泵的故障诊断及排除方法见表3-3-2。

表 3-3-2　PCY14-1 型轴向柱塞泵的故障诊断及排除方法

故障现象	故障原因	排除方法
柱塞泵压力升不起来	（1）柱塞泵的旋转方向错误 （2）辅助供油泵未启动 （3）油箱液面过低 （4）在自吸工况时进油滤清器堵塞 （5）油液黏度过高 （6）传动轴或联轴器断开 （7）溢流阀调整压力太低或溢流阀有故障 （8）配油盘或柱塞缸磨损，或配油盘定位销未装好 （9）压力补偿变量柱塞泵达不到系统要求的压力	（1）调整原动机的转向 （2）先启动辅助供油泵 （3）添加油液到规定位置 （4）清洗或更换进油滤清器 （5）使用符合要求的油液 （6）更换损坏零件 （7）调整溢流阀压力或检修溢流阀 （8）拆检柱塞泵，修理或更换新件 （9）降低系统温度，更换因油温升高而漏损过大的元件或调整柱塞泵的变量特性
流量不足	（1）斜盘倾角太小，使流量减小 （2）转速过低 （3）柱塞泵内部磨损严重，内泄漏过大	（1）加大斜盘倾角 （2）提高转速 （3）拆检修理
柱塞泵回油管泄漏严重	（1）配油盘、滑靴、柱塞缸等主要零件磨损严重 （2）配油盘与泵体之间没有贴紧 （3）变量机构的活塞磨损严重，使间隙增大	（1）拆检修理 （2）拆检柱塞泵，重新装配 （3）更换活塞，使其与后泵盖配合间隙为 0.01～0.02 mm
泵体发热	（1）油液黏度过高 （2）工作压力过高 （3）冷却器不起作用；在无冷却器的情况下，油箱容积过小 （4）柱塞泵磨损过大，漏损严重，使泵体发热	（1）更换符合要求的油液 （2）检查管路阻力及负荷情况 （3）排除冷却器故障，加大油箱容积 （4）检修柱塞泵
柱塞泵发出异常噪声	（1）噪声过大，柱塞泵吸油不足 （2）柱塞泵在正常使用中突然噪声变大，可能是柱塞球头与滑靴松动或柱塞泵内零件损坏 （3）柱塞泵轴与原动机轴不同心	（1）添加油液到规定位置，排除漏气，将系统所有油管均插到液面以下 （2）拆检柱塞泵进行修理 （3）调整两轴同心度

2. 斜轴式轴向柱塞泵

斜轴式轴向柱塞泵的工作原理如图 3-3-7 所示。由于传动轴 1 与缸体 4 的轴线有一倾斜角度 γ，因此，该泵称为斜轴式轴向柱塞泵。

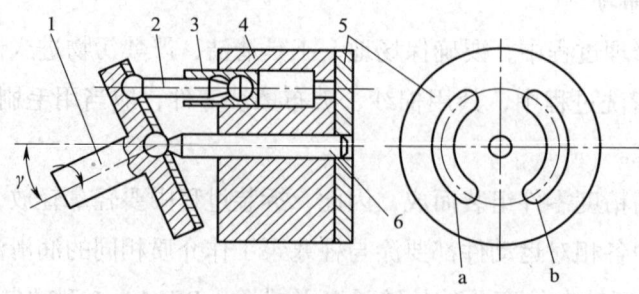

图 3-3-7　斜轴式轴向柱塞泵的工作原理

1—传动轴　2—连杆　3—柱塞　4—缸体　5—配流盘　6—中心轴　a、b—窗口

图 3-3-7 中，传动轴 1 与缸体 4 之间传递运动的连接件是一个两端为球头的连杆 2，依靠连杆 2 的锥体部分与柱塞 3 内壁的接触带动缸体 4 旋转。配流盘 5 固定不动，中心轴 6 起支承缸体 4 的作用。当传动轴 1 沿图 3-3-7 所示方向旋转时，连杆 2 就带动柱塞 3 连同缸体 4 一起转动，柱塞 3 同时也在孔内做往复运动，使柱塞孔底部的密封腔容积不断发生增大和缩小的变化，通过配流盘 5 上的窗口 a、b 实现吸油和压油。

与斜盘式轴向柱塞泵相比，斜轴式轴向柱塞泵由于柱塞及缸体所受的径向作用力较小，因此，其结构强度较高，因而允许的倾角 γ 较大，变量范围较大。一般斜盘式轴向柱塞泵的最大倾角为 20° 左右，而斜轴式轴向柱塞泵的最大倾角可达 40°。但斜轴式轴向柱塞泵是靠摆动缸体来改变倾角而实现变量的，因而体积较大。目前，斜盘式轴向柱塞泵和斜轴式轴向柱塞泵的应用都很广泛。

3. 径向柱塞泵

径向柱塞泵的工作原理如图 3-3-8 所示。

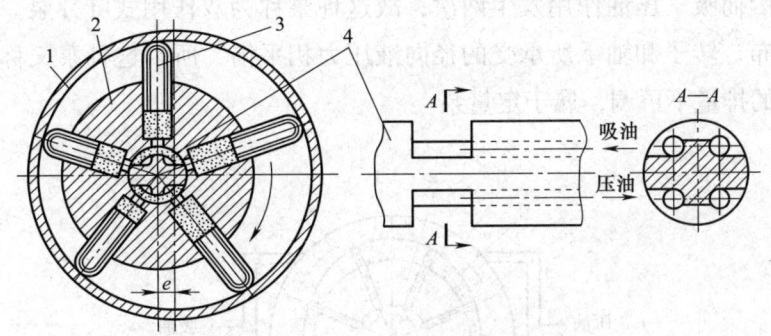

图 3-3-8 径向柱塞泵的工作原理
1—定子 2—转子 3—柱塞 4—配流轴

径向柱塞泵主要由定子 1、转子（缸体）2、柱塞 3、配流轴 4 等组成。柱塞 3 径向均匀布置在转子 2 中，转子 2 和定子 1 之间有一个偏心量 e。配流轴 4 固定不动，上部和下部各做出一个缺口，这两个缺口分别通过所在部位的两个轴向孔与泵的吸、压油口连通。当转子 2 按图 3-3-8 所示方向旋转时，上半周的柱塞 3 在离心力的作用下外伸，通过配流轴 4 吸油。下半周的柱塞 3 则受定子 1 内表面的推压作用而缩回，通过配流轴 4 压油。移动定子 1 改变偏心距的大小，便可改变柱塞 3 的行程，从而改变排量。若改变偏心距的方向，则可改变吸、压油的方向。因此，径向柱塞泵可以做成单向或双向变量泵。径向柱塞泵的优点是流量大，工作压力较高，便于做成多排柱塞的形式，轴向尺寸小，工作可靠等；其缺点是径向尺寸大，自吸能力差，且配流轴受到径向不平衡液压力的作用容易磨损，泄漏间隙不能补偿，这些缺点限制了径向柱塞泵转速和压力的提高。

三、双作用式叶片泵的工作原理与修理

1. 双作用式叶片泵的工作原理

如图 3-3-9 所示，双作用式叶片泵主要由定子 1、转子 2、叶片 3，以及装在它们两侧的配流盘组成。定子 1 内表面形似椭圆，由两段半径为 R 的大圆弧、两段半径为 r 的小圆弧和四段过渡曲线组成。定子 1 和转子 2 的中心重合。在转子 2 上沿圆周均布的若干个槽内分别安放有叶片 3，这些叶片可沿槽径向滑动。在配流盘上，对应于定子 1 四段过渡曲线的位置开有四个腰形配流窗口，其中两个窗口与泵的吸油口连通，两个窗口与泵的压油口连通。当转子 2 由轴带动按图 3-3-10 所示方向旋转时，叶片 3 在离心力和根部压油（叶片 3 根部与压油腔连通）的作用下压向定子 1 内表面，并随定子 1 内表面的曲线变化而被迫在转子 2 槽内做往复滑动。于是，相邻两叶片间的密封腔容积就发生增大或缩小的变化，经过窗口 a 处时容积增大，便通过窗口 a 吸油；经过窗口 b 处时容积缩小，便通过窗口 b 压油。转子 2 每转一周，每一叶片往复滑动两次，因而吸、压油作用发生两次，故这种泵称为双作用式叶片泵。又因吸、压油口对称分布，转子和轴承所承受的径向液压力相平衡，所以这种泵又称平衡式叶片泵。这种泵的排量不可调，属于定量泵。

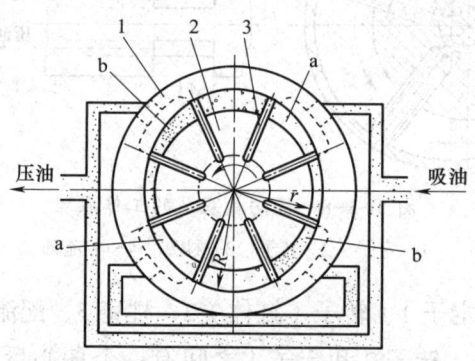

图 3-3-9 双作用式叶片泵的工作原理
1—定子 2—转子 3—叶片 a、b—窗口

2. 双作用式叶片泵的拆装和修理

（1）双作用式叶片泵的拆卸

1）松开前盖（泵轴端）各连接螺钉，取下螺钉及泵盖。

2）松开后盖各连接螺钉，取下螺钉及后盖。

3）从泵体内取出泵轴及轴承，卸下传动键。

4）取出用螺钉（或销钉）连接，由左右配油盘、定子、转子组装成的部件，并将此部件解体，妥善放置好叶片、转子等零件。

5）检查各 O 形密封圈，已损坏或变形严重者应更换新件。

6）检查泵轴密封的两个骨架油封，若其阻油唇边损坏或自紧式螺旋弹簧损坏，必须更换。

7）把拆下来的零件用煤油或柴油清洗干净。

（2）双作用式叶片泵零件的修理

1）配油盘的修理。若配油盘磨损和拉伤深度不大（小于 0.5 mm），可用平面磨床磨去伤痕，经抛光后再使用。但修磨后卸荷三角槽会变短，可用三角锉适当修长，否则对消除困油不利。

2）定子的修理。无论是定量双作用式叶片泵还是变量双作用式叶片泵，定子的磨损均集中在吸油腔段内表面。变量双作用式叶片泵定子内表面曲线为一圆弧，而定量双作用式叶片泵定子内表面曲线由四段圆弧曲线和四段过渡曲线组成。内表面磨损拉伤不严重时，可用细砂布（0号）或油石打磨后继续使用。

3）转子的修理。转子易出现两端面磨损拉毛、叶片槽磨损变宽等现象。若只是两端面轻度磨损，可抛光后继续使用。

4）叶片的修理。叶片的损坏形式主要是叶片顶部与定子内表面相接触处，以及端面与配油盘平面相对滑动处的磨损拉伤，拉毛不严重时可稍加抛光后继续使用。

（3）双作用式叶片泵的装配

修理后双作用式叶片泵的装配步骤如下。

1）清除零件毛刺。

2）用煤油或柴油清洗干净全部零件。

3）将叶片涂上润滑油（最好用与泵站相同的工作介质油），装入各叶片槽。注意叶片方向，有倒角的尖端应指向转子上叶片槽的倾斜方向。装配在转子槽内的叶片应移动灵活，手松开后由于油的张力叶片不应掉落，否则表明配合过松。定量双作用式叶片泵配合间隙为 0.020～0.025 mm，变量双作用式叶片泵配合间隙为 0.025～0.040 mm。

4）把带叶片的转子与定子和左右配油盘用销钉或螺钉组装成泵芯组合部件，组装时的注意事项如下。

①定子和转子与配油盘的轴向间隙应保证为 0.045～0.055 mm，以防止泄漏增大。

②叶片的宽度应比转子厚度小 0.005～0.010 mm；叶片与转子在定子中应保持正确的装配方向，不得装错。

5）把泵轴及轴承装入泵体。

6）把各 O 形密封圈装入相应的槽内。

7）把泵芯组合部件穿入泵轴与泵体装合。此时，要特别注意泵轴转动方向与叶片倾角方向之间的关系，双作用式叶片泵的倾角方向应指向转动方向，单作用式叶片泵的倾角方向应背向转动方向。

8）把后泵盖（非动力输入端泵盖）与泵体装合，并安装紧固螺钉。注意紧固螺钉应为对角方向均匀受力，分次拧紧，并同时用手转动泵轴，保证其转动灵活平稳，无轻重不一的阻滞现象。

9）把两个骨架油封涂润滑油装入前泵盖，注意不要损坏油封唇边，唇边朝向为两者背靠背，自紧弹簧应抱紧不脱落。

10）前泵盖穿入泵轴与泵体装合，装上传动键。

11）用塑料堵封好油口。

（4）拆装注意事项

1）在拆装时，随时注意保持清洁，杜绝污物、灰尘落入泵内。

2）拆装清洁过程中，应当使用毛刷和绸布，禁用棉纱、破布擦洗零件，以免脱落的棉纱头进入液压系统。

3）禁用汽油清洗、浸泡橡胶密封圈。

4）双作用式叶片泵为精密机件，因此，拆装过程中，所有零件应保持轻拿轻放，切勿敲打撞击。

3. 双作用式叶片泵的故障诊断及排除

双作用式叶片泵的故障诊断及排除方法见表3-3-3。

表3-3-3 双作用式叶片泵的故障诊断及排除方法

故障现象	故障原因	排除方法
双作用式叶片泵无压力	（1）油液黏度过高，使叶片在转子槽中转动不灵活 （2）油箱中液面过低 （3）进油口端漏气 （4）配油盘的端面与泵体内平面接触不良，高、低压腔相通 （5）叶片在转子槽内卡死 （6）吸油端滤清器堵塞 （7）花键轴折断	（1）使用符合要求的油液 （2）添加油液到规定位置 （3）更换或修理密封件 （4）修理配油盘的平面 （5）拆检重装，并重新调试 （6）清洗吸油端或更换滤清器 （7）更换新轴
双作用式叶片泵的压力过低	（1）双作用式叶片泵吸入空气、 （2）个别叶片运动不灵活 （3）顶盖处螺钉松动，轴向间隙增大，容积效率下降 （4）叶片在转子槽内方向装错 （5）溢流阀压力设定太低或阀芯无法关死 （6）定子内表面磨损严重，叶片不能与定子内表面接触良好	（1）检查入口端盖是否有泄漏导致进入空气，滤清器是否堵塞 （2）检查叶片在转子槽中是否被脏物卡死 （3）拧紧螺钉，保证配合间隙 （4）重新安装叶片 （5）调整溢流阀的压力，或将溢流阀解体处理油污、铁屑等 （6）检查各元件的泄漏情况并进行修理

续表

故障现象	故障原因	排除方法
双作用式叶片泵的噪声过大	（1）滤清器堵塞 （2）泵体内油道堵塞 （3）泵端密封磨损 （4）吸入端漏气 （5）叶片两侧面与转子两端面不垂直或转子花键槽与转子两端面不垂直 （6）油液黏度过高、油污染、油箱液面过低，以致产生气泡太多	（1）清洗滤清器 （2）清洗油道 （3）更换泵端密封 （4）检查、紧固吸入端接头 （5）更换转子或换新泵 （6）更换新油或添加油液到规定位置

第四节 液压马达的修理与装配

液压马达是将液压能转化为机械能，并输出旋转运动的液压执行元件。向液压马达通入液压油后，由于作用在转子上的液压力不平衡而产生转矩，转子旋转。它的结构与液压泵相似。从工作原理上看，任何液压泵都可以作为液压马达使用，反之亦然。

液压马达按结构分类的方式与液压泵基本相同，包括齿轮液压马达、叶片液压马达、轴向柱塞液压马达、径向柱塞液压马达等。

液压马达作为驱动机械旋转运动的元件，与电动机相比有很多优点，如体积小、质量轻、功率大、调速比大、可无级变速、转动惯量小、启动和制动迅速等，特别适用于自动控制系统。

液压马达的图形符号如图3-4-1所示。

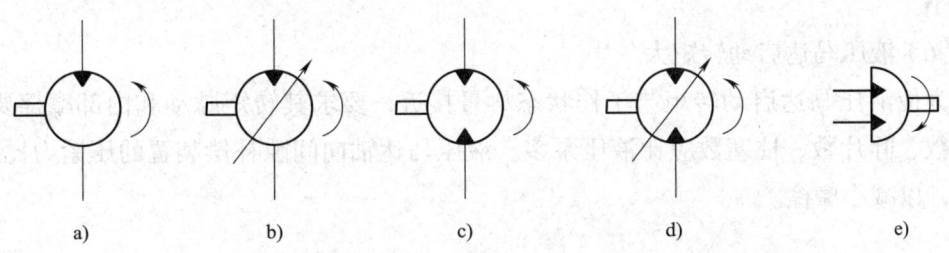

图3-4-1 液压马达的图形符号
a）单向定量液压马达 b）单向变量液压马达 c）双向定量液压马达
d）双向变量液压马达 e）摆动式液压马达

一、液压马达与液压泵对比

1. 相同点

液压泵由外力驱动在压油腔推动液体做功,而液压马达则由有压液体推动马达做功。两者受力情况基本相同,其惯性力和内部的摩擦力都是反向的,即液压泵与液压马达都具有可逆性。但有时为了更好地改善性能,往往分别采取特殊的结构措施使两者不能通用。

2. 差异

(1) 动力不同

液压马达靠输入液体压力来工作,而液压泵则由其他动力装置直接带动,因此,两者结构上有所不同。液压马达容积密封必须可靠,为此叶片式液压马达叶片根部设有预压弹簧,使其始终贴紧定子,以保证液压马达顺利启动。

(2) 配流机构、进出油口不同

液压马达有正、反转要求,所以配流机构是对称的,进、出油口孔径相同,而液压泵一般是单向旋转,其配流机构及卸荷槽不对称,进油口孔径比出油口孔径小。

(3) 自吸性的差异

液压马达依靠液压油工作,不需要有自吸能力,而液压泵必须有自吸能力。如果轴向柱塞泵改成液压马达,则不需要安装柱塞回程弹簧。但在实际应用中,为防止柱塞脱空,最好加一定背压。

(4) 防止泄漏方式不同

液压泵常采用内泄漏形式,内部泄漏口直接与液压泵吸油口相通,而液压马达是双向运转,高、低压油口相互交换。当采用出油口节流调速时,产生背压,使内泄漏孔压力增高,很容易因压力冲击而损坏密封圈。所以,使用液压泵作液压马达,应采用外泄漏式结构。

(5) 液压马达容积效率低

液压马达容积效率比液压泵低,所以,液压马达的转速不宜过低,即供油流量不能太小。

(6) 液压马达启动转矩大

为使液压马达启动转矩与工作状态尽量接近,要求其转矩脉动和内部摩擦要小,其齿数、叶片数、柱塞数应比液压泵多。液压马达轴向间隙补偿装置的压紧力比液压泵小,以减小摩擦。

二、液压马达主要性能参数

不同工况要求机械设备液压系统采用不同的液压马达。表3-4-1所示为几种内燃机械常用低速大转矩液压马达及其主要性能参数。其中，单作用径向柱塞液压马达结构较简单，适用于对低速稳定性要求不高的场合；双斜盘轴向柱塞液压马达有较宽的速度范围和良好的低速稳定性。当要求液压马达输出大转矩，并且有良好的低速稳定性时，一般都采用内曲线多作用径向柱塞液压马达。

表 3-4-1　内燃机械常用低速大转矩液压马达及其主要性能参数

项目	单作用径向柱塞液压马达	双斜盘轴向柱塞液压马达	内曲线多作用径向柱塞液压马达
常用压力 /MPa	12～20	16～32	16～32
排量 /（L/r）	0.10～10.00	0.25～25.00	0.25～50.00
最低稳定转速 /（r/min）	5～10.0	2～40.0	0.5
调整范围 /（r/min）	5～600	3～1 200	1～200
外形	较大	较小	小
总效率	较高	高	低

三、液压马达的故障分析及排除

内燃机械液压系统的液压马达在正常使用时应动作平稳，无异常声响，否则说明设备安装条件发生不良变化或液压马达内的定子、叶片或弹簧等零部件有缺陷。液压马达由于工作环境恶劣，负载大，使用一段时间后易发生多种故障。这些故障的表现形式多种多样，低速稳定性劣化（磨损）是液压马达最常见的故障，其产生原因大多是由于液压油污染所致。各类杂质混入液压油中，使液压马达零件过早磨损，油液泄漏量不规则地增加，从而造成液压马达低速稳定性急剧下降。液压油污染对整个液压系统都是一个极大的危害，它损坏液压泵，使供油量与供油压力出现无序脉动，同样也会引发液压马达低速稳定性劣化。液压油的防污染与清洁处理是液压系统须特别重视的一项工作。此外，液压马达使用一段时间后，原来整定的回油压力变小，也可能改变马达的低速稳定性，对此，可调整回油压力，选用合理的回油背压力。

液压马达使用一段时间后，其噪声会明显增大，这主要是由于液压马达长期处于高负载工况下运转，润滑条件又没有很好地保证，机械相对运动部分某些元件的轴承、联轴节及其他运动部件磨损，使部件配合出现误差。此外，系统的液压冲击与液压油空穴现象也是造成液压马达噪声增大的重要因素。液压马达的故障诊断及排除方法见表 3-4-2。

表 3-4-2　液压马达的故障诊断及排除方法

故障现象	故障原因	排除方法
转速下降或输出转矩变小	（1）液压马达内部柱塞与缸的配合不良或配流盘间隙不当 （2）主轴、轴承等零件损坏 （3）液压泵故障 （4）液压辅件故障或失调	（1）修理或更换液压马达，并严格清洗液压油 （2）更换损坏零件 （3）维修液压泵 （4）维修或调整液压辅件
低速稳定性劣化	（1）液压油污染使液压马达内零部件磨损 （2）液压泵等不正常使供油出现异常 （3）液压系统混入空气，使压力出现脉动或液压油存在空穴现象	（1）修理或更换液压马达，并严格清洗液压油 （2）检查相关元件，恢复正常供油条件 （3）排除液压系统的空气
噪声增大	（1）液压系统压力流量变化超过额定值 （2）液压马达内部零件（如轴承、定子、主轴等）损坏 （3）液压油污染使运动部件摩擦力增大 （4）运动部件出现松动、偏心 （5）液压系统的液压冲击和油液空穴	（1）查找并排除压力增大的因素 （2）修理或更换损坏零件 （3）清洗液压油 （4）校准配合或更换 （5）排除液压系统中的空气
泄漏增加	（1）机械振动引起紧固螺钉松动 （2）密封件损坏 （3）液压部件磨损，杂质进入液压油导致污染	（1）拧紧螺钉 （2）更换密封件 （3）更换修理相应部件，清洗液压油

第五节　液压油缸的修理与装配

液压油缸又称液压缸，是液压系统中应用最多的执行元件。它将液压油的压力能转换为运动部件的机械能，使运动部件实现往复直线运动或摆动，输出力或转矩。

一、液压缸的类型

液压缸有多种类型，按结构特点可分为活塞式、柱塞式和摆动式三大类。活塞式液压缸和柱塞式液压缸用于实现直线运动，输出推力和速度；摆动式液压缸用于实现小于 360° 的转动，输出转矩和角速度。

液压缸按作用方式又可分为单作用式液压缸和双作用式液压缸两类。在单作用式液压缸中,液压油只供给液压缸的一腔,只能实现单方向运动,反方向运动则依靠外力(弹簧力、自重或外部载荷等)来实现。而在双作用式液压缸中,液压油则交替供给液压缸的两腔,可以实现正、反两个方向的往复运动。

活塞式液压缸在装卸机械中应用比较广泛,可分为双杆活塞式液压缸和单杆活塞式液压缸两种结构。

1. 双杆活塞式液压缸

图 3-5-1 所示为双杆活塞式液压缸的工作原理。活塞两侧均装有活塞杆,当两活塞杆直径相同(即有效工作面积相等)、供油压力和流量不变时,活塞(或缸体)在两个方向的运动速度和输出推力也都相等。

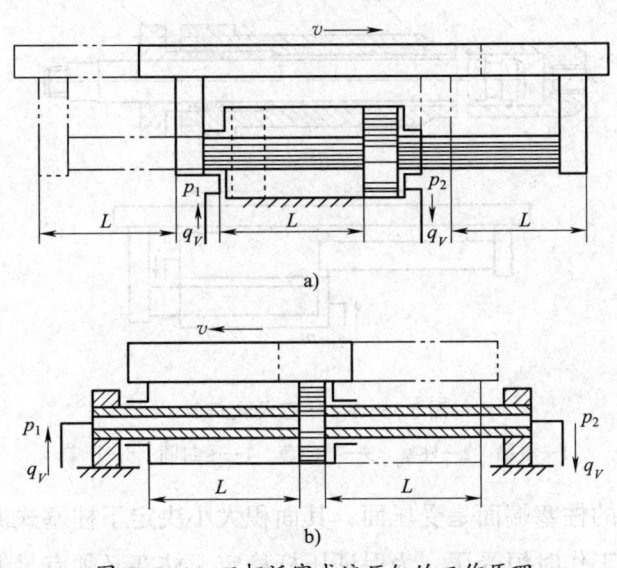

图 3-5-1 双杆活塞式液压缸的工作原理
a)缸体固定 b)活塞杆固定

2. 单杆活塞式液压缸

图 3-5-2 所示为双作用单杆活塞式液压缸的工作原理。它只在活塞的一侧装有活塞杆,因而两腔有效工作面积不同。当液压缸的两腔分别供油,且供油压力和流量不变时,活塞在两个方向的运动速度和输出推力均不相等。

3. 柱塞式液压缸

柱塞式液压缸由缸筒 1、柱塞 2、导向套 3、密封圈 4 和压盖 5 等零件组成,如图 3-5-3a 所示。由于柱塞与导向套配合以保证良好的导向,柱塞可以不与缸筒接触,因而对缸筒内壁的精度要求很低,甚至可以不加工。柱塞式液压缸工艺性好,成本低,特别适用于行程较长的场合。

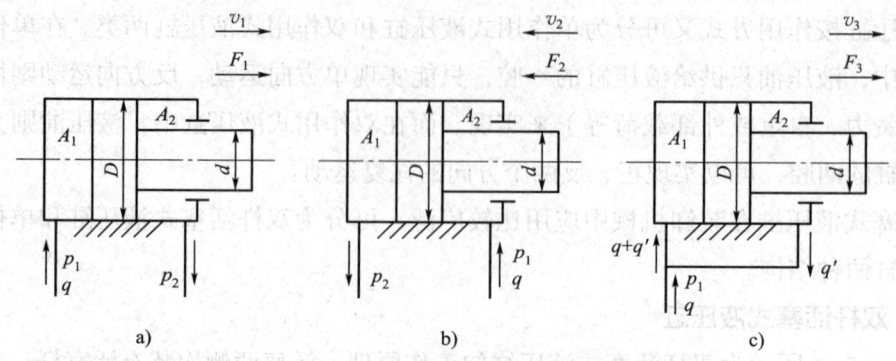

图 3-5-2 双作用单杆活塞式液压缸的工作原理
a）无杆腔进油 b）有杆腔进油 c）差动连接

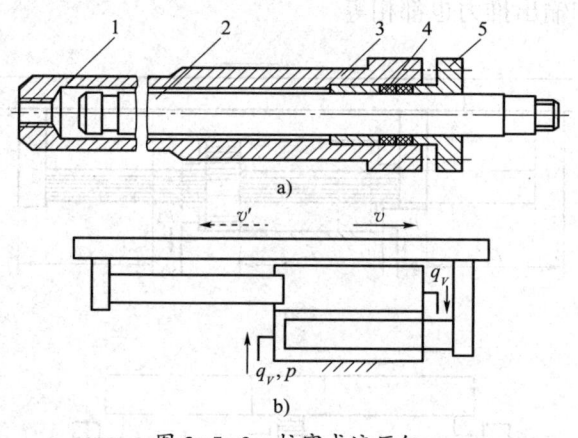

图 3-5-3 柱塞式液压缸
1—缸筒 2—柱塞 3—导向套 4—密封圈 5—压盖

柱塞式液压缸的柱塞端面是受压面，其面积大小决定了柱塞式液压缸的运动速度和输出推力。柱塞工作时恒受压，为保证压杆稳定，柱塞必须有足够的刚度，故一般柱塞较粗，质量较大，水平安装时易产生单边磨损，所以柱塞式液压缸适宜于垂直安装使用。水平安装使用时，为减轻质量，有时制成空心柱塞。为防止柱塞因自重下垂，通常要设置柱塞支承套和托架。

二、液压缸的修理

液压缸由缸体组件（缸筒、端盖等）、活塞组件（活塞、活塞杆等）、密封件和连接件等基本部分组成。此外，一般液压缸还设有缓冲装置和排气装置。在进行液压缸设计时，应根据工作压力、运动速度、工作条件、加工工艺及装拆检修等方面的要求综合考虑各部分结构。

1. 液压缸的拆卸

（1）首先启动液压系统，借助液压力将活塞的位置移到适于拆卸的一个顶端位置。

（2）在进行拆卸之前，使液压装置停止运动。

（3）为了分析液压缸的受力情况，以便查找液压缸的故障及损坏原因，在拆卸液压缸之前，应对主要零部件（如缸筒、活塞杆、活塞、导向套等）的特征、安装方位做记号，并记录下来。

（4）为了将液压缸从设备上卸下来，应先将进、出油口的配管卸下，活塞杆端的连接头和安装螺栓等全部松开。拆卸时，严防损伤活塞杆顶端的螺纹、油口螺纹和活塞杆表面，不合适的敲打及突然的掉落都会损坏螺纹，或在活塞杆表面产生伤痕。

（5）由于液压缸的结构和大小不同，拆卸的顺序也稍有不同。一般应先松开端盖的紧固螺栓或连接杆，然后将端盖、活塞杆、活塞和缸筒顺序拆下。注意在拆出活塞与活塞杆时，不应硬性地将它们从缸筒中打出，以免损伤缸筒内表面。

2. 液压缸的检查与修理

液压缸拆卸以后，应对液压缸各零件进行外观检查，并根据经验判断哪些零件可以继续使用，哪些零件必须更换和修理。

（1）缸筒内表面

缸筒内表面有很浅的线状摩擦伤或点状伤痕是允许的，不会影响使用。如果有纵向拉伤深痕，则即使更换新的活塞密封圈，也不能防止漏油。此时，必须对内孔进行研磨，或用极细的砂纸或油石修整。当纵向拉伤深痕过深而无法修理时，就必须更换新缸筒。

（2）活塞杆的滑动面

在与活塞杆密封圈相对滑动的活塞杆滑动面上，产生纵向拉伤深痕或打痕时，其判断与处理方法与缸筒内表面相同。但是，活塞杆的滑动表面一般镀硬铬，如果部分镀层因磨损产生剥离而形成纵向拉伤深痕，则会导致活塞杆密封处漏油，对设备运行影响很大。此时必须除去旧镀层，重新镀铬、抛光，镀铬厚度为 0.05 mm 左右。

（3）密封

活塞密封件和活塞杆密封件是防止液压缸内部漏油的关键零件。检查密封件时，应当先观察密封件的唇边有无损伤，以及密封摩擦面的磨损情况。当发现密封件唇口有轻微的伤痕、摩擦面略有磨损时，最好更换新的密封件。对使用时间长、材质产生硬化脆变的密封件，必须更换。

（4）导向套

活塞杆导向套的内表面有轻微的伤痕，不影响使用，但是，如果不均匀磨损深度在 0.2 mm 以上，则应更换新的导向套。

（5）活塞表面

如果活塞表面有轻微的伤痕，不影响使用，但若伤痕深度达 0.2～0.3 mm 甚至大于此，则应更换新的活塞。另外，还要检查是否有端盖碰撞、内压引起的活塞裂纹，如果有，则必须更换活塞，因为裂纹可能会引起内部漏油。此外，还需要检查密封槽是否有伤痕。

（6）其他

其他部分的检查，根据液压缸构造及用途而异。检查时应留意端盖、耳环、铰轴是否有裂纹，活塞杆顶端螺纹、油口螺纹有无异常，焊接部分是否有脱焊、裂纹现象等。

3. 液压缸的装配

（1）装配所用工具、清洗油液、器皿准备就绪。

（2）对待装零件进行合格性检查，特别是运动副的配合精度和表面状态。注意去除所有零件上的毛刺、飞边、污垢，清洗要彻底、干净。

（3）首先将各部分的密封件分别装入各相关元件，然后由内到外进行安装。

三、液压缸的故障诊断及排除

1. 液压缸工作时出现爬行

（1）若液压缸内有空气侵入，应增设排气装置，或使液压缸以最大行程快速运动强迫排除空气。

（2）若液压缸端盖处密封圈压得太紧或太松，应调整密封圈使其有适当的松紧度，保证活塞杆能用手来回平稳地拉动而无泄漏。

（3）若活塞与活塞杆同轴度不好，应校正调整。

（4）若液压缸安装后与导轨不平行，应进行调整或重新安装。

（5）若活塞杆弯曲，应校直活塞杆。

（6）若活塞杆刚度差，应加大活塞杆直径。

（7）若液压缸运动零件之间间隙过大，应减小配合间隙。

（8）若液压缸的安装位置偏移，应检查并校正液压缸与导轨的平行度。

（9）若液压缸内孔直线性差（呈鼓形、锥形等），应修复并重配活塞。

（10）若液压缸内出现腐蚀、拉毛等现象，应除去锈蚀和毛刺，严重时应进行镗磨。

（11）若双杆活塞式液压缸活塞杆两端的螺母拧得太紧，使其同心度不良，应略松螺母，使活塞处于自然状态。

2. 液压缸工作时出现漏油

泄漏是液压缸的常见故障。液压缸泄漏分为内泄漏和外泄漏两种，不论何种泄漏都是有害的。

（1）故障诊断

外泄漏可根据观察直接判定，内泄漏则需要通过一定的检查手段方可判定。

1）叉车起升缸内泄漏的判断方法（活塞密封圈损坏）

①流油法。将起升缸升至顶端，拆掉两起升缸的上腔回油管，然后继续上升起升缸，观察回油管是否有油液流出。若有油液流出，则说明存在内泄漏，即活塞密封圈损坏。

②测量法。利用起升缸全行程时间较长的特点，用秒表测其全行程时间，与正常情况下起升缸全行程时间进行比较。若时间变长，则说明有内泄漏存在。

2）叉车倾斜缸内泄漏的判断方法

①先将货叉架升离地面 0.5 m 左右，将倾斜缸活塞杆全部伸出，拧松两倾斜缸有杆腔的油管螺母，继续操作向前倾斜，此时要减小油门，缓慢推动操作杆。若倾斜缸在拧松的螺母处有油液流出，则说明其无杆腔侧的密封圈损坏；若无油流出，则说明密封圈无损坏。测试完成后拧紧螺母并将倾斜缸全部收回，再将倾斜缸无杆腔一侧的油管接头螺母拧松，继续收回操作，同样观察是否有油液流出。

②用手测试倾斜缸表面温度，以判断是否有内泄漏。方法是在叉车作业一段时间后停车，用手摸倾斜缸的缸筒表面，其中温度高的有内泄漏。

3）叉车转向液压缸内泄漏判断方法。叉车转向液压缸有单杆式和双杆式两种，无论哪种都可采用与判断叉车倾斜缸内泄漏相同的方法进行判断。先将车轮转向一侧并转到终点，再拧松回油管接头，接着继续操作车轮朝原方向转动，同时观察是否有油液流出。若有油液不断流出，则转向液压缸活塞上的密封圈损坏；若无油液流出，则将车轮转向另一方向，重复上述步骤进行检查。

（2）液压缸工作中出现漏油的原因

1）密封圈磨损、破裂或使用压缩后产生永久性变形。

2）缸筒与缸盖接合部位产生外泄漏。

3）由于振动使液压缸进油管连接处松动而泄漏。

（3）故障排除方法

1）更换密封圈。

2）清理缸筒与缸盖接合部位的毛刺。

3）重新紧固各油管连接处。

3. 液压缸工作时牵引力不足或速度下降

（1）若活塞配合间隙过大或密封件损坏，造成内泄漏，应减小配合间隙，更换密封件。

（2）若活塞配合间隙过小，密封过紧，增大运动阻力，应增大配合间隙，调整密封件松紧度。

（3）若活塞杆弯曲，引起剧烈摩擦，应校直活塞杆。

（4）若液压缸内油液温度太高、黏度下降，使泄漏增加，或由于杂质太多，卡死活塞和活塞杆，应采取散热降温等措施，并更换油液。

（5）若缸筒拉伤，造成内泄漏，应更换缸筒。

（6）若由于经常使用工作行程的某一段，造成液压缸内孔直线性不良（局部呈腰鼓形），致使液压缸高、低压油路互通，应镗磨修复液压缸内孔，并单配活塞。

第六节 液压控制阀的修理

一、方向控制阀

方向控制阀的作用是控制油液的通、断和流动方向。方向控制阀分为单向阀和换向阀两类。

1. 单向阀的组成与工作原理

（1）普通单向阀

普通单向阀的作用是只允许油液流过该阀时单方向通过，反方向则截止。普通单向阀的阀芯有钢球阀芯和锥面阀芯，钢球阀芯仅适用于压力低或流量小的场合。普通单向阀按油口相对位置可分为直通式和直角式。图3-6-1所示为普通单向阀的结构。

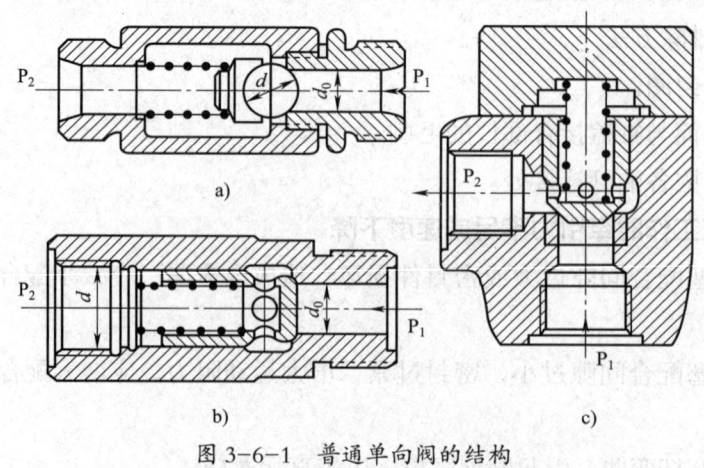

图3-6-1　普通单向阀的结构
a）球阀式　b）锥阀式（直通式）　c）锥阀式（直角式）

普通单向阀的工作原理：当液压油从进油口 P_1 流入时，液压推力克服弹簧力的作用，顶开钢球或锥面阀芯，油液从出油口 P_2 流出构成通路。当液压油从油口 P_2 进入时，在弹簧和液体压力的作用下，钢球或锥面阀芯压紧在阀座孔上，油口 P_1 和 P_2 被阀芯隔开，液压油不能通过。由于锥面阀芯密封性好，使用寿命长，在高压和大流量时工作可靠，因此得到广泛应用。

（2）液控单向阀

液控单向阀是一种通入控制液压油后即允许油液双向流动的单向阀。它由单向阀和液控装置两部分组成。内泄式液控单向阀如图 3-6-2a 所示，当控制口 X 未通液压油时，作用与普通单向阀相同，正向流通，反向截止。当控制口 X 通入液压油（称为控制油）后，控制活塞 1 把单向阀的锥面阀芯顶离阀座，油液正、反向均可流动。

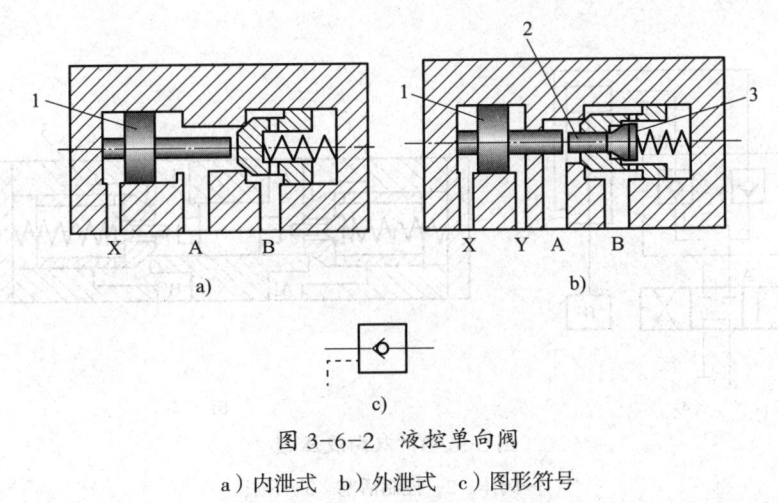

图 3-6-2 液控单向阀
a）内泄式 b）外泄式 c）图形符号
1—控制活塞 2—小缺口 3—锥面阀芯

当油液反向流动（即由 B 口进油）时，进油压力相当于系统的工作压力，通常很高，控制活塞 1 的背压（即 A 口压力）也会较大，控制油的开启压力必须很大才能顶开锥面阀芯，这影响了液控单向阀的工作可靠性。解决这一问题的方法有以下两种。

1）对于 B 口进油压力很高的情况，可采用先导阀预先卸压。如图 3-6-2b 所示，在单向阀的锥面阀芯中装一更小的锥面阀芯 3（有的是钢球），称为先导阀芯（或卸压阀芯）。因该阀芯承压面积小，无须多大推力便可将它先行顶开，A、B 两腔随即通过先导阀芯圆杆上的小缺口 2 相互连通，使 B 腔逐渐卸压，直至控制活塞可容易地将主阀芯推离阀座，使单向阀的反向通道打开。

2）对于 A 口压力较高造成控制活塞背压较大的情况，可采用外泄口回油降低背压。如图3-6-2b所示，控制活塞与阀体为二节同心式配合结构，背压对控制活塞的作用面积很小，对开启阀芯的阻力也就不大。外泄口Y可将A腔和X腔的泄漏油排回油箱。这种结构的阀称为外泄式液控单向阀，其具体结构有带卸压阀芯和不带卸压阀芯两种。

液控单向阀的图形符号如图3-6-2c所示。

3）双向液压锁。由于单向阀具有优良的密封性，因此，液控单向阀还广泛用于保压、锁紧和平衡回路。另外，将两个液控单向阀分别接在执行元件两腔的进油路上（见图3-6-3a），可将执行元件锁紧在任意位置，这样连接的液控单向阀称为双向液压锁，其结构原理如图3-6-3b所示。不难看出，当一个油腔正向进油时（A→A'），由于控制活塞2的作用，另一个油腔就反向出油（B'→B），反之亦然。当A，B两腔都没有液压油时，两个带卸荷阀的单向阀靠锥面阀芯的严密封闭将执行元件双向锁住。

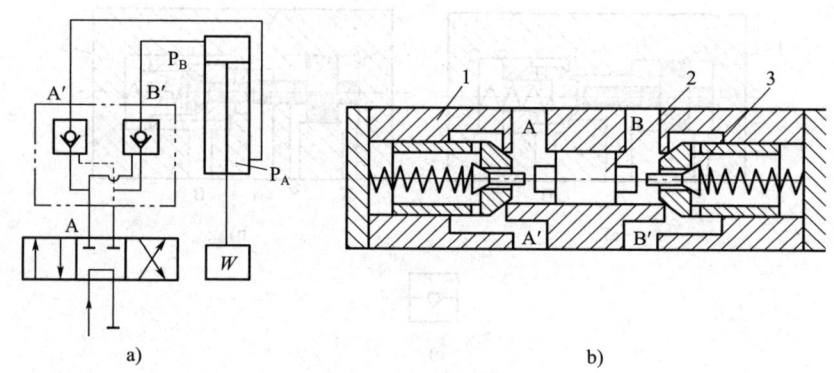

图3-6-3 双向液压锁
1—阀体 2—控制活塞 3—顶杆

2. 滑阀式换向阀的组成与工作原理

（1）滑阀式换向阀的工作原理

滑阀式换向阀通过改变阀芯在阀体内的相对工作位置，使阀体各油口连通或断开，从而改变油液流向，控制执行元件的启停或换向。

滑阀式换向阀的结构与工作原理如图3-6-4、图3-6-5所示。

当电磁铁不通电时（见图3-6-4a），阀芯在弹簧作用下处于左端位置，液压油进油口P与B口连通接液压缸左腔，A口与回油口O连通接液压缸右腔，推动活塞右移。当电磁铁通电时（见图3-6-4b），吸衔铁向右，衔铁通过推杆使阀芯右移，P口与A口连通，B口与O口连通，实现了换向，活塞左移。这种滑阀式换向阀称为二位阀。

二位阀阀芯仅有两种工作状态。当工作机构要求液压缸在任一位置均可停留时，

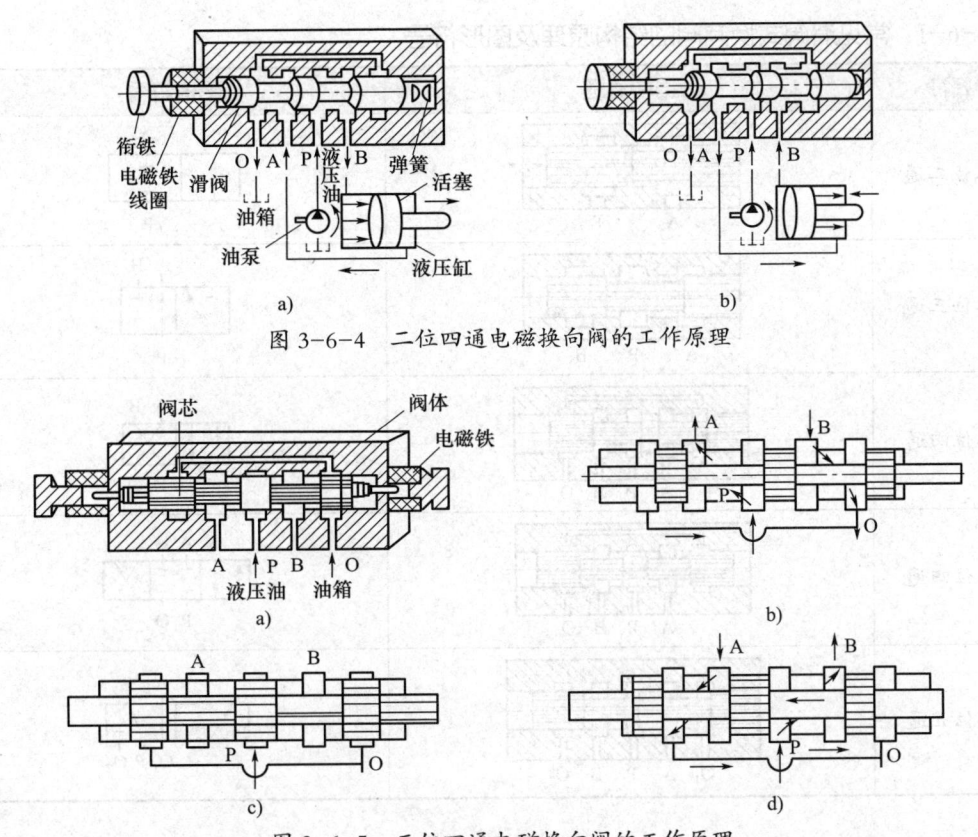

图 3-6-4 二位四通电磁换向阀的工作原理

图 3-6-5 三位四通电磁换向阀的工作原理

则要求阀芯有三种工作状态，如图 3-6-5 所示。当左电磁铁通电时，阀芯右移，进油口 P 与 A 口连通，B 口与回油口 O 连通（见图 3-6-5b）；当左、右两电磁铁都不通电时，阀芯在两端弹簧的作用下处于中间状态，此时 A、B、P、O 口均不互通（见图 3-6-5c）；当右电磁铁通电时，阀芯左移，P 口与 B 口连通，A 口与 O 口连通，实现了油路换向。这种滑阀式换向阀称为三位阀（见图 3-6-5d）。

（2）滑阀式换向阀的图形符号

滑阀式换向阀图形符号说明如下。

1）用方框表示阀的工作位置，有几个方框就表示几个工作位置。

2）每个滑阀式换向阀都有一个常态位，即阀芯未受外力时的位置。字母应标在常态位，P 表示进油口，O 表示回油口，A、B 表示工作油口。

3）常态位与外部连接的油路通道数表示滑阀式换向阀通道数。

4）方框内的箭头表示该位置时油路的连通情况，并不表示油液实际流向。

5）滑阀式换向阀控制方式和复位方式的符号应画在换向阀的两侧。

常用滑阀式换向阀有二位二通、二位三通、二位四通、三位四通、二位五通及三位五通等类型。常见滑阀式换向阀的结构原理及图形符号见表 3-6-1。

表 3-6-1 常见滑阀式换向阀的结构原理及图形符号

名称	结构原理	图形符号
二位二通	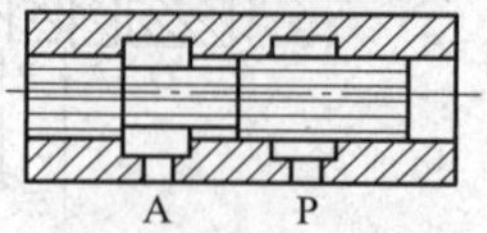	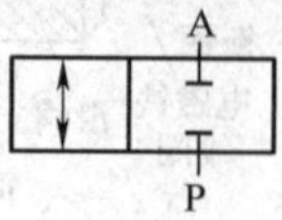
二位三通	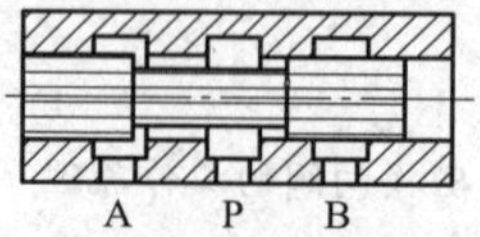	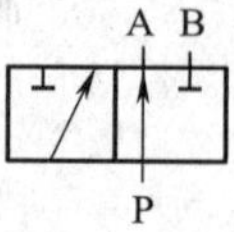
二位四通	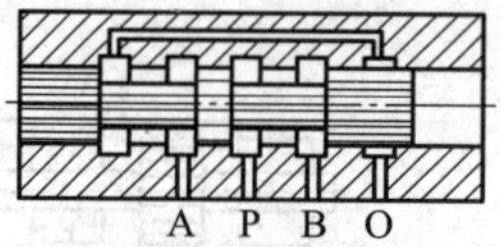	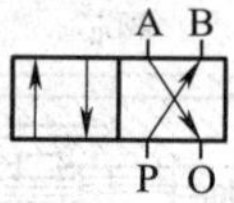
三位四通	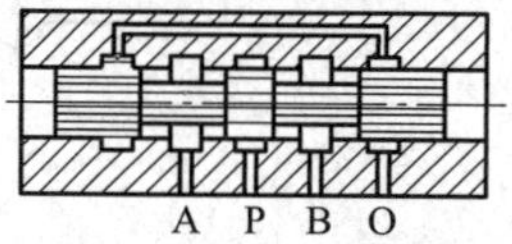	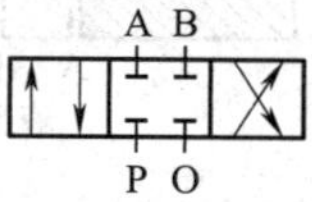
二位五通	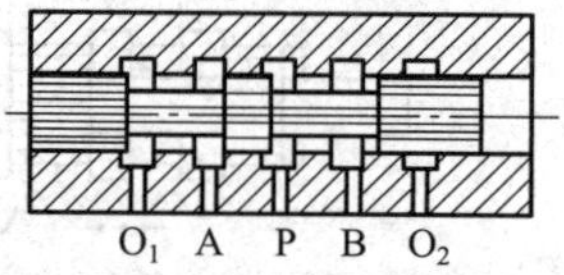	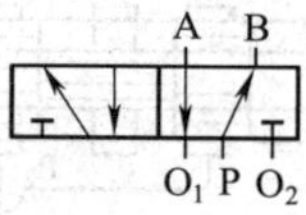

（3）滑阀式换向阀的主要控制方式

1）手动换向阀。手动换向阀用手动杠杆来操纵阀芯在阀体内移动，以实现油液的换向。手动换向阀按位、通和滑阀机能分为多种类型，按定位方式又可分为自动复位式和钢球定位式两种。

图 3-6-6a 所示为三位四通自动复位式手动换向阀。该阀扳动手柄即可换位，当松手后滑阀在弹簧力的作用下自动回到中间位置，所以称为自动复位式结构。这种换向阀不能在两端位置上定位停留。

如果要使阀芯在三个位置上都能定位，则将图 3-6-6a 中右端的弹簧 5 改为图 3-6-6b 所示结构。在阀芯右端的一个径向孔中安装一个弹簧和两个钢球，与定位套相配合可以在三个位置上实现停留与定位。图 3-6-6c 所示为这两种手动换向阀图形符号。定位式手动换向阀还可以制成多位的形式，图 3-6-6d 所示为四位四通手动换向阀图形符号。手动换向阀常用在起重运输机械、工程机械等行走机械上。

2）机动换向阀。机动换向阀用于控制机械运动部件的行程，故又称行程阀。这种阀必须安装在液压缸附近，在液压缸驱动工作的行程中，装在工作部件一侧的挡块或凸轮移动到预定位置时就压下阀芯，使阀换位。图 3-6-7 所示为二位四通机动换向阀的结构和图形符号。

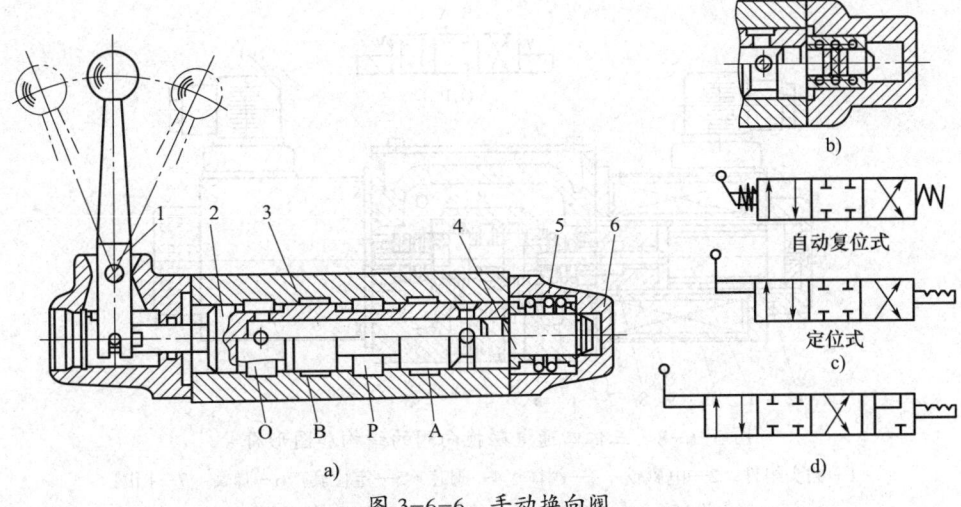

图 3-6-6 手动换向阀
a）三位四通自动复位式结构　b）钢球定位式结构　c）三位四通换向阀图形符号
d）四位四通手动换向阀图形符号
1—手柄　2—阀芯　3—阀体　4—弹簧座　5—弹簧　6—端盖

机动换向阀通常是弹簧复位式的二位阀。它的结构简单，动作可靠，换向位置精度高；改变挡块的迎角 α 或凸轮外形，可使阀芯获得合适的换位速度，以减小换向冲击。但这种阀不能安装在液压站上，因为这样安装连接管路较长，会使整个液压装置不够紧凑。

3）电磁换向阀。电磁换向阀是利用电磁铁吸力推动阀芯换位的方向阀，它是电气系统与液压系统之间的信号转换元件。控制电磁换向阀的电气信号由液压设备的按键开关、限位开关、行程开关、压力继电器等发出，从而可以使液压系统方便地实现各种操纵及自动顺序动作。图 3-6-8 所示为三位四通电磁换向阀的结构和图形符号。该阀两端各有一个电磁铁和一个对中弹簧，阀芯在常态时处于中位。当右端电磁铁通电吸合时，衔铁通过推杆将阀芯推至左端，换向阀就在右位工作；反之，左端电磁铁通电吸合时，换向阀就在左位工作。

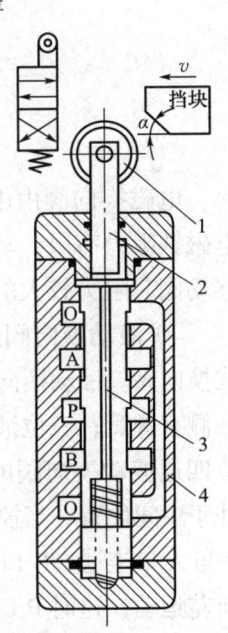

图 3-6-7 二位四通机动换向阀的结构和图形符号

1—滚轮　2—顶杆
3—阀芯　4—阀体

图 3-6-9 所示为二位四通电磁换向阀的图形符号，其中，图 3-6-9a 所示为单电磁铁弹簧复位结构，图 3-6-9b 所示为双电磁铁钢球定位结构。二位电磁换向阀一般都由单电磁铁控制，但无复位弹簧的双电磁铁二位电磁换向阀，由于电磁铁断电后仍能保留通电时的状态，从而减少了电磁铁的通电时间，延长了电磁铁的寿命，节约了能源。此外，当电磁铁因故断电时，双电磁铁二位电磁换向阀的工作状态仍能保留下来，可以避免系统失灵或出现事故。

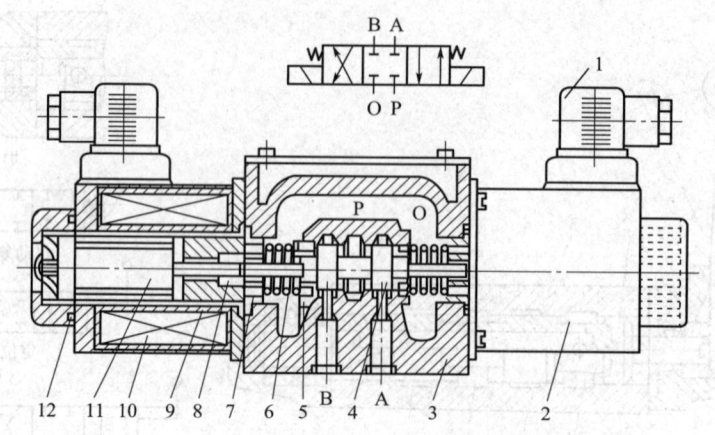

图 3-6-8 三位四通电磁换向阀的结构和图形符号

1—插头组件 2—电磁铁 3—阀体 4—阀芯 5—定位套 6—弹簧 7—挡圈
8—推杆 9—隔磁环 10—线圈 11—衔铁 12—导套

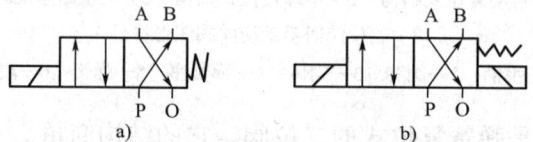

图 3-6-9 二位四通电磁换向阀的图形符号
a) 单电磁铁弹簧复位结构 b) 双电磁铁钢球定位结构

电磁换向阀由电气信号操纵，控制方便，布局灵活，易于实现自动控制。但由于电磁铁吸力有限，动作急促，因此，在对于换向时间要求能调节，或流量大、行程长、移动阀芯阻力较大的场合，不适宜采用电磁换向阀。

4）液动换向阀。液动换向阀是依靠控制油路的液压油来推动阀芯进行换位的滑阀式换向阀。液动换向阀也有二位、三位两种类型。二位液动换向阀的一侧通液压油，另一侧有弹簧；三位液动换向阀两侧都可通入液压油，使阀芯换位。图3-6-10所示为三位四通液动换向阀的结构。当该阀两端均没有液压油通入时，阀芯在两边弹簧作用下处于中间位置。当控制油口 K_1 通入液压油而 K_2 口回油时，阀芯向右运动，这时进油口 P 与 A 口连通，B 口与回油口 O 连通；当控制油口 K_2 通入液压油而 K_1 口回油时，阀芯向左运动，这时 P 口与 B 口连通，A 口与 O 口连通，实现了油路的换向。

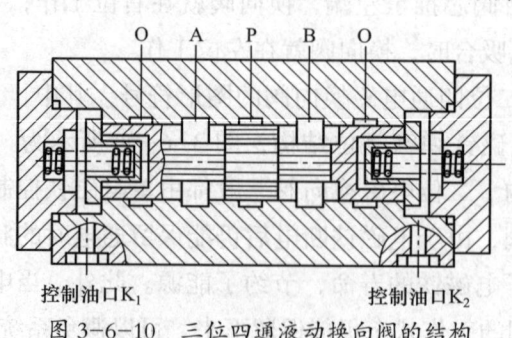

图 3-6-10 三位四通液动换向阀的结构

液动换向阀操纵力可以很大，适合控制高压大流量的阀门换向。当对液动换向阀换向平稳性有较高要求时，可在液动换向阀两端 K_1、K_2 控制油路上加装阻尼调节器，如图 3-6-11 所示。阻尼调节器由一个小型单向阀和一个节流阀并联组成。单向阀用来保证滑阀端面进油通畅；节流阀用于滑阀端面的回油节流，调节节流阀的开度可调整换向速度，以避免换向冲击。此外，液动换向阀可以在较紧凑的体积中得到较大的液压推力，所以在大流量油路中均采用液动换向阀。

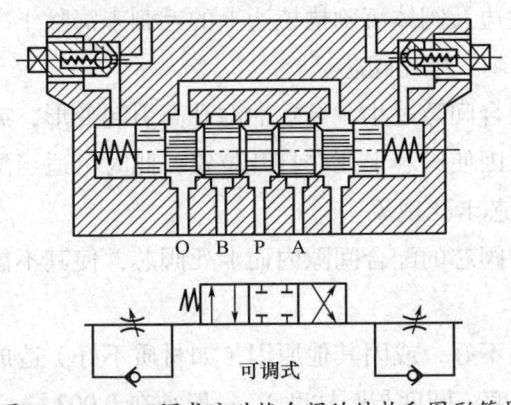

图 3-6-11　可调式液动换向阀的结构和图形符号

3. 方向控制阀的故障诊断及排除

（1）单向阀的故障诊断

1）严重内泄漏

①对于Ⅰ型单向阀，阀体上无阀座，因此，阀体兼作阀座，如图 3-6-12 所示。当阀体上阀座锥面 A（见图 3-6-12a）出现拉毛或因损伤拉有沟槽，或者锥面 A 与 D 内圆面不同心时，会引起严重内泄漏。

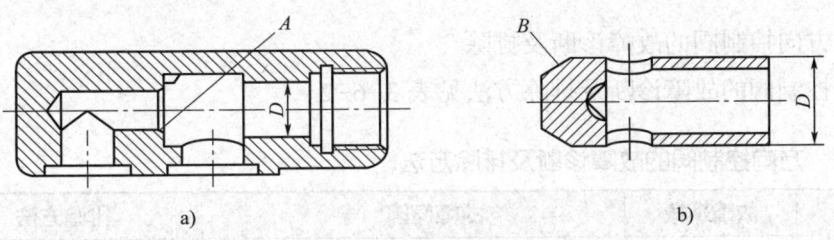

图 3-6-12　单向阀
a）阀体　b）阀芯

②阀芯（见图 3-6-12b）锥面 B 在使用较长时间后会产生磨损凹坑（圆周）或拉有直槽伤痕，锥面 B 与 D 内圆面不同心，或者锥面 A、B 呈多棱形时，会产生严重内泄漏。修理时，需校正 D 内圆面，并重磨锥面 B。

③一般液压件生产厂家在加工阀体上阀座锥面 A 时不采用机加工，而是将阀芯（或钢球）装入后通过敲击敲打出锥面 A，使锥面 B 与锥面 A 密合。但当阀体材质为

灰铸铁（HT200）或金相组织不好，且敲击时用力大小又未掌握好时，会产生崩裂小块，使锥面 A 上尖角处呈锯齿状圆圈，导致不能密合而出现严重内泄漏。

④装配时，若清洗不干净，或使用中油液不干净，污物滞留或粘在阀芯与阀座面之间，会导致阀芯锥面 B 与阀体上阀座锥面 A 不密合，造成严重内泄漏。

2）不起单向阀作用。不起单向阀作用是指反向油液也能通过单向阀。产生原因除了上述严重内泄漏外，还有以下几个方面。

①因单向阀阀芯棱边及阀体沉割槽棱边上的毛刺未清除干净，故将阀芯卡死在打开位置上，此时应去毛刺、抛光阀芯。

②阀芯与阀体孔配合间隙过小，导致油温升高引起变形，或阀安装时压紧螺钉力过大造成阀孔变形等原因使阀芯卡死在打开位置，此时可适当配研阀芯，消除因油温和压紧力过大造成的阀芯卡死现象。

③污物进入阀孔与阀芯的配合间隙内而卡死阀芯，使其不能关闭，此时应清洗阀并换油。

④阀体孔几何精度不好，或因其他原因（如材质不好）造成液压卡紧，此时应检查阀孔与阀芯的几何精度（圆度与圆柱度），一般须在 0.003 mm 之内。

3）外泄漏

①管式单向阀的螺纹连接处，因螺纹配合不好或螺纹接头未拧紧造成外泄漏，此时须拧紧接头，并在螺纹之间缠绕聚四氟乙烯胶带密封，或用 O 形密封圈密封。

②板式阀的外泄漏主要发生在安装面及螺纹堵头处，可检查该位置处的 O 形密封圈密封是否可靠，并根据情况予以排除。

③当阀体有气孔或砂眼，被液压油击穿时会造成外泄漏，一般需要焊补或更换阀体。

（2）方向控制阀的故障诊断及排除

方向控制阀的故障诊断及排除方法见表 3-6-2。

表 3-6-2 方向控制阀的故障诊断及排除方法

名称	故障现象	故障原因	排除方法
普通单向阀	反向流油	（1）阀芯被脏物卡住 （2）压力低时不起单向阀作用 （3）油液倒流	（1）清洗油箱，除净杂物 （2）低压时使阀芯闭合 （3）使单向阀内大、小孔同心
液控单向阀	反向时阀打不开	（1）外泄油路压力低 （2）外泄油路阻塞 （3）反向流油 （4）油路压力较低	（1）检查外泄油路的压力 （2）检查外泄油路 （3）除去卡住单向阀的脏物 （4）检查油路

续表

名称	故障现象	故障原因	排除方法
换向阀	不换向	（1）电磁铁磁力不足、损坏或接线断路 （2）阀芯拉伤或卡死 （3）弹簧力过大或弹簧折断 （4）控制油压力小、控制油路阻塞	（1）更换电磁铁或重新接线 （2）清洗、修研阀芯 （3）更换弹簧 （4）提高控制油压力，疏通控制油路
	换向不灵活	（1）油液混入污物卡住阀芯 （2）弹簧力太小或太大 （3）电磁铁的铁心接触部位有污物 （4）阀芯与阀体间隙过大或过小	（1）清洗阀 （2）更换弹簧，使弹簧力大小合适 （3）磨光清理铁心 （4）研配阀芯使间隙适当
	电磁铁过热或烧毁	（1）电磁铁线圈绝缘不良，铁心无法吸紧 （2）电磁铁铁心与阀芯轴线不同心 （3）电压不对，导线焊接不好	（1）更换或修理电磁铁 （2）拆卸、重新装配，使电磁铁铁心与阀芯轴线同心 （3）调整电压，重新焊接导线
	电磁铁动作响声大	（1）阀芯卡住或摩擦力过大 （2）电磁铁不能压到底 （3）电磁铁接触面不平或接触不良 （4）电磁铁的磁力过大	（1）修研或更换阀芯 （2）校正电磁铁高度 （3）清除污物，修整电磁铁 （4）选用磁力适当的电磁铁

二、压力控制阀

在液压传动中，液体压力的建立和压力大小是由外载荷决定的。若液体压力大小不能控制，则液压系统将面临很大危险。压力控制阀用于控制液压系统中的液体压力，通过压力控制阀的调整，液压系统的工作压力控制在人为设定的范围之内。在液压系统中，各种不同工作机构支油路的工作压力，也可用压力控制阀来设定不同的压力等级范围。

压力控制阀主要分为溢流阀、减压阀、顺序阀等。

1. 溢流阀

溢流阀的作用是限制所在油路的液体压力，当液体压力超过溢流阀的调定值时，溢流阀阀口会自动开启，使油液溢回油箱。

（1）溢流阀的工作原理

1）直动式溢流阀。图3-6-13所示为锥阀式（此外还有球阀式和滑阀式）直动式溢流阀。当进油口P从系统接入的油液压力不高时，锥阀芯2被弹簧3紧压在

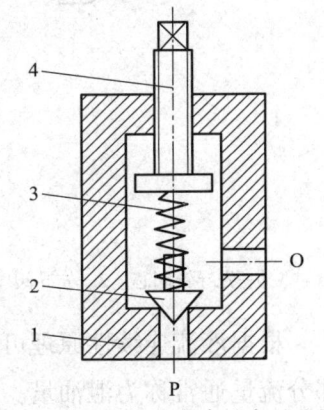

图 3-6-13 锥阀式直动式溢流阀
1—阀体 2—锥阀芯 3—弹簧
4—调压螺钉

阀体 1 的孔口上，阀口关闭。当进油口油压升高到能克服弹簧阻力时，便推开锥阀芯使阀口打开，油液就由进油口 P 流入，再从回油口 O 流回油箱（溢流），进油压力就不会继续升高。当通过溢流阀的流量变化时，阀口开度，即弹簧压缩量也随之改变。但在弹簧压缩量变化很小的情况下，可以认为阀芯在液体压力和弹簧力作用下保持平衡，溢流阀进油口处的压力基本保持为定值。

压力调整：拧动调压螺钉 4 改变弹簧 3 的预压缩量，便可调整溢流阀的溢流压力。

2）先导式溢流阀。图 3-6-14 所示为一种板式连接的先导式溢流阀，该阀由先导阀和主阀两部分组成。先导阀就是一个小规格的直动式溢流阀，而主阀芯是一个具有锥形端部、上面开有阻尼小孔的圆柱筒，油液从进油口 P 进入，经阻尼孔 e 到达主阀弹簧腔，并作用在先导阀锥阀芯上（一般情况下，外控口 K 是堵塞的）。当进油压力不高时，油液压力不能克服先导阀的弹簧阻力，先导阀阀口关闭，阀内无油液流动。这时，主阀芯因前、后腔油压相同，故被主阀弹簧压在阀座上，主阀阀口关闭。当进油压力升高到先导阀弹簧的预调压力时，先导阀阀口打开，主阀弹簧腔的油液流过先导阀阀口 c 并经阀体上的通道 a 和回油口 O 流回油箱。这时，油液流过阻尼小孔 e，产生压力损失，使主阀芯两端形成压力差，主阀芯在此压力差的作用下克服弹簧阻力向上移动，使进、回油口连通，达到溢流稳压的目的。调节先导阀的调压螺钉，便能调整溢流压力。更换不同刚度的调压弹簧，便能得到不同的调压范围。

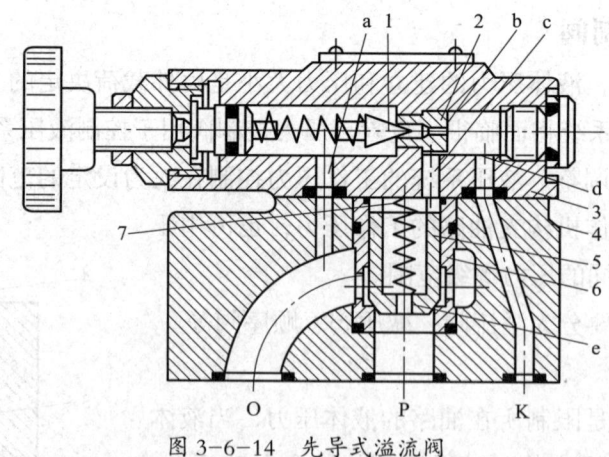

图 3-6-14　先导式溢流阀

1—先导锥阀芯　2—先导阀座　3—先导阀体　4—主阀体　5—主阀芯　6—主阀套　7—主阀弹簧

根据液流连续性原理可知，流经阻尼小孔 b 的流量即为流出先导阀的流量。这一部分流量通常称为泄油量。阻尼小孔很细，泄油量只占全部溢流量（额定流量）的极小部分，绝大部分油液均经主阀阀口溢回油箱。在先导式溢流阀中，先导阀的作用是控制和调节溢流压力，主阀的功能则在于溢流。先导阀因为只通过泄油，其阀口直径较小，即使在较高压力的情况下，作用在其锥阀芯上的推力也不会很大，因此，调压弹簧的刚度不必很大，压力调整也就比较轻便。主阀芯因两端均受油压作用，故主阀弹簧只需很小的刚度，当溢流量变化引起弹簧压缩量变化时，进油口的压力变化不大，这就说明先导式溢流阀的稳压性能优于直动式溢流阀。但先导式溢流阀是二级阀，其灵敏度低于直动式溢流阀。

溢流阀的图形符号如图 3-6-15 所示。其中，图 3-6-15a 所示为直动式溢流阀的图形符号，图 3-6-15b 所示为先导式溢流阀的图形符号。

（2）溢流阀的用途

1）为定量泵液压系统溢流稳压。在定量泵液压系统中，溢流阀通常接在泵的出口处，与接入系统的油路并联，如图 3-6-16 所示。定量泵的供油一部分按速度要求由流量阀 2 调节流往系统的执行元件，多余油液则通过被推开的溢流阀 1 流回油箱，在溢流的同时稳定了定量泵的供油压力。

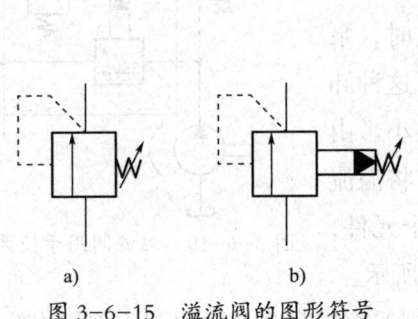

图 3-6-15 溢流阀的图形符号
a）直动式溢流阀 b）先导式溢流阀

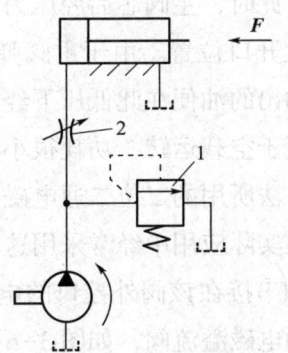

图 3-6-16 溢流阀用于溢流稳压
1—溢流阀 2—流量阀

2）为变量泵液压系统提供过载保护。如图 3-6-17 所示，变量泵液压系统执行元件速度由变量泵自身调节，不需溢流；变量泵压可随负载变化，也不需稳压。但变量泵出口也常接一溢流阀，其调定压力约为系统最大工作压力的 1.1 倍。系统一旦过载，溢流阀立即打开，从而保障了系统的安全，故此系统中的溢流阀又称安全阀。

3）实现远程调压。机械设备液压系统中的泵、阀通常都组装在液压站上，为使操作人员就近调压方便，可按图 3-6-18 所示，在控制工作台上安装一远程调压阀 1，并将其进油口与安装在液压站上的先导式溢流阀 2 的外控口 K 相连。这相当于阀 2 除自身的先导式溢流阀外，又接了一个先导式溢流阀。远程调节阀 1 便可对先导式溢流阀 2 实现远程调压。显然，远程调压阀 1 所能调节的最高压力不得超过溢流阀自身先导阀的调定压力。另外，为了获得较好的远程控制效果，还需注意两阀之间的油管不宜太长（最好在 3 m 以内），以尽量减小管内的压力损失，并防止管道振动。

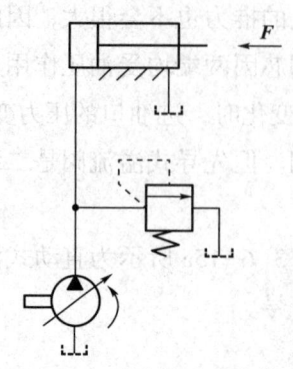

图 3-6-17 溢流阀用于过载保护

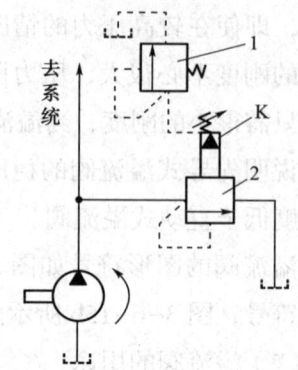

图 3-6-18 溢流阀用于远程调压
1—远程调压阀　2—先导式溢流阀

4）使泵卸荷。如图 3-6-19 所示，先导式溢流阀对泵起溢流稳压作用。当二位二通电磁换向阀的电磁铁通电后，溢流阀的外控口即接油箱，此时，主阀芯后腔压力接近于零，主阀芯便移动到最大开口位置。由于主阀弹簧很软，进油口压力很低，泵输出的油便在此低压下经溢流阀流回油箱，这时，泵接近于空载运转，功耗很小，即处于卸荷状态。这种卸荷方法所用的二位二通电磁换向阀的通径可以很小。由于在实际应用中经常采用这种卸荷方法，为此常将溢流阀和串接在该阀外控口的电磁换向阀组合成一个元件，称为电磁溢流阀，如图 3-6-19 中双点画线框图所示。

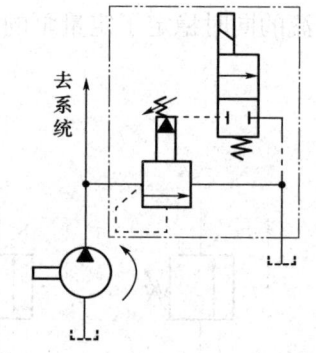

图 3-6-19 溢流阀用于使泵卸荷

5）实现高低压多级控制。用换向阀将溢流阀遥控口和几个远程调压阀相连接，能在主溢流阀设定压力范围内实现高低压多级控制。

6）低压溢流阀用途与中压溢流阀相同，但由于无卸荷口，故不能用于远程调压与卸荷。

（3）溢流阀的故障诊断及排除

溢流阀是维持液压系统压力的关键元件。中、高压液压系统都采用图 3-6-20 所示先导式溢流阀。先导式溢流阀在结构上可分为两部分，下部是主滑阀部分，上部是先导调压部分。这种阀的特点是利用主滑阀上、下两端的压力差 $p-p_1$ 使主阀芯移动，从而进行压力控制。中、高压溢流阀采用这种结构，使用压力高，压力超调量小，在同样压力下手柄的调节力矩会小得多。

1）压力上升很慢，或压力无法上升。当拧紧调压螺钉或手柄，从卸荷状态转为调压状态时，压力本应随之上升，但出现这一故障时，压力上升很慢，甚至完全不会上升（从压力表观察），即使上升也滞后较长一段时间。

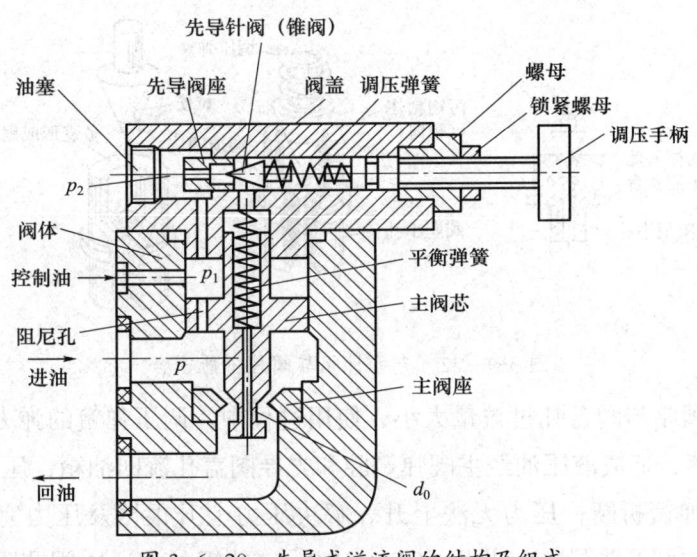

图 3-6-20 先导式溢流阀的结构及组成

分析调压状态可知，从卸荷状态变为调压（升压）状态的瞬间，主阀芯紧靠阀盖，主阀完全开启溢流。当升压调节时，主阀芯上腔压力 p_1 增高，当 p_1 上升到打开先导调压阀时，溢流阀进入调压（升压）状态，主阀芯与阀座（或阀体）保持一个微小开口。溢流阀主阀芯从卸荷位置下落到调压所需开度所经历的时间，即为溢流阀的回升滞后时间。

影响滞后时间的因素很多，主要与溢流阀主阀芯行程和主阀芯的关闭速度有关。在此从以上因素出发，说明产生这一故障的原因和排除方法。

①如图 3-6-21 所示，主阀芯上有毛刺，或主阀芯与阀孔配合间隙内卡有污物，使主阀芯卡死在全开位置，系统压力上不去；主阀芯阻尼小孔被大颗粒污物堵塞，先导流量几乎为零，压力上升缓慢，完全堵塞时压力完全不会上升。

②安装螺钉拧得太紧，造成阀孔变形，将主阀芯卡死在全开位置。

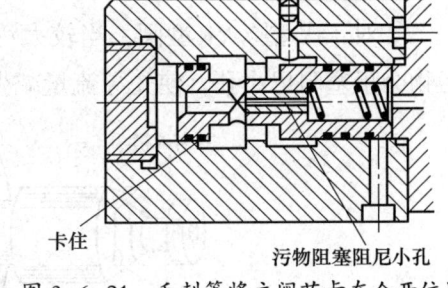

图 3-6-21 毛刺等将主阀芯卡在全开位置

③平衡弹簧折断，进油压力使主阀芯右移，造成压油腔与回油腔连通，压力无法上升。

④先导针阀（锥阀）与阀座之间有大粒径污物卡住不能密合（见图 3-6-22a），主阀弹簧腔压力 p_1 通过先导针阀连通油箱，使主阀芯上（右）移，压力无法上升。

⑤溢流阀使用较长时间以后，先导针阀与阀座小孔密合处产生严重磨损，有凹坑或纵向划痕，或阀座小孔接触处磨成多菱形或锯齿形（见图 3-6-22b）；另外，此处经常产生气穴性磨损，若热处理工艺不符合要求，则情况更加严重。

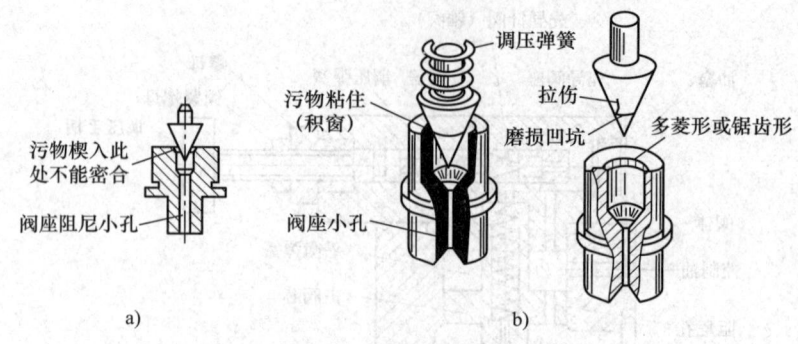

图 3-6-22　先导针阀与阀座不能密合

⑥先导阀阀座与阀盖孔过盈量太小，使用过程中，调压弹簧的弹力将阀座从阀盖孔内压出而脱落，造成液压油经主阀弹簧腔和先导阀盖孔流回油箱，压力无法上升。

⑦先导阀弹簧折断，压力无法上升。解决压力上升很慢及压力完全不会上升的办法有：拆洗主阀及先导阀，并用 $\phi 0.8 \sim \phi 1.0$ mm 的钢丝疏通主阀芯阻尼小孔，或用压缩空气吹通，可排除许多情况下压力上升慢的故障；用尼龙刷等清除主阀芯、阀体沉割槽尖棱边的毛刺，保证主阀芯与阀体孔在 0.008～0.015 mm 的装配间隙下灵活运动；板式阀安装螺钉及管式阀管接头不可拧得过紧，防止因此而产生阀孔变形；折断的弹簧要补装或更换；阀座破损、先导锥阀严重划伤时，要予以更换或经修磨使其密合。

2）压力达不到最高调节压力。这种故障表现为尽管将调压手轮旋进到末端，压力也只上升到某一值后便不能再继续上升，特别是油温高时尤为显著，其产生原因如下。

①油温过高，内泄漏量大。

②对于 Y 型、YF 型阀，当较大污物进入主阀芯（见图 3-6-23）小孔内时，部分污物会阻塞阻尼小孔，使先导流量减少。

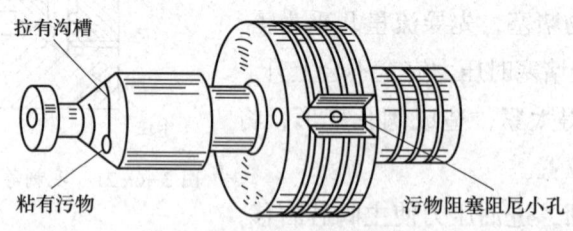

图 3-6-23　YF 型阀主阀芯

③先导阀与阀座之间因液压油中的污物、水分、空气及其他化学性腐蚀物质作用而产生磨损，不能很好密合，压力也无法上升。

④主阀体孔或主阀芯外圆有毛刺或有锥度，污物将主阀芯卡死在某一小开度上，呈不完全的微开启状态。此时，压力虽可上升到一定值，但不能再升高。

⑤液压系统内其他元件磨损或因其他原因造成的泄漏过大。

3）压力波动大

①油液中混进空气，进入系统内。应防止空气进入和排出已进入的空气。

②阀座前腔（主阀芯弹簧腔）内积存有空气。可将溢流阀先升压再降压，并重复几次，便可排出阀座前腔积存的空气。

③先导阀硬度不够，使用过程中因高频振荡而产生磨损，或因气蚀产生磨损，使先导阀锥面与阀座不密合。应研磨先导阀至密合或更换，否则会因先导流量不稳定而造成压力波动。

④如图 3-6-24a 所示，主阀阻尼小孔尺寸偏大或长度太短，起不到抑制主阀芯来回剧烈运动的阻尼减振作用。Y 型阀的阻尼小孔是经加工再敲入阀芯的，其孔径一般为 $\phi1.0 \sim \phi1.5$ mm。如果实际尺寸远大于此尺寸范围，则会产生压力波动。有些生产厂家采用拉出三角扇形槽代替圆孔，面积应与相应的孔面积相等，如图 3-6-24b 所示。

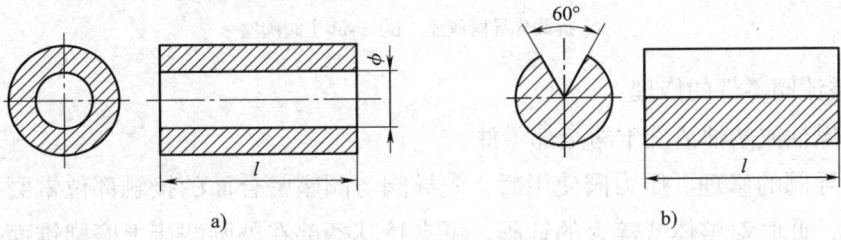

图 3-6-24　主阀阻尼小孔

⑤先导阀调压弹簧过软（装错）或歪扭变形，致使调压不稳定，压力波动大。应换用合适的弹簧。

⑥主阀芯运动不灵活，不能迅速反馈稳定到某一开度时。应采取措施使主阀芯运动灵活。

⑦调压锁紧螺母因振动而松动。

⑧油泵不正常，泵的压力、流量脉动大，影响溢流阀的压力、流量脉动；有些情况下，油泵的输出压力、流量脉动有可能和溢流阀组成共振系统。因此，应从排除油泵故障入手。

⑨工作油温过高，工作油液黏度选择不当。

⑩滤油器堵塞严重、吸油不畅，使液压系统产生噪声，压力波动大。

（4）溢流阀的拆装与修理

1）溢流阀的拆卸

①松开先导阀与主阀体的连接螺钉，拆下先导阀头。

②松开并取下调压手柄、锁紧螺母、弹簧座及调压弹簧。

③取出先导阀，卸下阀底部螺塞。

④拆卸先导阀阀座，方法如图 3-6-25a 所示。

⑤从主阀体内取出平衡弹簧和主阀芯。

⑥拆卸主阀阀座。YF 型阀拆卸主阀阀座的方法如图 3-6-25b 所示。

⑦卸下主阀体底部螺塞。

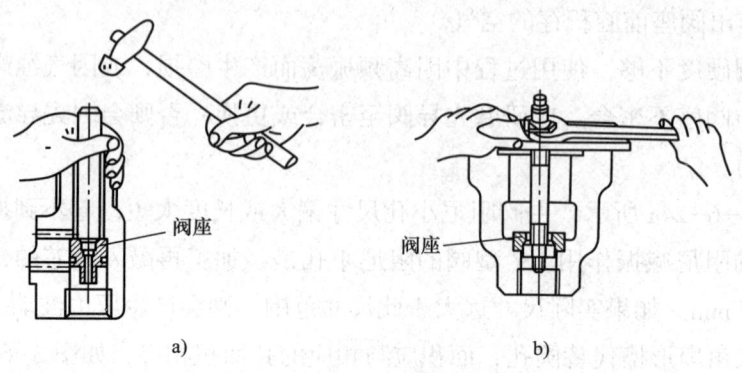

图 3-6-25　溢流阀的拆卸
a）拆卸先导阀阀座　b）拆卸主阀阀座

2）溢流阀零件的修理

①用煤油或柴油清洗干净全部零件。

②先导阀的修理。压力阀使用后，先导阀与阀座密合面的接触部位常磨损出凹坑或被拉伤，此时对整体式淬火的针阀，可夹持其柄部在外圆磨床上磨削锥面（尖端也磨去一点）后再用。磨损严重不能再修复的，应更换新针阀。

③先导阀阀座与 YF 型主阀阀座（见图 3-6-26）的修复。阀座与阀芯的配合面，在使用过程中会因压力波动及经常启闭产生撞击；另外，由于气蚀，阀座与阀芯接触处容易磨损和磨伤，特别是当油液中有污物楔入阀芯与阀座配合面时，更容易拉伤锥面。如果磨损拉伤不太严重，可不拆下阀座，采用研磨的方法修复，使研磨棒的研磨头部锥角与阀座相同（120°），或者用一夹套夹住针阀与阀座对研。如果磨损拉伤严重，可用 120° 中心钻钻刮从阀盖上卸下的先导阀阀座和从阀体上卸下的主阀阀座，将阀座上的缺陷和划痕清除干净，然后用 120° 研具仔细将阀座研磨光洁。

④主阀芯的修复。主阀芯主要是外圆的磨损，对于 YF 型中高压阀，还有与阀座密合锥面的磨损。主阀芯外圆轻微磨损及拉伤时可用研磨法修复，磨损严重时可更换新阀。

⑤调压弹簧及平衡弹簧的检查与更换。弹簧变形扭曲和损坏，会产生调压不稳定故障，歪斜严重者应予以更换。

⑥主阀体内孔修复。用细油石修磨内孔毛刺及磨痕。

3）溢流阀的装配

①用煤油清洗干净全部零件。主阀芯清洗后用压缩空气吹通阻尼小孔，确保其中无污物堵塞。各密封圈更换新件。

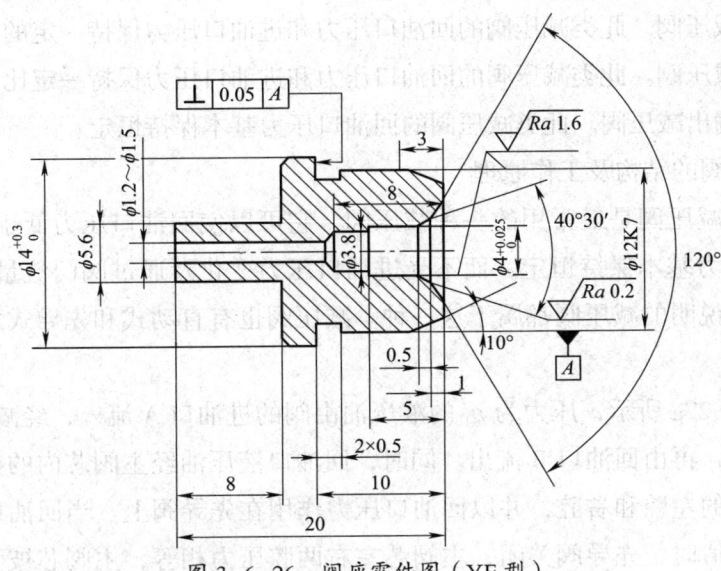

图 3-6-26 阀座零件图（YF 型）

②将主阀芯装入主阀体，在阀内应移动无阻。

③将主阀体底部螺塞装上并拧紧。

④将平衡弹簧装入主阀芯孔内。

⑤将先导阀壳体与主阀体装合，并装上主阀阀座。

⑥将先导阀底部螺塞装上。

⑦将先导针阀、调压弹簧及弹簧座装入先导阀孔。

⑧将锁紧螺母及调压手柄装上。

⑨将各孔口密封。

4）拆装注意事项

①各零件装配前确保清洗干净，主阀芯阻尼小孔无堵塞。

②勿用棉纱、破布擦洗零件。

③各运动副零件装配时应涂润滑油。

2．减压阀

减压阀是使回油口压力（二次压力）低于进油口压力的一种压力控制阀，其作用是减小并稳定液压系统中某一支路的油液压力，使同一油源能同时提供两个或几个不同压力的输出。

减压阀的减压口实质上是节流口，但是为了和节流阀的节流口相区别，把它们称为减压口。流经阀的油液在减压口上必产生压降，也就是说减压阀的回油口压力永远低于其进油口压力，这也是减压阀正常工作的前提。

（1）减压阀的分类

根据回油口压力的性质不同，减压阀分为以下三类。

1）定差减压阀。此类减压阀的回油口压力和进油口压力保持一定的差值。

2）定比减压阀。此类减压阀的回油口压力和进油口压力保持一定比例。

3）定值输出减压阀。此类减压阀的回油口压力基本保持恒定。

（2）减压阀的结构及工作原理

定值输出减压阀是最常用的一种减压阀，它可以使回油口压力低于进油口压力，并使回油口压力基本保持恒定，而不受进油口压力变化及通过阀门流量变化的影响。一般不做特别说明的减压阀都属于这一种。减压阀也有直动式和先导式之分，但采用先导式较多。

如图 3-6-27a 所示，压力为 p_1 的液压油由阀的进油口 A 流入，经减压口减压后，压力降低为 p_2，再由回油口 B 流出。同时，回油口液压油经主阀芯内的径向孔和轴向孔引入主阀芯的左腔和右腔，并以回油口压力作用在先导阀上。当回油口压力未达到先导阀的调定值时，先导阀关闭，主阀芯左右两腔压力相等，主阀芯被弹簧压在最左端，减压口开度 x 为最大值，压降最小，阀处于非工作状态。当回油口压力升高并超过先导阀的调定值时，先导阀打开，主阀弹簧腔的油便由回油口 Y 流往油箱。由于主阀芯的轴向孔 e 是细小的阻尼小孔，油在小孔内流动，使主阀芯两端产生压力差，主阀芯便在此压力差作用下克服弹簧阻力右移，减压口开度 x 值减小，压降增加，引起回油口压力降低，直到等于先导阀调定的数值为止。反之，若回油口压力减小，则主阀芯左移，减压口开大，压降减小，使回油口压力回升到调定值上。可见，减压阀回油口压力由于外界干扰而变动时，将会自动调整减压口开度来保持调定的回油口压力数值基本不变。

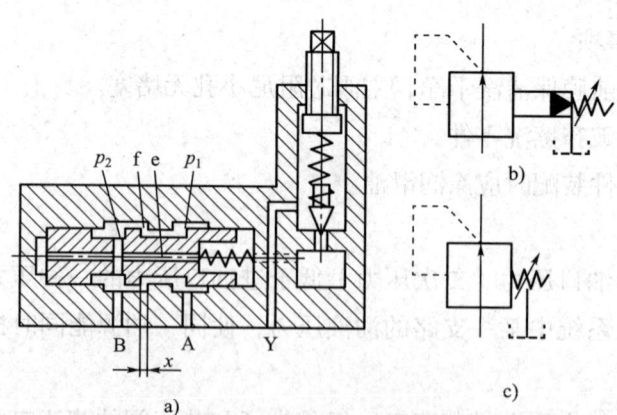

图 3-6-27 先导式定值输出减压阀

在减压阀回油口油路的油液不再流动的情况下（如所连的夹紧支路油缸运动到底后），由于先导阀泄油仍未停止，减压口仍有油液流动，减压阀就仍然处于工作状态，回油口压力也保持调定数值不变。

可以看出，与溢流阀、顺序阀相比较，减压阀的主要特点是：阀口常开；从回油口引液压油可控制减压口开度，使回油口压力恒定；泄油单独接入油箱。这些特点在图 3-6-27 所示图形符号上都有所体现。

3. 顺序阀

顺序阀利用系统压力变化的信号来控制油路的通断，从而可以使两个被控执行机构自动地按先后顺序动作。为了防止液动机的运动部分因自重下滑，有时采用顺序阀使回油保持一定的阻力，这时顺序阀称为平衡阀。当系统压力超过调定值时，顺序阀还可以使液压泵卸荷，这时顺序阀称为卸荷阀。

顺序阀的结构如图 3-6-28 所示，由阀芯、阀体、调压弹簧等组成。和溢流阀不同的是，顺序阀 3 的回油口 P_2 输出的油液不是回油箱，而是推动下一个液压缸Ⅱ实现与液压缸Ⅰ的顺序动作。因此，通过阀芯间隙泄漏到弹簧腔的油液必须通过单独的泄油孔 L 回油箱。液压泵 1 输出的油液一路通往液压缸Ⅰ，另一路则通往顺序阀 3 进油口 P_1，当液压泵 1 的出口压力低于顺序阀 3 的调定压力时，作用于顺序阀 3 阀芯底部向上的液压力小于弹簧力，阀芯被压向下端，顺序阀 3 阀口关闭，回油口 P_2 没有液压油输出，此时液压泵 1 输出的油液全部进入液压缸Ⅰ的左腔推动活塞右行。液压缸Ⅰ的活塞运动到极限位置停止后，液压泵 1 继续供油，系统压力升高，当系统压力高于顺序阀 3 调定压力时，滑阀阀芯下端的液压力大于弹簧力，使阀芯上移，回油口 P_2 打开，液压油即进入液压缸Ⅱ左腔推动活塞右行。由此可见，由于液压缸Ⅰ和Ⅱ之间串联了顺序阀 3，利用压力变化作为信号，实现了两者的顺序动作。在这个系统中，为了保证液压缸Ⅰ和Ⅱ的可靠动作程序，防止因压力冲击产生误动作，顺序阀 3 的调定压力要高于液压缸Ⅰ最大工作压力 0.5～0.8 MPa，溢流阀 2 的调定压力要能保证液压缸Ⅱ的最大载荷需要。

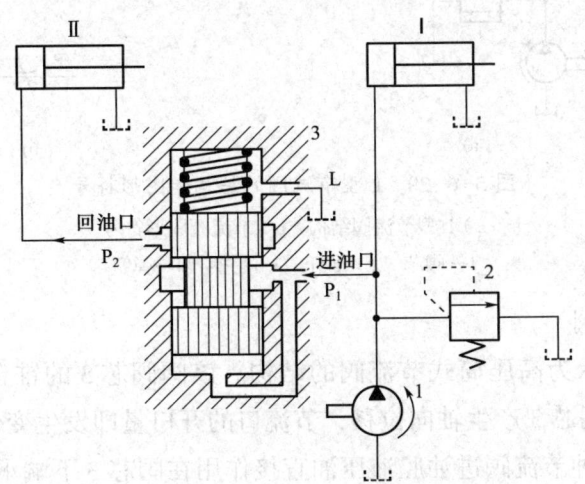

图 3-6-28 顺序阀的结构及工作原理
1—液压泵　2—溢流阀　3—顺序阀

三、流量控制阀

流量控制阀在液压系统中可控制执行元件的输入流量大小，从而控制执行元件的运动速度大小。流量控制阀主要有节流阀和调速阀等。

节流阀是利用阀芯与阀口之间的缝隙大小来控制流量。缝隙越小，节流处的过流面积越小，通过的流量就越小；缝隙越大，通过的流量就越大。

1. 节流阀的结构形式

（1）L型节流阀

L型节流阀的结构如图3-6-29a所示。油液从进油口进入，经孔道和阀芯1左端的节流沟槽进入孔a，再从回油口流出。调节流量时可以转动手柄3，利用推杆2使阀芯1轴向移动；弹簧4的作用是使阀芯1始终向右压紧在推杆2上。改变节流口的大小，可调节通往液压缸Ⅲ的流量以实现调速要求。定量泵Ⅰ排出的多余油液则通过溢流阀Ⅱ分流，同时，溢流阀可对泵的出口进行调压。L型节流阀属中低压系列，负载变化小时，流量稳定，可实现低速稳定进给。

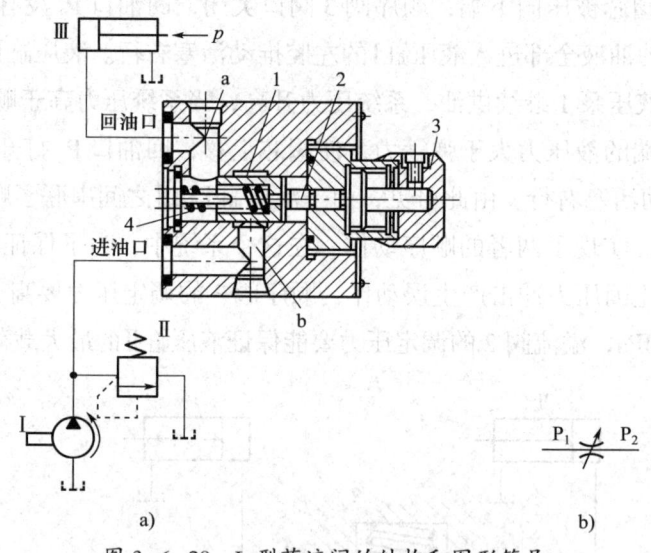

图3-6-29 L型节流阀的结构和图形符号
a）L型节流阀结构 b）节流阀图形符号
1—阀芯 2—推杆 3—手柄 4—弹簧

（2）高压节流阀

图3-6-30所示为高压筒式节流阀的结构。该阀阀芯3的锥台上开有三角形槽。转动调节手轮1，阀芯3产生轴向位移，节流口的开口量即发生变化，阀芯3越上移，开口量就越大。这种节流阀进油腔液压油直接作用在阀芯3下端承压面上，所以在油液压力较高时，调节手轮1的调节就很困难。当需要在高压下使用节流阀时，可采用图3-6-31所示的LFS型节流阀。这种节流阀可通过阀芯上的中间通道使进油腔液压

油同时作用在阀芯的上、下端承压面上，使阀芯两端液体压力平衡。所以，LFS型节流阀即使在高压下工作，也能轻便地调节阀口开度。

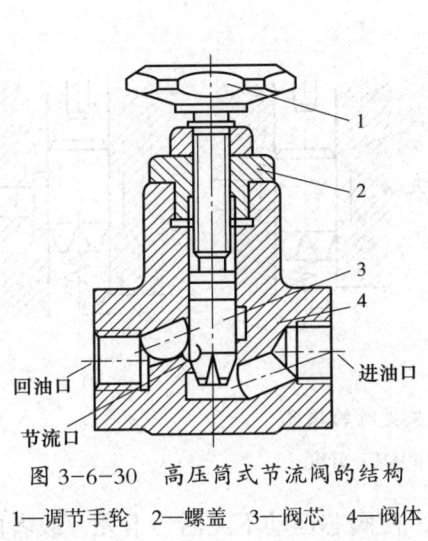

图3-6-30　高压筒式节流阀的结构
1—调节手轮　2—螺盖　3—阀芯　4—阀体

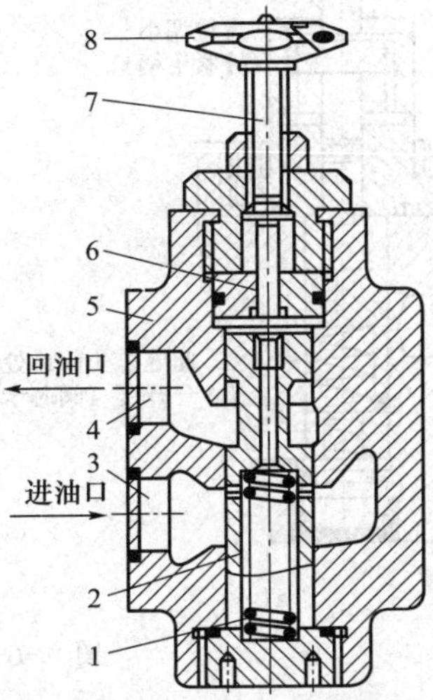

图3-6-31　LFS型节流阀
1—弹簧　2—阀芯　3—进油口　4—出油口
5—阀体　6—顶杆　7—调节螺钉
8—调节手轮

2. 节流阀的故障诊断及排除

节流阀节流作用失灵，使执行元件不能变速或者速度变化范围不大，这种故障现象表现为：当调节手柄时，节流阀回油口流量并不随手柄的松开或拧紧而变化，执行元件的速度总是维持在某一值（由节流阀阀芯卡死在何种开度位置而定）。

（1）导致节流作用失灵的原因

1）阀芯因毛刺卡住，或阀体沉割槽尖边及阀芯倒角处的毛刺卡住阀芯，此时虽松开调节手柄带动调节杆上移，但因复位弹簧力克服不了阀芯卡紧力而不能使阀芯跟着调节杆的上移而上抬，如图3-6-32所示。若阀芯卡死在关闭阀口的位置，则无流量输出，执行元件不动作；若阀芯卡死在某一开度位置，则只有小流量输出，执行元件只有某一速度。

2）油液中污物卡死阀芯或堵塞节流口。油液脏污、老化、未经精细过滤，污染的油液经过节流阀，污染粒子楔入阀芯与阀体孔配合间隙内时，出现与上述相同的节流失灵现象。

3）阀孔的几何精度不高，如有锥度，造成液压卡紧，导致节流调节失灵。目前L型节流阀阀芯上未加工均压槽，容易产生液压卡紧现象。

4）设备长时间停机未用，油液中水分等使阀芯锈死卡在阀孔内，重新使用时出现节流调节失灵现象。

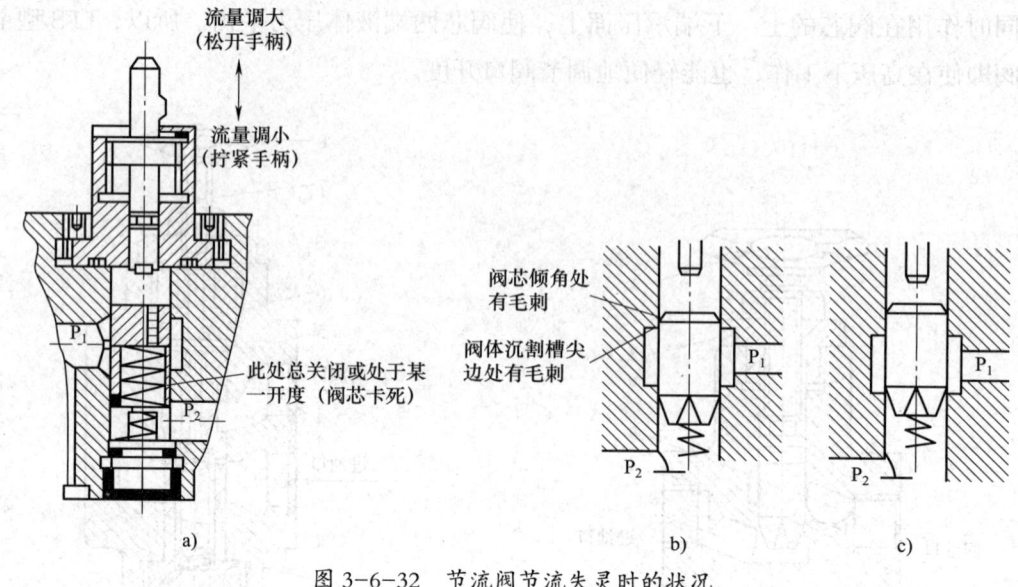

图 3-6-32 节流阀节流失灵时的状况
a）结构图　b）全关死　c）某一开度

5）阀芯与阀孔内、外圆柱面出现拉伤划痕，使阀芯运动不灵活、卡死，或者内泄漏大，造成节流失灵。

（2）节流阀调节失灵的处理

1）用尼龙刷或其他方法清除阀孔内毛刺，阀芯上的毛刺可用油石等手工精修去除。

2）对于阀孔失圆或配合间隙过小，可研磨阀孔修复或重配阀芯。

3）油液不干净时，需采取换油、加强过滤等措施。

4）阀芯轻微拉毛可抛光再用，严重拉伤时可先用无心磨床磨去伤痕，再电镀修复。

3. 调速阀的故障诊断及排除

（1）补偿机构（定差减压阀）不动作（此时调速阀同一般节流阀）

1）减压阀阀芯被污物卡住，此时可拆开清洗。

2）进油口和回油口压差过小。p_1 与 p_2 之差对中低压 Q 型调速阀至少为 0.6 MPa，对中高压调速阀一般最低为 1.0 MPa。

（2）节流阀流量调节手柄调节时十分费力

1）调节杆被污物卡住，或调节手柄螺纹配合不好，需根据情况采取对策。

2）用于进油节流调速时，调速阀回油口压力（一般为负载压力）过高，此时需卸除压力，再调节手柄。

（3）节流作用失灵

1）定差减压阀阀芯卡死在全闭或小开度位置，使出油腔无油或极小油液通过节流阀，此时应拆洗和去毛刺，使减压阀阀芯能灵活移动。

2）节流阀堵塞，应清洗阀芯。

（4）流量不稳定

1）一般节流阀流量不稳定的故障原因及排除方法均适用于调速阀。

2）定差减压阀阀芯移动不灵活，不能起到压力反馈以稳定节流阀前后压差成一定值的作用。流量不稳定时，可拆开该阀端部的螺塞，从阀套中抽出阀芯，进行去毛刺、清洗及精度检查。

四、电液比例控制阀

电液比例控制阀是一种按输入的电气信号连续、按比例地对油液压力、流量或方向进行远距离控制的阀。与手动调节的普通液压阀相比，电液比例控制阀能够提高液压系统参数的控制水平，所以，电液比例控制阀广泛应用于要求对液压参数进行连续控制或程序控制，但对控制精度和动态特性要求不太高的液压系统中。

电液比例控制阀相当于在普通液压阀上安装一个比例电磁铁，以代替原有的控制部分。根据用途和工作特点的不同，电液比例控制阀可以分为电液比例流量阀、电液比例压力阀和电液比例换向阀三大类，下面介绍后两类。

1. 电液比例压力阀

电液比例压力阀用比例电磁铁代替溢流阀的调压螺旋手柄，构成比例溢流阀。图 3-6-33 所示为应用比例溢流阀和比例减压阀的多级调压回路。其中 2 和 6 为电子放大器，改变其输入电流，即可控制系统的工作压力，用它可以代替普通多级调压回路中的若干个压力阀，且能对系统压力进行连续控制。

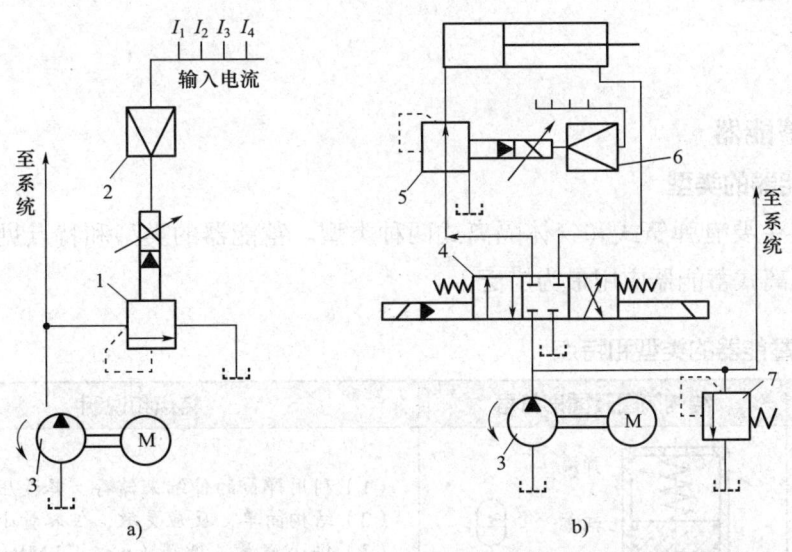

图 3-6-33　应用比例溢流阀和比例减压阀的多级调压回路

1—比例溢流阀　2、6—电子放大器　3—液压泵　4—电液换向阀　5—比例减压阀　7—溢流阀

2. 电液比例换向阀

电液比例换向阀用比例电磁铁代替电磁换向阀中的普通电磁铁，构成直动式比例换向阀，如图 3-6-34 所示。由于使用了比例电磁铁，阀芯不仅可以换位，而且换位的行程可以连续或按比例变化，因而连通油口间的通流面积也可以连续或按比例变化，所以电液比例换向阀不仅能控制执行元件的运动方向，而且能控制其速度。

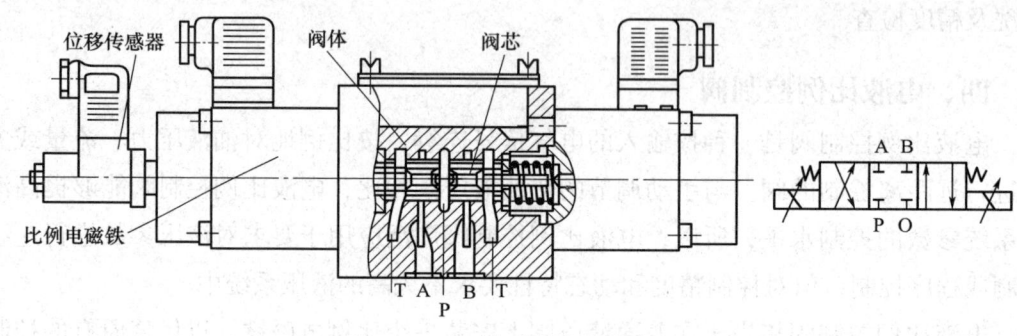

图 3-6-34 直动式比例换向阀

第七节 液压辅助装置的修理

一、蓄能器

1. 蓄能器的类型

蓄能器主要有弹簧式和气体隔离式两种类型。蓄能器的类型和特点见表 3-7-1。目前气体隔离式蓄能器应用最为广泛。

表 3-7-1 蓄能器的类型和特点

类型	结构简图及图形符号	特点和说明
弹簧式	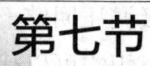	（1）利用弹簧的伸缩来储存、释放压力能 （2）结构简单，反应灵敏，但容量小 （3）供小容量、低压（$p \leqslant 1.2$ MPa）回路缓冲之用，不适用于高压的工作场合

续表

类型		结构简图及图形符号	特点和说明
气瓶式			（1）利用气体的压缩和膨胀来储存、释放压力能，气体和油液在蓄能器中直接接触 （2）容量大，惯性小、反应灵敏，轮廓尺寸小，但气体容易混入油内，影响系统工作平稳性 （3）只适用于大流量的中、低压回路
气体隔离式	活塞式		（1）利用气体的压缩和膨胀来储存、释放压力能，气体和油液在蓄能器中由活塞隔开 （2）结构简单，工作可靠，安装容易，维护方便，但活塞惯性大，活塞和缸壁间有摩擦，反应不够灵敏，密封要求较高 （3）用于储存能量，或供中、高压系统吸收压力脉动
	皮囊式		（1）利用气体的压缩和膨胀来储存、释放压力能，气体和油液在蓄能器中由皮囊隔开 （2）带弹簧的菌状进油阀既可使油液进入蓄能器，又可防止皮囊自油口挤出。充气阀只在蓄能器工作前皮囊充气时打开，蓄能器工作时则关闭 （3）结构尺寸小，质量小，安装方便，维护容易，皮囊惯性小、反应灵敏，但皮囊和壳体制造都较难 （4）折合型皮囊容量较大，可用于储存能量；波纹型皮囊适用于吸收冲击

2. 蓄能器的用途

蓄能器在液压系统中的作用主要有以下五个方面。

（1）用于储存能量和短期大量供油

液压缸在慢速运动时需要的流量较小，而快速运动时则需要较大流量，在选择液压泵时，应考虑快速运动时的流量。液压系统设置蓄能器后，可以减小液压泵的容量和驱动电动机的功率。如图 3-7-1 所示，当液压缸停止运动时，系统压力上升，液压油进入蓄能器储存能量；当换向阀切换使液压缸快速运动时，系统压力降低，此时蓄能器中液压油排放出来与液压泵同时向液压缸供油。这种蓄能器要求的容量较大。

（2）用于系统保压和补偿泄漏

如图 3-7-2 所示，当液压缸夹紧工件后，液压泵供油压力达到系统最高压力时液压泵卸荷，此时液压缸靠蓄能器来保持压力并补偿漏油，减少功率消耗。

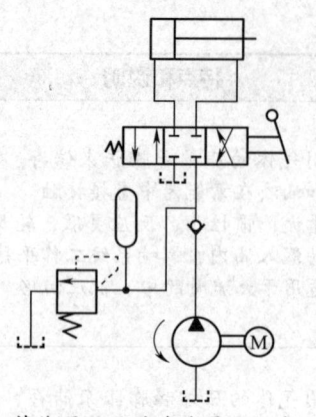

图 3-7-1 蓄能器用于储存能量和短期大量供油

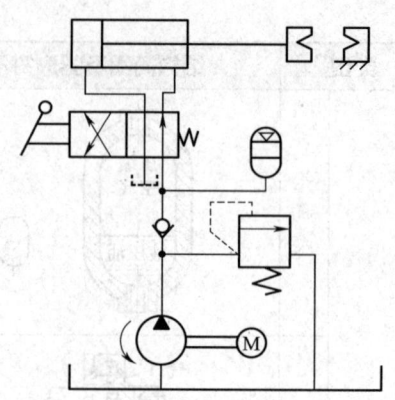

图 3-7-2 蓄能器用于系统保压和补偿泄漏

（3）用于应急油源

液压设备在工作中遇到特殊情况，如停电、液压阀或泵发生故障等，蓄能器可作为应急动力源向系统供油完成某一动作，从而避免事故发生。图 3-7-3 所示为蓄能器用于应急油源，正常工作时蓄能器储油，当发生故障时则依靠蓄能器提供液压油。

（4）用于吸收脉动压力

蓄能器与液压泵并联，可吸收液压泵流量（压力）脉动，如图 3-7-4 所示。对这种蓄能器的要求是容量小、惯性小、反应灵敏。

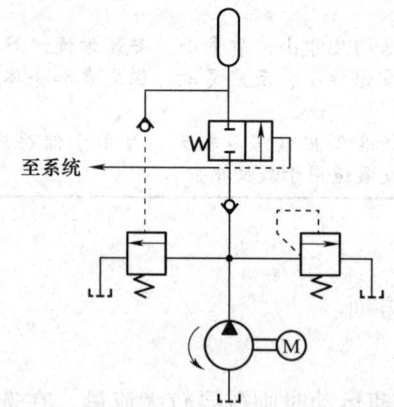

图 3-7-3 蓄能器用于应急油源

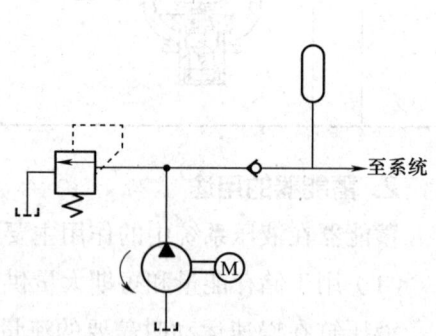

图 3-7-4 蓄能器用于吸收脉动压力

（5）用于缓解冲击压力

如图 3-7-5 所示，当阀突然关闭时，由于存在液压冲击会使管路破坏、泄漏增加、仪表和元件损坏，此时蓄能器可以起到缓和液压冲击的作用。用于缓和冲击压力时，要选用惯性小的气瓶式、皮囊式蓄能器。

3. 蓄能器的安装和使用

（1）气瓶式蓄能器应将油口向下垂直安装，以使气体在上、液体在下；装在管路上的蓄能器要有牢固的支持架装置。

（2）液压泵与蓄能器之间应设单向阀，以防液压油向液压泵倒流；蓄能器与系统连接处应设置截止阀，供充气、调整、检修使用。

（3）应尽可能将蓄能器安装在靠近振动源处，以吸收冲击和脉动压力，但要远离热源。

（4）蓄能器中应充氮气，不应充空气或氧气，充气压力为系统最低工作压力的85%～90%。

（5）不能拆卸在充油状态下的蓄能器。

（6）在蓄能器上不能进行焊接、铆接、机械加工。

（7）备用气囊应存放在阴凉、干燥处，气囊不可折叠，而要用空气吹到正常长度后悬挂起来。

（8）蓄能器上的铭牌应置于醒目位置，铭牌上不能喷漆。

4．蓄能器常见故障及排除

（1）皮囊式蓄能器压力下降严重

皮囊式蓄能器的充气阀为单向阀，靠密封锥面密封，如图3-7-6所示。当蓄能器在工作过程中受到振动时，有可能使阀芯松动，使密封锥面1不密合，导致漏气。阀芯锥面上有沟槽，或粘有污物，均可能导致漏气。此时可在充气阀的密封盖4内垫入厚3mm左右的硬橡胶垫5，以及采取修磨密封锥面1使其密合等措施解决。

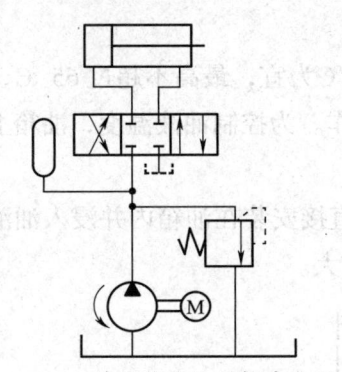
图3-7-5　蓄能器用于缓解冲击压力

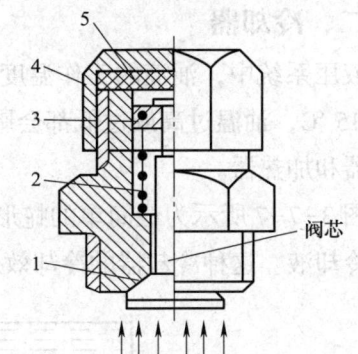
图3-7-6　皮囊式蓄能器充气阀结构简图
1—密封锥面　2—弹簧　3—螺母
4—密封盖　5—硬橡胶垫

另外，如果出现阀芯上端螺母3松脱，或弹簧2折断或漏装的情况，则可能使气囊内氮气顷刻泄完。

（2）气囊使用寿命短

气囊使用寿命的影响因素有以下几个方面：

1）气囊质量差，使用的工作介质与气囊材质不相容。

2）有污物混入。

3）选用的蓄能器公称容量不合适（油口流速不能超过 7 m/s）。

4）油温太高或太低。

5）作储能用时，若往复频率超过 10 s 一次，则使用寿命开始下降；若往复频率超过 3 s 一次，则使用寿命急剧下降。

6）安装不良，配管设计不合理等。

（3）蓄能器不起作用

1）充气阀漏气严重，气囊内无氮气，或气囊破损进油，此时应更换气囊或修复充气阀。

2）当 $p_0 > p_2$（最大工作压力），即最大工作压力过低时，蓄能器完全丧失储存能量功能，此时应重新调整系统压力。

（4）蓄能器吸收压力脉动的效果差

为了更好地发挥蓄能器对脉动压力的吸收作用，其与主管路分支点的连接管道要短，通径要适当大些，并要安装在靠近脉动源的位置，否则消除压力脉动的效果就差，有时甚至会加剧压力脉动。

另外，怀疑蓄能器出现故障时，应先检查蓄能器的充氮压力。如果充氮压力过高，则会出现异常。因为充氮压力过高，蓄能器储存的油量就少，满足不了液压缸的用量，不能正常工作。

二、冷却器

液压系统中，油液的工作温度一般以 40～60 ℃为宜，最高不超过 65 ℃，最低不低于 15 ℃，油温过高或过低都会影响系统正常工作。为控制油液温度，油箱上常安装冷却器和加热器。

图 3-7-7 所示为最简单的蛇形管冷却器，它直接安装在油箱内并浸入油液中，管内通冷却液。这种冷却器的冷却效果好，但耗水量大。

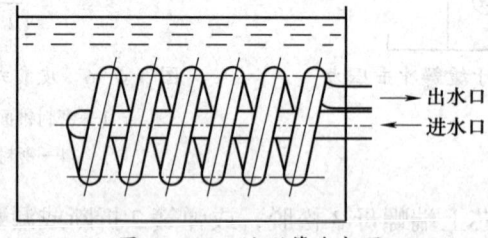

图 3-7-7　蛇形管冷却器

液压系统中用得较多的是一种强制对流式多管冷却器，如图 3-7-8 所示。油从进油口 c 进入，从出油口 b 流出；冷却液从右端盖 4 中部的进水口 d 进入，通过多根水管 3 从左端盖 1 上的出水口 a 流出，油在水管外面流过。三块隔板 2 用来增加油液的循环距离，以改善散热条件，冷却效果好。

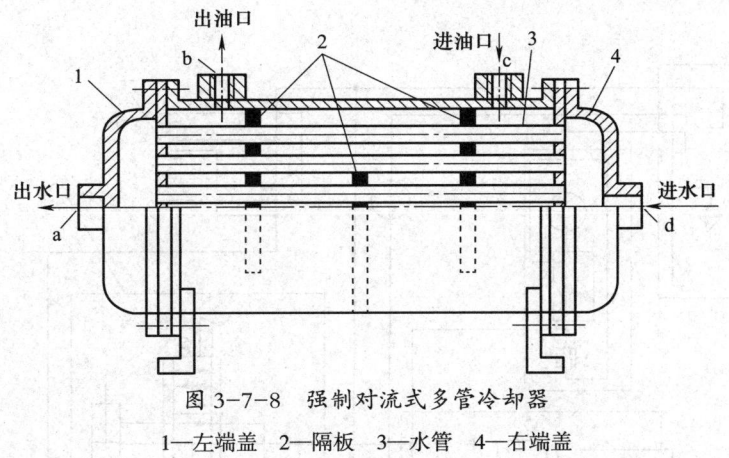

图 3-7-8 强制对流式多管冷却器
1—左端盖 2—隔板 3—水管 4—右端盖

液压系统中也可用风冷式冷却器进行冷却。风冷式冷却器由风扇和许多带散热片的管子组成,油液从管内流过,风扇迫使空气穿过管子和散热片表面,使油液冷却。风冷式冷却器结构简单,价格低廉,但冷却效果较水冷式差。

冷却器一般都安装在回油路及低压管路上。图 3-7-9 所示为冷却器常用的一种连接方式。回路中,溢流阀 6 对冷却器起保护作用;当系统不需冷却时截止阀 4 打开,油液直通油箱。

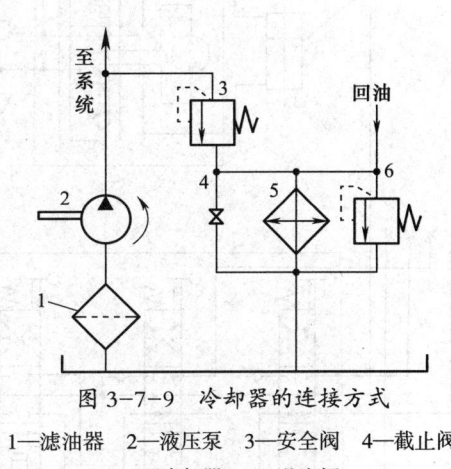

图 3-7-9 冷却器的连接方式
1—滤油器 2—液压泵 3—安全阀 4—截止阀
5—冷却器 6—溢流阀

第八节 港口典型设备液压系统的修理

一、海斯特系列叉车液压系统

海斯特系列叉车液压系统分为主工作系统、辅助工作系统、转向系统和液压换挡系统。图 3-8-1 所示为海斯特系列叉车的液压系统工作原理图。

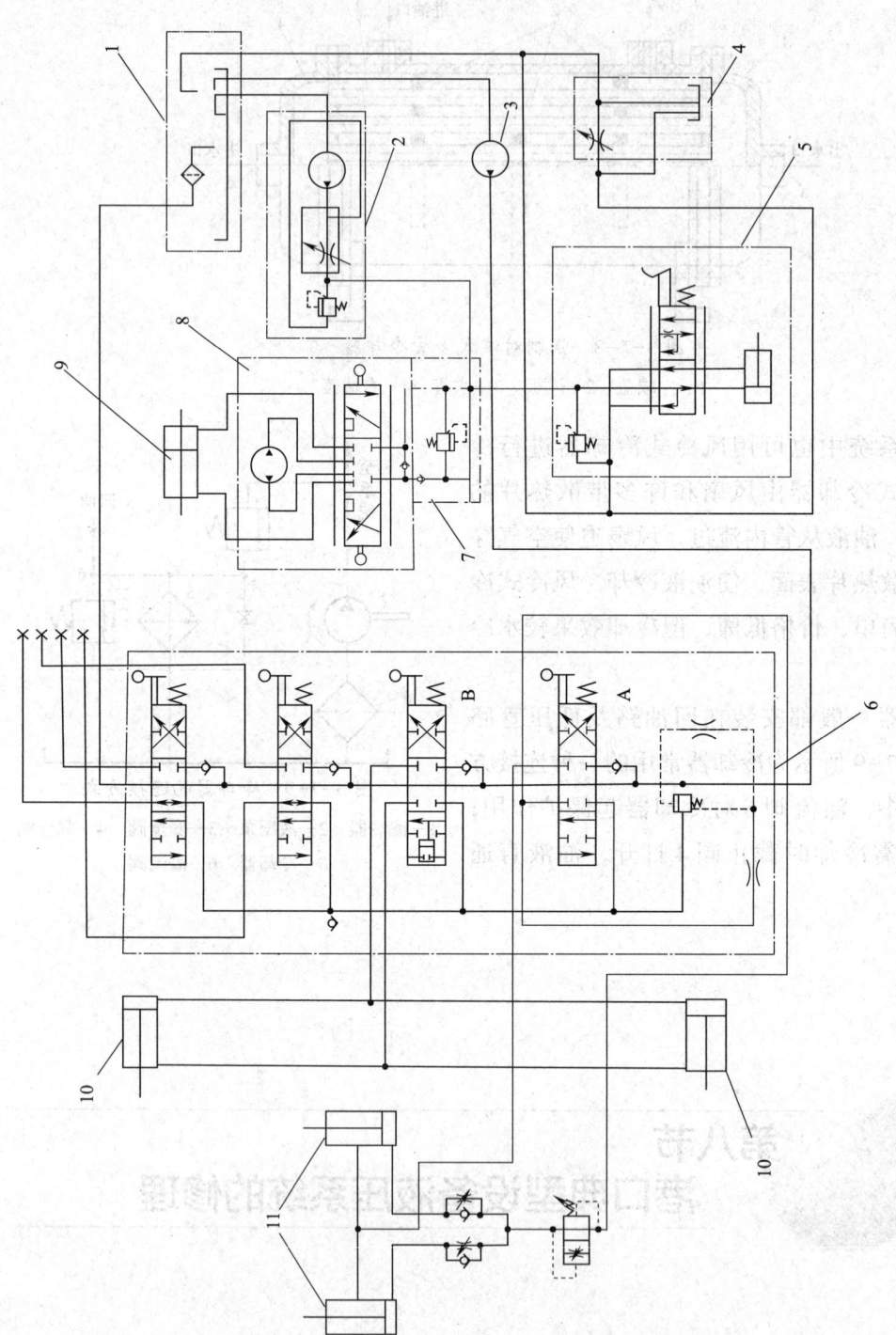

图 3-8-1 海斯特系列叉车的液压系统工作原理图

1—油箱 2—转向泵 3—主泵 4—液压离合器箱体 5—制动系统 6—换向阀组 7—转向系统安全阀 8—全液压转向系统 9—转向液压缸 10—倾斜液压缸 11—起升液压缸

1. 操作控制阀

海斯特系列叉车的液压系统换向阀是一个多片段多路换向阀组，可控制起升、倾斜和多组辅助液压缸，采用部分负载敏感调速技术，能很好地解决大负载时进行比例控制的难题。

有的叉车使用双向溢流阀，其结构如图 3-8-2 所示。

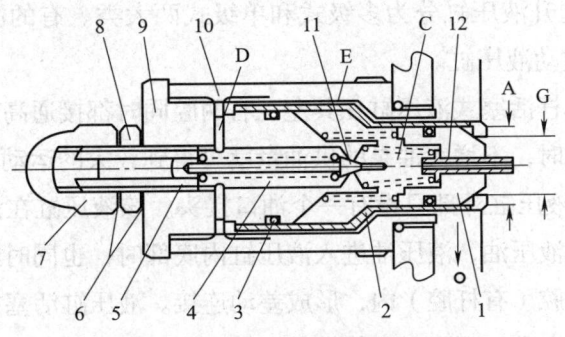

图 3-8-2 双向溢流阀的结构

1—主阀锥面体 2—安全阀阀体 3—主阀 O 形密封圈 4、5—调压螺钉 6—弹簧垫 7—调压防松螺母 8、9—防松螺母 10—安全阀外壳 11—主阀芯单向阀 12—开启顶针

在系统压力正常时，液压油通过开启顶针 12 的中空通道进入溢流阀内 C 腔。由于系统压力不足以推动锥状先导阀，因而主阀芯单向阀 11 不开启。当系统压力升高，C 腔内油压也随之升高并大于锥状先导阀的调压弹簧预调压力时，就顶开锥状先导阀，一小部分液压油经 C 腔、通道 D 和环形长槽 E 流出阀体，通过回油通道流回油箱。由于开启顶针 12 内部通道是细长孔，环形长槽 E 对所流过的油液有很大的阻力，会产生很大压降，使主阀芯单向阀 11 右移，逐渐打开通往油箱的通道 D，主油路中的高压油液经油口 A、通道 D 流回油箱，于是系统压力迅速下降，保证了系统安全。卸荷后的油压降低，主阀芯单向阀 11 逐渐关闭主油路与回油路之间通道，系统压力恢复正常。

主溢流阀的另一个作用是补油。当系统内部由于某些原因造成压力过低时，主阀芯单向阀 11 打开，使油箱中的液压油倒流回系统，可有效防止系统内部因压力过低而发生空穴现象。

补油阀开启原理：当系统压力低于大气压时，A、G 两处的压力低于大气压，由于 A 口直径大于 G 口直径，因此，油箱油压作用在 A-G 圆环上的作用力大于系统内液压力作用在主阀芯单向阀上的力，主阀芯单向阀向左移动，打开油箱与系统之间的通道，油箱的油进入系统，弥补系统的压力不足。

2. 起升系统油路

海斯特系列叉车的起升系统油路由换向阀、溢流阀、限速阀（缸内部和缸外部两种）、起升液压缸等组成。如图 3-8-1 所示，其工作原理是，当操纵换向阀 A，阀芯处于右框工作位置时，实现起升操作，此时负载敏感调速机构发挥作用，叉车可以进行不同负载的比例调速操纵；当阀芯处于左框工作位置时，实现下降操作，下降的速度由换向阀和下降限速阀共同控制。

在起升液压缸的底部设有断流阀。断流阀可以在起升液压缸软管发生破裂、脱落时自动锁死起升液压缸，防止油液外漏。叉车起升系统中设有一个下降限速阀。

海斯特叉车的起升液压缸分为多级式和单级式两大类。有的海斯特叉车的起升液压缸采用活塞式内差动液压缸。

差动液压缸的单杆活塞式液压缸在其左、右两腔同时都接通高压油液，即采用差动连接。采用差动连接时，不增大油泵的供油量就可得到较大的运动速度。如图3-8-3a、图3-8-3b所示，在液压缸外部只设有一个油口接头。该液压缸在活塞上设有轴向和径向通孔。当油口通入液压油，液压油进入液压缸内底部时，也同时经过活塞上的四个径向小孔进入油缸的小腔（有杆腔）内，形成差动连接。液压缸活塞杆在液压力的作用下外伸，带动起升框架上升；下降时重物带动框架下降，压迫活塞杆下降。大腔的一部分油液经过外接油口流出液压缸，一部分油液经过活塞上的径向小孔进入小腔，构成进、出油口同时连接的快速下降回路。图3-8-3d所示为普通起升液压缸工作状况。

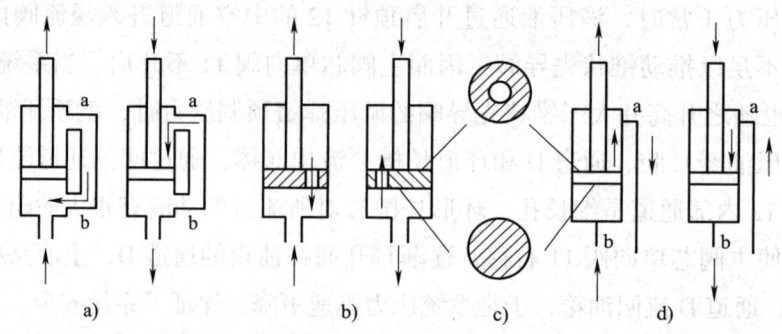

图3-8-3 起升液压缸结构原理

a）外差动液压缸 b）内差动液压缸 c）活塞上下两面有效作用面积 d）普通起升液压缸工作状况

3. 倾斜系统油路

操纵手动换向阀B（见图3-8-1），可以实现倾斜机构的前倾和后仰。

海斯特系列叉车在倾斜控制换向阀的阀芯内部设一个液控两位阀（液控单向阀），当需要前倾时，液压油必须打开这个单向阀，让倾斜缸的小腔油路接通构成回路方可前倾。在叉车熄火时，液压系统无压力，就不能推动此液控单向阀，因此，无论换向阀在何处倾斜缸都不会移动，从而有效防止停车时人为误动作，扳动操作手柄而引起叉车的框架移动。

4. 液压转向系统

海斯特系列叉车的转向系统均为全液压转向系统，由转向泵、转向控制阀（全液压控制阀）和转向液压缸三大部分组成。海斯特叉车的转向系统是全液压式转向系统，其结构与工作原理基本上与国产的全液压转向系统相同。

（1）全液压转向系统

全液压转向系统是一种带摆线转子马达的转向助力器，主要由摆线马达（计量器）与配流转阀（以下简称"转阀"）组成的液压转向系统和转向液压缸等组成，如图3-8-4所示。当转动转向盘时，转阀使转向泵供给的液压油经过摆线马达流入转向液压缸的左（右）腔，即可实现驾驶员所要求的转向。

1）全液压转向系统的结构。全液压转向系统由片式回位弹簧1、阀体2、阀套6、阀芯5、转子10、定子9及连接轴7等部件组成。阀体2上有四个油口，进油口P与泵接通，回油口O与油箱接通，油口A和B则分别与转向缸两腔相连。转子10和定子9是一对摆线针齿啮合齿轮，组合成摆线马达。阀芯5和阀套6组成的控制转阀对摆线马达起配流作用。图3-8-5所示为阀芯与阀套的结构（阀芯与阀套之间用销子连接），它们通过片式回位弹簧定位1。阀芯可相对阀套左、右各转动8°左右。阀套通过销子、连接轴与摆线马达的转子相连。在阀套外表面上制有四条环形槽w、x、y、z，它们分别与阀体上的回油口O、连接助力缸两腔的油口A、B和进油口P相对应。阀套上油孔1~6与阀芯上油孔1'、短槽Ⅰ、中槽Ⅱ、长槽Ⅲ及阀体上的油孔m配合，用来控制油液流动方向实现转向。

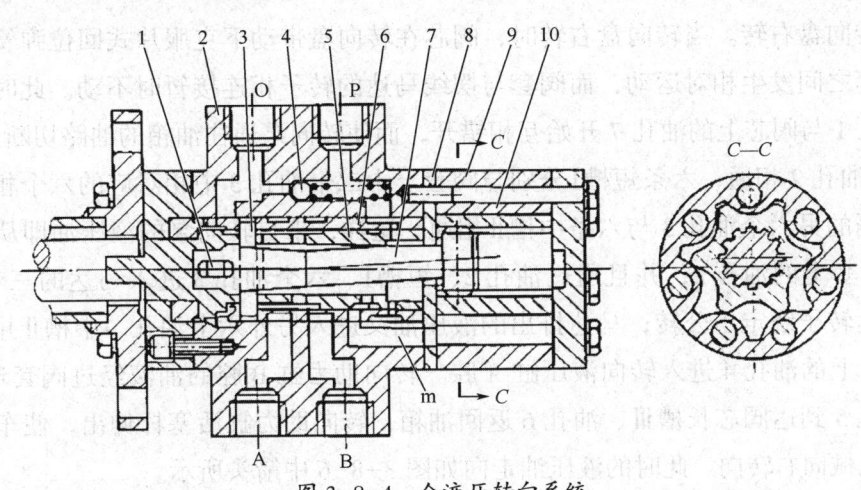

图3-8-4 全液压转向系统

1—回位弹簧 2—阀体 3—销子 4—单向阀 5—阀芯 6—阀套
7—连接轴 8—配油盘 9—定子 10—转子

2）全液压转向系统的工作原理

①中位工况。阀芯和阀套处于中间位置，如图3-8-5所示。

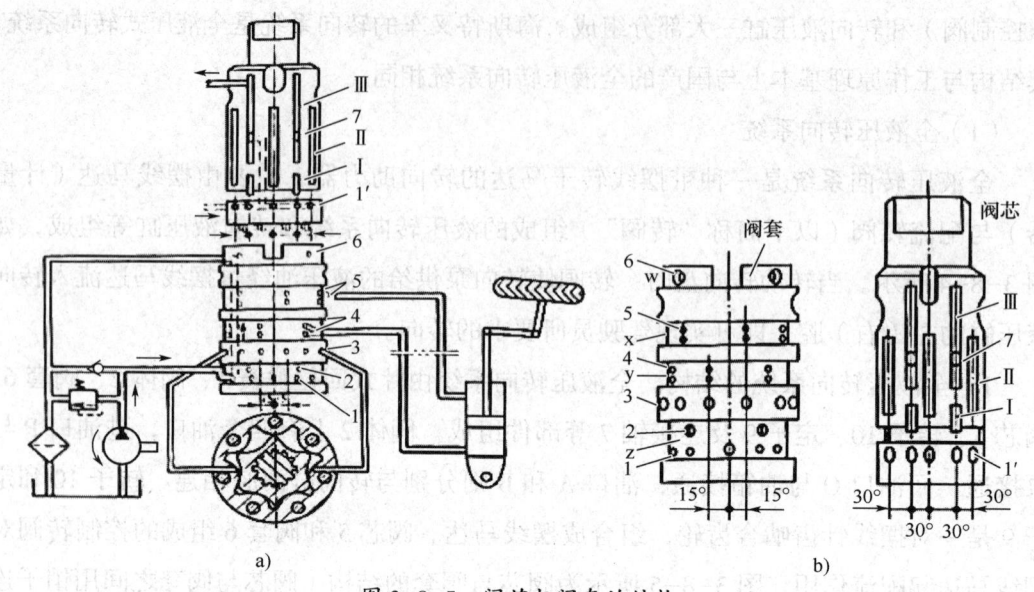

图 3-8-5 阀芯与阀套的结构
1、2、3、4、5、6、7—油孔 Ⅰ—阀芯短槽 Ⅱ—阀芯中槽 Ⅲ—阀芯长槽

阀套上的油孔 1 与阀芯上的油孔 7 相通。转向泵的油由阀体上的进油口 P 进入环形槽 z，经过阀套上的油孔 1 和阀芯上的油孔 7 流入长槽Ⅲ，并且由阀体回油口 O 返回油箱。此时，转向液压缸两腔都处于封闭位置，长槽Ⅲ、中槽Ⅱ与油孔 4、5 均不相通。

②转向盘右转。当转向盘右转时，阀芯在转向盘带动下克服片式回位弹簧作用力后与阀套之间发生相对运动，而阀套与摆线马达的转子相连接暂时不动。此时，阀套上的油孔 1 与阀芯上的油孔 7 开始互相错开，而使转向泵通往油箱的油路切断。随之，短槽Ⅰ与油孔 2 相通，六条短槽Ⅰ分别与阀套上十二个油孔 3 中相对应的六个相通，而相邻间隔的另六个油孔 3 与六条中槽Ⅱ相通。这样，来自转向泵的液压油即从进油口 P 进入阀套上的油孔 2，并且通过油孔 2、短槽Ⅰ、六个油孔 3 进入马达的三个油腔，迫使马达转子绕定子公转；马达排出的液压油又进入另外六个油孔、中槽Ⅱ并经阀套环形槽 y 上的油孔 4 进入转向液压缸 A 腔。转向助力缸 B 腔的油液经过阀套环形槽 z 上的油孔 5 到达阀芯长槽Ⅲ、油孔 6 返回油箱，转向助力缸活塞杆伸出，使车轮向右偏转，机械向右转向。此时的液压油走向如图 3-8-6 中箭头所示。

在上述右转向过程中，转向泵供给的液压油先进入摆线马达，再进入转向液压缸，液压油推动马达的转子自转，它的转动方向和转向盘所转的方向一致。因此，在转子自转时，通过轴和销子使阀套跟随转动一个与转向盘相同的角度，从而使阀芯相对于阀套之间的转角得以消除。如果这时停止转动转向盘，则阀芯和阀套恢复到达中间位置，配油停止，车轮也就在转向液压缸的作用下保持在某个转向角度上。这个过程就

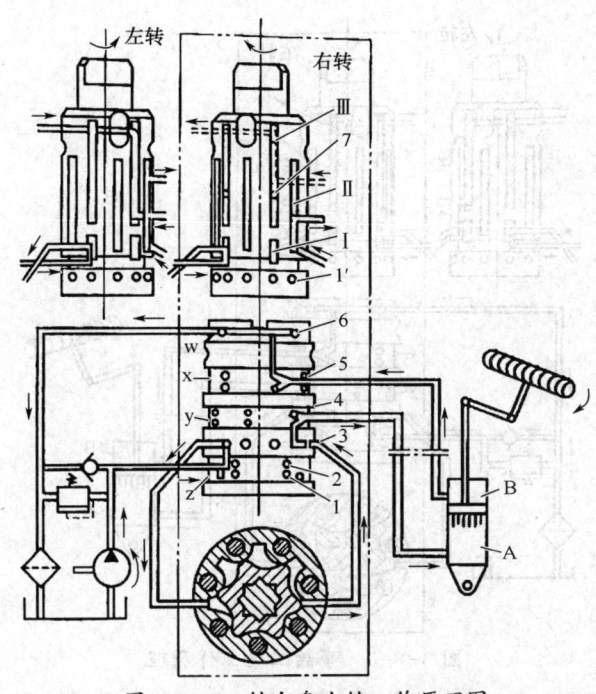

图 3-8-6 转向盘右转工作原理图

1、2、3、4、5、6、7—油孔 Ⅰ—阀芯短槽 Ⅱ—阀芯中槽 Ⅲ—阀芯长槽

是随动转阀的反馈作用，即阀芯转过一个角度，阀套也跟随转动一个角度。当阀芯由转向盘操纵不断旋转时，阀套也在摆线马达转子驱动下不断地同向等角度旋转，一直到两者之间相对转角得以消除为止。

③转向盘左转。当叉车需要左转弯时，阀芯反向转动，短槽Ⅰ与油孔2、油孔3（即上述右转相通油孔3的相邻油孔）相通，中槽Ⅱ连通另一半的油孔3和油孔4，而长槽Ⅲ与油孔4、6相通，泵来的油液经过油孔2、短槽Ⅰ和六个油孔3相对应的孔m进入马达，迫使转子围绕定子公转。马达排出的油经另一半的油孔3相对应的油孔4，以及中槽Ⅱ和油孔5进入转向液压缸B腔，迫使活塞回缩，实现向左转动。转向液压缸A腔中的低压油液经油孔4、长槽Ⅲ和油孔6，从回油口O流回油箱。

④事故工况。当发动机熄火或液压泵出现故障而无法实现动力转向时，这种全液压转向系统仍然能借助手动操作实现车轮转向，其工作原理如图3-8-7所示。

通过手动操作转动摆线马达转子，计量马达起计量泵作用。手动操作转向时的油液流动方向基本与动力转向相同，不同之处是转向液压缸所需要的液压油是通过单向阀将油箱内的油吸入计量泵的吸油腔，再由计量泵送往转向缸。油液流动情况如图3-8-7中箭头所示。

全液压转向系统的工作情况：在正常转向时，摆线马达在液压油作用下与转向盘的转角成正比，起计量马达的作用；在事故工况下转向时，摆线马达在人力作用下旋

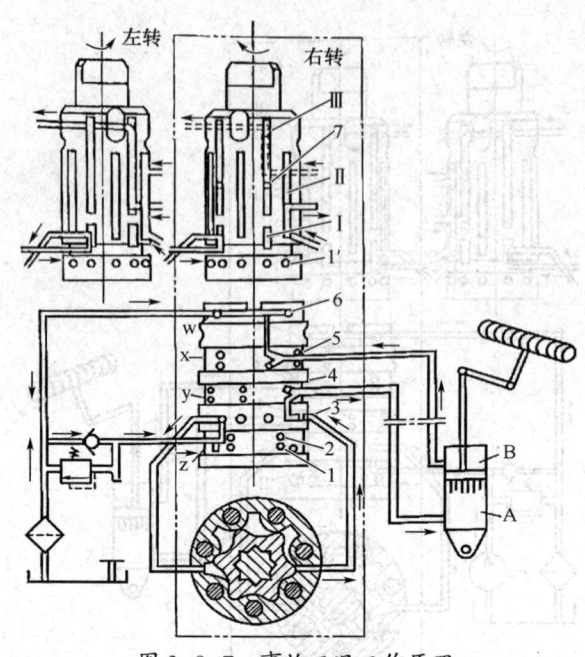

图 3-8-7 事故工况工作原理

1、2、3、4、5、6、7—油孔　Ⅰ—阀芯短槽　Ⅱ—阀芯中槽　Ⅲ—阀芯长槽

转,使流入转向助力缸的流量也与转向盘的转角成正比,起计量泵的作用。因此,常把摆线马达称为计量器,摆线马达图形符号如图 3-8-8 所示。

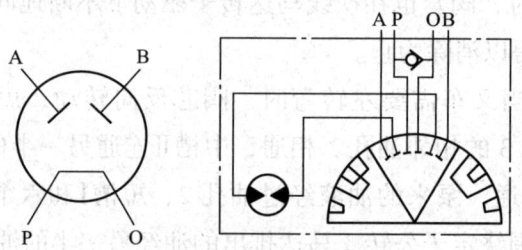

图 3-8-8　摆线马达图形符号

A、B—连通转向油路口　P—进油口　O—回油口

(2) 全液压转向系统的拆装

1) 拆前准备。先将全液压转向系统的油管接头盖拆卸下来,拆下转向盘连杆和前盖,并将其外壳清洗干净,然后底部朝上,头部用厚布或软金属片垫好,夹于台虎钳上。

2) 拆卸。

①将摆线马达的固定螺钉卸下,再将壳体、配油盘和连接轴一起取下,连接轴朝上摆放好(如果摆线马达的元件不拆散,则其内部的密封圈可不更换)。

②将全液压转向系统从台虎钳上松开,前端向前、油管接口朝上,置于厚且干净

的无纤维布上。

③用铜棒（铝棒）从转向阀前面顶住转向阀阀芯，用手锤轻轻敲打铜棒，将转向阀阀芯与阀套一起敲出阀体。在敲出大约 1/3 后，用无纤维布包住阀套（防止手被阀芯上的油槽划伤）并用手握住，左右转动拔出，然后轻轻放到厚布上。

④分解阀芯与阀套。

a.取下阀芯前部的推力球轴承，如图 3-8-9a 所示。

b.取下防转定位销，如图 3-8-9b 所示。

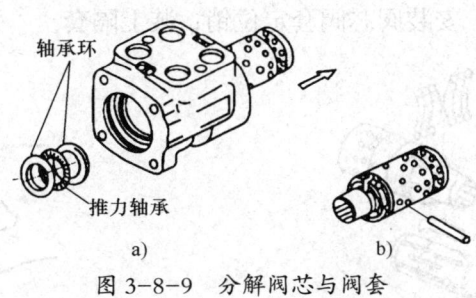

图 3-8-9　分解阀芯与阀套
a）取下推力球轴承　b）取下防转定位销

c.取下隔套，用手分别握住阀芯和阀套，将阀芯向前拔出约 15 mm 或阀芯长度的 1/4。

d.轻轻将回位弹簧（六片）自上而下推出阀芯。

e.将阀芯从前向后推出阀体，如图 3-8-10 所示。

⑤将转向阀阀体上端朝上放于桌上或再次夹在台虎钳上，用螺钉旋具挑开转向阀前端的卡环（孔用卡环），依次取下端盖、防尘圈（唇形密封圈）、密封胶圈、O 形密封圈。拆时应注意安全，最好戴上护目镜。

⑥拆卸阀体上的安全阀组件。

⑦按照各组件的组成分别将各个分解的零件放入清洗盘中清洗，逐一用压缩空气吹干净并放到干净的无纤维布上。

3）检查。

①检查阀体内壁、阀芯外表面、阀套表面是否有锈渍，阀体、阀芯、阀套是否有裂纹，如果有，则报废。

②检查阀芯与阀套间隙。在定位销拔出或装入前，将全液转向系统的阀套、阀芯垂直拿起，观察阀芯是否会自动下降，如果会自动下降，则表明阀芯与阀套的间隙过大。阀体与阀套的配合间隙应为 0.005～0.012 mm，超过此范围应全套更换。

③检查计量泵的转子和定子，各齿之间的齿侧隙应不大于 0.5 mm，超过时应更换。

④检查隔板、限位柱、后盖板的工作面是否平滑、是否有划痕和凹陷，若有，则磨光修复。

⑤检查回位弹簧的弹性,如果弹性不足或有损坏,则应成组更换。各阀的钢球如有锈斑,应更换同规格的钢球。

4)组装与调整。组装前,所有零件应润滑,所有密封圈均应更换。

①组装安全阀组件。

②组装阀芯、阀套组件。

a. 先在阀芯与阀套的配合面上涂抹液压油,然后将阀芯从阀套的后部慢慢左右旋转装入阀套,让阀芯前端部回位弹簧片安装孔露出,安装回位弹簧片,如图3-8-11所示,把阀芯送入阀套,安装阀芯阀套定位销,装上隔套。

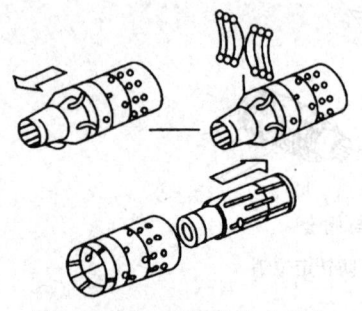

图3-8-10 将阀芯推出阀体

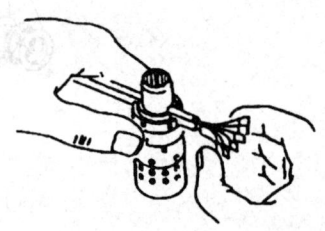

图3-8-11 安装回位弹簧片

b. 把阀芯与阀套组件装入阀体。阀体的内壁、阀芯的表面涂抹液压油,握住阀芯组件,从阀体后部装入阀体(左右旋转推入)。阀芯的轴向间隙应不小于0.05 mm,阀套的轴向间隙应为(1.000±0.025)mm,可用调整垫片进行调整。

c. 全部装入后,将阀芯组件与阀体一起垂直放在铺有厚无纤维布的桌面上。

③安装阀芯推力球轴承组件。阀芯推力球轴承涂抹液压油后装入阀体(安装时不要把推力球端盖装反),装入密封圈、前盖和防尘圈,安装前盖弹性卡圈。

④安装摆线马达(见图3-8-12)。

a. 将阀体垂直倒架在台虎钳上。

b. 将密封圈涂抹液压油放到阀体的端部,把摆线马达的配油盘放到阀体后端部,同时对正各个油孔。

c. 把联轴器放入阀芯内部,注意一定要让联轴器的凹处与阀芯定位销接触。把联轴器的齿轮端倒向离转向阀油口远的一侧。

d. 将摆线马达的定子密封圈抹上液压油后装入摆线马达的密封圈槽内,再按照原来的配合面放到配油盘上,同时对正各个油孔。

e. 放入摆线马达转子,安装转子时要让转子与定子在远离转向阀油管接口一侧的齿啮合。

f. 盖上摆线马达的后端盖,装入连接螺钉(其中特殊螺钉最后安装)。

g. 安装事故阀(钢球)和特殊螺钉,按照对角路线紧固各个螺钉。

在装配油盘时,先用两根截去头部的螺钉沿直径方向旋入1~2圈,再把定子套上。装完摆线马达后端盖后,装入两根安装螺钉,并用手将这两根螺钉全部旋入,最后拆除开始时用的两根无头部螺钉,装好事故阀与各个安装螺钉。用手旋转转子,在确认无任何障碍后,按规定转矩23~26 N·m旋紧各个安装螺钉,紧固顺序如图3-8-13所示。

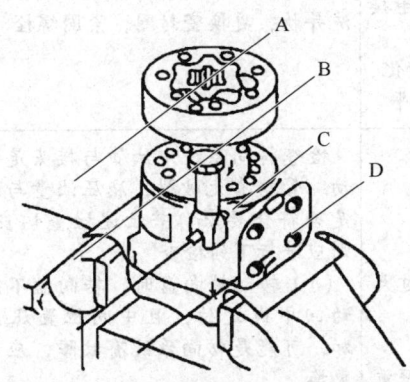

图3-8-12 摆线马达安装示意图

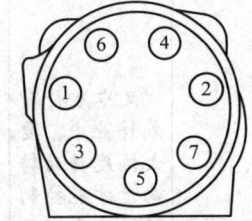

图3-8-13 安装螺钉紧固顺序

⑤把油口盖装到转向阀上。更换各个油口O形密封圈。在阀体结合面上涂抹少量液压油,然后将油口盖装到转向阀阀体上,紧固螺钉。

⑥安装完毕后,用油口塞盖好各油管接口,或用干净的布塞住各油管接口。

(3)全液压转向系统的故障诊断及排除

全液压转向系统的故障分析及排除方法见表3-8-1。

表3-8-1 全液压转向系统的故障诊断及排除方法

故障	故障现象	故障原因	排除方法
转向沉重	叉车在作业或运行中,转向时感到转向沉重或转动转向盘费力	(1)转向液压油量不足、油液变质、油液黏度不符合要求或牌号不相符 (2)液压泵供油量不足或转向系统中有空气 (3)阀体内单向阀失效 (4)转向液压缸有泄漏 (5)阀体中溢流阀压力低于工作压力 (6)管路破裂、接头松动或堵塞 (7)转向传动系统有故障,如轮胎缺气、润滑不良,以及车架、车桥变形等	(1)液压油量不足导致液压泵吸油困难,应检查液压油量,添加足够的液压油 (2)液压油黏度太大或牌号不符合要求,应使用符合要求的油液 (3)滤清器堵塞导致液压泵吸油困难或循环不畅,应清洗或更换滤芯 (4)进、出油管内孔堵塞,导致液压泵吸油困难,应清洗疏通 (5)油路中有空气导致液压泵吸空,应排除油路中的空气 (6)油管接头松动或油管破裂导致吸油困难,应更换或紧固油管接头 (7)若上述检查均良好,转向还是沉重,则应检查转向系统的传动机构部分,检查转向节主销(立轴)的润滑情况是否良好、轮胎气压是否正常等,再根据检查情况排除故障

续表

故障	故障现象	故障原因	排除方法
全液压转向系统漏油	全液压转向系统阀体、配油盘、定子及后盖接合面等处有明显的漏油痕迹	（1）全液压转向系统阀体、配油盘、定子及后盖接合面间有异物 （2）全液压转向系统连接螺栓紧固力不均匀或不足 （3）连接部位密封圈老化、损坏，限位螺栓处垫圈不平	查看漏油痕迹、寻找漏油部位，清洗异物，更换密封圈，紧固螺栓
转向失灵	叉车在行驶或作业中，要大幅度转动转向盘才能控制行驶方向，且转向盘不能自动回中，有时甚至不能转向或出现时动时不动的现象	（1）液压油不足或黏度过大 （2）转向系统故障 （3）转向泵故障 （4）转向液压缸内泄漏严重 （5）安全阀堵塞或密封圈损坏 （6）油管破裂或接头松动，造成液压油外泄而不能转向	检查转向系统中油管与接头是否松动、管路有无破裂，液压油量与油质是否符合要求。若上述检查均良好，则应进行下列检查 （1）转动转向盘时，转向盘不能自动回中或定位，且中间位置压力增加，可能是转向系统有故障，应予以更换 （2）转动转向盘时，压力振摆现象明显增加，甚至不能转动，可能是转向系统工作不正常，应予以修理或更换 （3）若叉车跑偏或转动转向盘时转向液压缸不动，则可能是安全阀的钢球被脏物卡住或密封圈损坏，应清理脏物或更换密封件
无人力转向	动力转向时，转向液压缸活塞运行已到极限位置，但是操作者"终点感"不明显；或手动转向时，转向盘虽动，但转向液压缸不动作	（1）转向系统有故障 （2）转向液压缸密封损坏 （3）转向系统中连接油管破裂或接头松动、管路有堵塞情况	（1）检查转向系统中的油管有无破裂、接头有无松动，若有，则应进行更换或紧固 （2）若管路良好，将转向液压缸一油管接头卸下，向左（或向右）转动转向盘，如果无油液流出，则说明系统管路有堵塞、转向系统有故障或系统油道脏污，应进一步判断并排除故障 （3）若上述检查均完好，则故障可能出现在转向液压缸，应修复或更换
转向盘自由行程过大	转向盘转动很大转角后，转向液压缸活塞才稍微移动，转向轮才开始偏转	（1）转向系统中有空气 （2）转向液压缸与转向节销及各拉杆铰接处间隙过大 （3）转向轴与转向系统之间的连接块间隙过大 （4）传动杆开口部位变形或与传动销磨损严重	将转向桥支起，转动转向盘超过一定角度时，车轮不偏转，即为自由行程过大。应先排除系统中的空气，检查、调整各球销铰接处间隙，使间隙适当。必要时检查转向轴与连接块情况，若磨损、变形而使间隙增大，则应修理或更换；拆检转向系统，检查传动销与传动杆开口部位工作情况，有异常应修复或更换

续表

故障	故障现象	故障原因	排除方法
行驶跑偏	叉车作业或行驶中，转向轮经常无故向一侧跑偏运行，驾驶员不得不将转向盘向另一侧握住才能把握方向，无形中增加了驾驶人员的劳动强度	（1）转向系统有故障 （2）转向液压缸一侧密封件损坏	先检查左、右车轮的气压是否一致，单边车轮制动是否发咬。若外部检查或修复后还是跑偏，就需要拆解转向系统、油缸，检查内部机件工作情况，进行修复或更换，排除故障
转动转向盘时，车轮无法停留而直接转到极限位置	转动转向盘时，车轮无法停留而直接转到极限位置	（1）全液压转向系统上的转阀阀芯卡死在左（右）位置 （2）全液压转向系统上的转阀对中弹簧片折断	拆检全液压转向系统，去除转阀阀芯上的毛刺、污物，更换对中弹簧
转向盘向左转动时，车体却向右转动	转向盘向左转动时，车体却向右转动	全液压转向系统上的进、出油口油管接反，导致转向液压缸左、右移动方向错位	将接反的油管重新接上，排除故障

二、TCM 系列叉车液压系统

1. 液压主工作系统

（1）起升系统

如图 3-8-14 所示，TCM 系列 Z8 叉车的起升系统由起升液压缸 6、限速阀 4、手动起升缸换向阀 10 等元件组成，在起升液压缸内底部设有断流阀 5。

1）起升与下降的工作过程（见图 3-8-14）。

①起升。操纵手动起升液压缸换向阀 10 向左移动，切断液压泵 3 供油的直通回路，液压油经过换向阀内单向阀 11 进入限速阀 4，再经过断流阀 5 进入到两个起升液压缸 6 的底部，液压油推动起升液压缸 6 活塞向上移动，实现货物的提升。当活塞到达起升液压缸 6 顶端液压泵 3 继续供油，或货物超载时，主溢流阀 12 开启进行泄压，保证液压系统的工作压力在规定范围内。

②下降。操纵手动起升液压缸换向阀 10 向右移动，液压泵 3 提供的液压油经过手动换向阀 8 直接回到油箱，起升液压缸 6 活塞下部的油液在货物或货叉的压力下，经断流阀 5、限速阀 4、手动起升液压缸换向阀 10 回到油箱，实现货物的下降。

2）限速阀。限速阀控制货叉下降速度，并在高压胶管破裂等意外情况下起安全保护作用，其作用如图 3-8-15 所示。限速阀如图 3-8-16 所示。

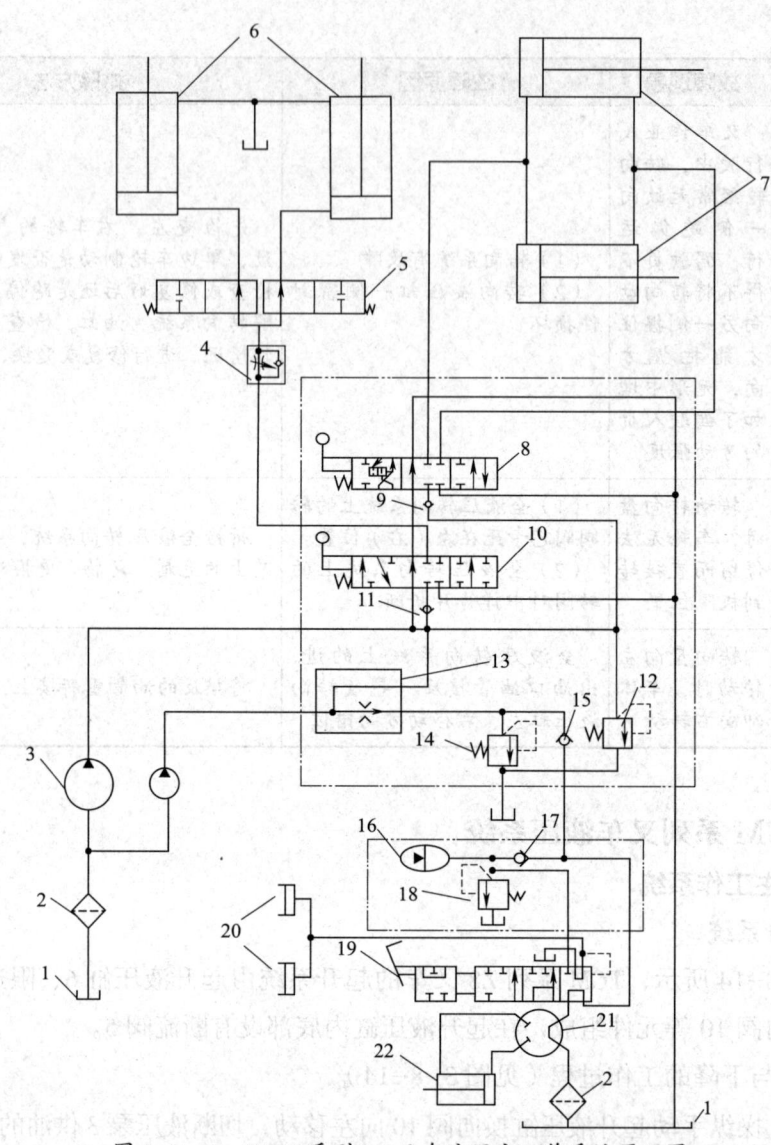

图 3-8-14　TCM 系列 Z8 叉车液压主工作系统原理图

1—油箱　2—过滤器　3—液压泵　4—限速阀　5—断流阀　6—起升液压缸　7—倾斜液压缸　8—手动换向阀
9、11—换向阀内单向阀　10—手动起升液压缸换向阀　12—主溢流阀　13—分流稳流阀
14—转向泵溢流阀　15—单向阀　16—蓄能器　17—蓄能器内单向阀
18—蓄能器内溢流阀　19—制动阀　20—制动缸
21—全液压转向系统　22—转向液压缸

①起升液压缸的回油进入回油腔，通过孔 D、C、B、A 返回多路阀。

②大量油液流经阀芯孔 C 时，阀芯产生的压力差使阀芯 5 向右移动。这样孔 D 与 C 间通道变窄，回油量因此减少，货叉下降速度变慢。

③如果要提升货叉，则应使从多路阀来的高压油液通过孔 A、B、C、D、E 进入起升液压缸。

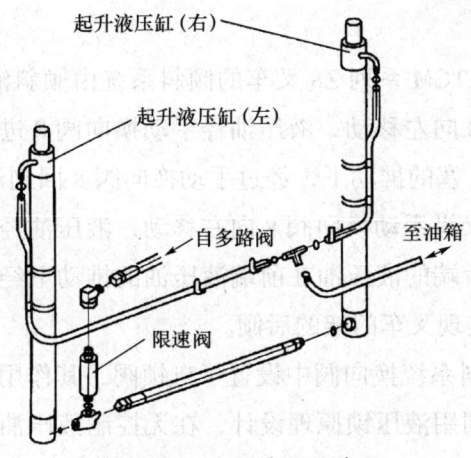

图 3-8-15 限速阀的作用

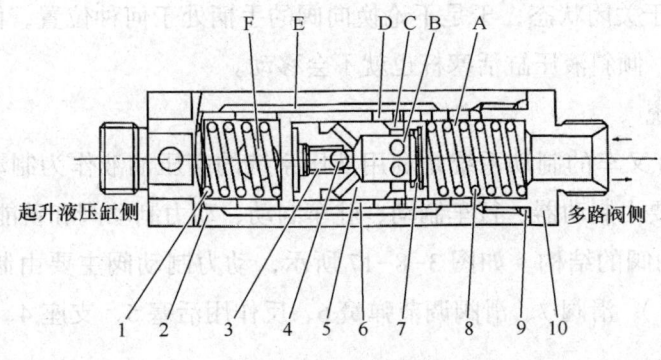

图 3-8-16 限速阀

1、3、8—弹簧 2—阀体 4—钢球 5—阀芯 6—阀套
7—节流孔 9—O 形密封圈 10—端盖

限速阀的故障诊断及排除方法见表 3-8-2。

表 3-8-2 限速阀的故障诊断及排除方法

故障现象	故障原因	排除方法
流量调节失灵	（1）密封失效 （2）弹簧失效 （3）液压油污染致使阀芯卡滞	（1）拆检或更换密封装置 （2）拆检或更换弹簧 （3）拆开并清洗阀，或更换液压油
流量不稳定	（1）锁紧装置松动 （2）节流口堵塞 （3）内泄漏量过大 （4）油温过高 （5）负载压力变化过大	（1）锁紧调节螺钉 （2）拆洗节流阀 （3）拆检或更换阀芯与密封件 （4）降低油温 （5）尽可能使负载不变化或少变化
行程节流阀不能压下或不能复位	（1）阀芯卡滞或泄油口堵塞致使阀芯反力过大 （2）弹簧失效	（1）拆检或更换阀芯 （2）泄油口接油箱，并降低泄油背压 （3）检查并更换弹簧

（2）倾斜系统

如图 3-8-14 所示，TCM 系列 Z8 叉车的倾斜系统由倾斜液压缸 7、手动换向阀 8 组成。操纵手动换向阀 8 向左移动，液压油经手动换向阀 8 进入倾斜液压缸 7 活塞后端，其前端的液压油在活塞的推动下，经过手动换向阀 8 回到油箱，活塞杆向前移动，实现叉车门架的前倾。操纵手动换向阀 8 向右移动，液压油经手动换向阀 8 进入倾斜液压缸 7 活塞前端，其后端的液压油在前端液压油的推动下经过手动换向阀 8 回到油箱，活塞杆向后移动，实现叉车门架的后倾。

TCM 系列叉车在倾斜系统换向阀中设置了自锁阀，其作用是防止误动作引起叉车框架前后移动。自锁阀利用液压锁原理设计，在无控制液压油时自锁（控制液压油即为进入倾斜缸小腔的液压油）。在叉车无动力时，液压系统无液压油，不能推开自锁阀，大腔始终处于关闭状态，于是不论换向阀的手柄处于何种位置，倾斜液压缸两腔的油都不会流动，倾斜液压缸活塞杆也就不会移动。

（3）制动系统

TCM 系列 Z8 叉车的制动系统是利用液压系统的高压油液作为制动能量的全动力型制动系统，主要由制动器、行车制动、驻车制动、动力制动阀和蓄能器等元件组成。

1）动力制动阀的结构。如图 3-8-17 所示，动力制动阀主要由制动活塞 10、制动弹簧 8（有两组）、滑阀 7、滑阀调节弹簧 6、反作用活塞 5、支座 4、阀座 2 等组成。

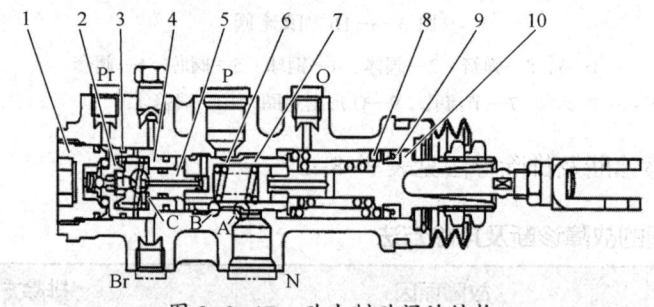

图 3-8-17　动力制动阀的结构

1—螺塞　2—阀座　3—安全阀杆　4—支座　5—反作用活塞　6—滑阀调节弹簧
7—滑阀　8—制动弹簧　9—密封圈　10—制动活塞

2）动力制动阀的工作原理

①正常行驶制动。踏下制动踏板时制动活塞 10 左移，通过制动弹簧 8 的作用使滑阀 7 也左移，关闭进油口 P 与回油口 O 的通道，同时接通制动器的接口 Pr。此时制动分泵开始得到液压油，分泵内的油压随着转向泵来油的压力升高而升高。在分泵油压升高的过程中，也将压力反作用于反作用活塞 5，将其向右推动，直到与制动弹簧 8 的压缩力相平衡为止。这个反作用力也通过制动弹簧 8 反馈给驾驶员脚下，使驾驶员有相应的路感。

②无动力制动。当叉车因故障熄火停车时，脚踏动力制动阀的推杆移动到底，安

全阀杆 3 顶开单向阀，蓄能器内储存的液压油就通过接口 Pr 进入制动缸进行制动。

3）动力制动阀及蓄能器的参数。动力制动阀的工作压力为（13.0±0.5）MPa。蓄能器安全阀压力为 13 MPa，预充油压力为 4 MPa，报警开关压力为 4～5 MPa，能量容积为 70 mL（参考值）。

4）制动器。由于制动系统采用动力制动，因此在进行维修之前必须先将发动机熄火，再对制动系统进行卸压处理，将蓄能器中的液压油全部卸放。

2. 转向系统

TCM 系列叉车的转向系统有两种形式：一种是滚珠螺母的螺杆与控制阀组合的半集成式结构，即液压转向助力式；另一种是全液压式。下面分析液压转向助力器。

液压转向助力器包括转向轴、转向系统、控制滑阀（伺服器）、转向液压缸和纵向拉杆等部件。

（1）液压转向助力器的结构

图 3-8-18 所示液压转向助力器是循环钢球式转向系统。这种转向系统有两个运动副，一个是螺杆、钢球、螺母，另一个是等厚齿条与变齿厚齿扇相啮合的蜗轮螺杆（一部分蜗轮）。控制滑阀是一个四边预开口式伺服滑阀（中位时四个油路全都接通），它根据螺杆的转动来改变通往转向液压缸的油路。

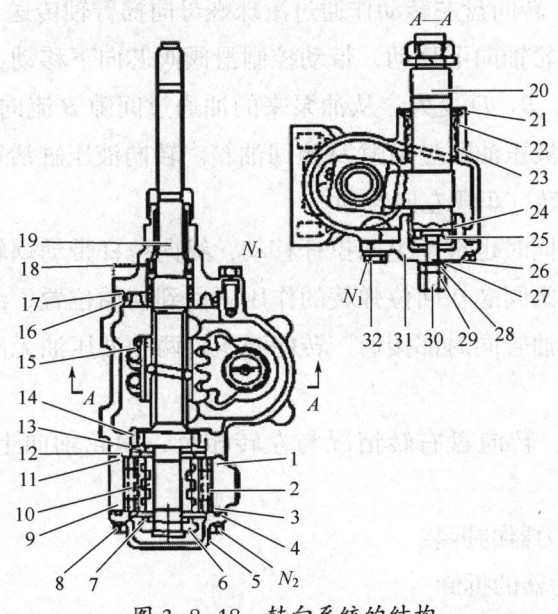

图 3-8-18 转向系统的结构

1、3—路感活塞　2—弹簧　4、16、12、32—O 形密封圈　5、31—端盖　6—螺母　7、13—推力轴承
8—挡片　9—壳体　10—控制滑阀　11、27、29—垫片　14、17、23—滚针轴承　15—滚珠螺母
18—油封　19—转向轴　20—摇臂轴　21—挡圈　22—油封　24—衬套　25—调整垫
26—调整螺栓　28—锁紧螺母　30—螺母盖
（N_1=450～550 N·m，N_2=400～500 N·m）

（2）工作原理

1）转向盘不动。控制滑阀是四边预开口式，在转向盘不动时，控制滑阀在中位弹簧的作用下处于图3-8-19所示位置，其中 A、B、C、D 间隙相等，油泵进油管、回油管及转向液压缸的两个油管同时接通，从油泵来的油通过控制滑阀流回到油箱，转向液压缸活塞杆不能移动，车轮不动，保持直线行驶方向。

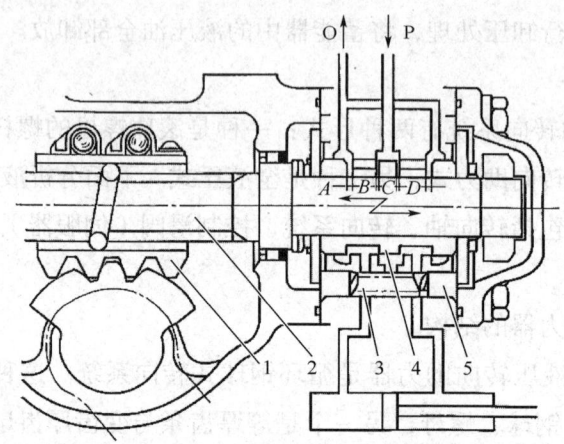

图 3-8-19 控制滑阀处于中间位置
1—滚珠螺母 2—蜗轮轴 3—中位弹簧 4—控制滑阀 5—路感活塞

2）转向盘左转。转向盘左转动作通过滚珠螺母向摇臂轴传送，由于受到车轮的阻力，摇臂轴不动，蜗轮轴向下移动，带动控制滑阀阀芯向下移动，四边开口状态被破坏，间隙 A、C 为零，B、D 变大。从油泵来的油通过间隙 B 流向转向液压缸的大腔，而转向液压缸小腔的液压油通过间隙 D 流回油箱。转向液压缸活塞杆外伸，推动转向桥向右偏转，车轮右转，车辆左向转动。

在转向桥偏转的同时也推动纵向拉杆移动，纵向拉杆带动蜗轮轴转动，使滚珠螺母向上移动，控制滑阀阀芯在回位弹簧的作用下回到初始位置，油泵进油管、回油管及转向液压缸的两个油管同时都接通，转向液压缸两腔液压油无压力，不能继续推动转向桥转动。

3）转向盘右转。转向盘右转情况与左转相反，蜗轮轴向上移动，在此不进行分析。

（3）液压转向助力器的拆装

1）液压转向助力器的拆卸

①把液压转向助力器固定到台虎钳上（蜗轮在上）。

②拆下调整螺栓的螺母及垫片，然后拆下侧盖螺栓，取下侧盖。拆下摇臂轴上的调整螺栓及调整垫。

③用手轻击摇臂轴的花键，取下摇臂轴。

④拆下前盖安装螺栓，取下前盖。

⑤用螺钉旋具把螺母的铆点弄直，拆下锁紧螺母，再拆下锁紧垫圈和推力轴承。

⑥交替松开并拆下两只螺栓，用手拿住控制阀，注意不要让控制阀和路感活塞掉下来。

⑦拆下后盖安装螺栓，再用螺钉旋具轻撬后盖使其分离（不要损坏 O 形密封圈）。

⑧始终保持水平，将滚珠螺母总成从液压转向助力器上拆下，注意防止接触区损坏、滚珠螺母总成失灵。在拆卸的过程中要防止 O 形密封圈丢失（除非需要更换）。

2）液压转向助力器的检查。在清洁的油液中清洗所有被分解的零件，清洗后检查各零件是否有擦伤、裂纹和磨损，然后把它们有序地放在无灰尘、无污物的地方直至组装。

①检查所有的 O 形密封圈、油封和圆筒衬套有无损伤及磨损，如果有，应进行更换。

②转动滚珠螺母总成，检查其是否能正常动作。一边在清洁的油液中慢慢地转动总成，一边清洗，当槽中有裂纹、凹痕或过度磨损时，应更换总成。

③检查摇臂轴及齿轮是否过度磨损，如果磨损严重，应更换。

④检查液压转向助力器总成内的滚针轴承和端盖轴套，如果过度磨损，应更换。

⑤检查滚针轴承、油封和轴管衬套有无问题。

⑥检查控制阀。

a. 检查阀室内表面，重点检查油孔是否磨损，严重时应更换控制阀总成。

b. 检查滑阀外圆和油孔处是否磨损，严重时应更换滑阀。

c. 检查弹簧是否有裂纹或折断，若有，应更换弹簧。

d. 检查路感活塞在阀室内是否滑动自如，如果阻滞严重，应更换控制阀总成。

3）液压转向助力器的组装

①组装控制滑阀。

a. 将滑阀装入阀体内，注意要将阀体的 P 记号与滑阀内径倒角小的一方对上安装。对阀体双面都有 P 记号的，则将滑阀内径倒角大的一侧向上安装（朝滚珠螺母方向）。

b. 在阀体内安装路感活塞及中位弹簧。

②将液压转向助力器固定在台虎钳上，并在其内的油封上抹上润滑脂，滚珠螺母总成齿条朝上装入液压转向助力器，紧固转矩为 $35 \sim 54 \mathrm{~N \cdot m}$。

a. 在转向轴上依次安装导圈、滚珠轴承、导圈。

b. 将制动阀总成安装到液压转向助力器壳上，确保 O 形密封圈正确落入沟槽。

c. 依次装入导圈、滚珠轴承、导圈。

d. 逆时针转动转向轴到底，用手拧紧螺母至推力轴承无间隙，在锁紧螺母轴槽处打上标记，拧松锁紧螺母，检查是否有变动。如果没有变动，则重新紧固螺母，紧固转矩小于 $1 N \cdot m$。

e. 铆上锁紧螺母。

f. 在阀体的槽内放 O 形密封圈，装上前盖，紧固转矩为 $38 \sim 58 N \cdot m$。

g. 安装滚珠螺母总成，使齿条中央与端盖安装口中央对准。

h. 在液压转向助力器壳上安装摇臂轴，在摇臂轴槽内安装调整螺栓和垫片，使端盖螺栓孔与调整螺栓相匹配。在转动调整螺栓的同时安装侧盖。此时，侧盖的沟槽内应该安装 O 形密封圈。紧固转矩为 $35 \sim 54 N \cdot m$。

i. 把摇臂放在转向盘整个转动角度的中间。在离摇臂中心 150 mm 处放一个千分表，测量松动量，松动量应小于 0.3 mm。如果松动量不小于 0.3 mm，则用垫片、螺栓来调整，调整完成后装垫片并组装螺母盖。紧固力矩为 $20 \sim 30 N \cdot m$。

j. 转动转向盘，从起点一直转到转不动，正常的总圈数是四圈。

k. 顺时针或逆时针转动转向盘，转不动后放手，确保它能平稳地反转 50° 左右。

4）装配后的检查。液压转向助力器装配完毕后，应进行装配后的检查。分别向左、向右转动转向盘，一直转动到转不动为止，比较两个转动的圈数是否相等，如果有出入，则说明控制滑阀内部安装有差错，应该重新安装。

（4）液压转向助力器的故障诊断及排除

液压转向助力器的故障诊断及排除方法见表 3-8-3。

表 3-8-3 液压转向助力器的故障诊断及排除方法

故障	故障现象	故障原因	排除方法
不能进行转向动作	不能进行转向动作	（1）转向泵有故障或损坏 （2）安全阀阻塞或损坏 （3）控制滑阀阻塞、磨损或损坏 （4）油管接头损坏或油道阻塞	（1）更换转向泵 （2）清洗或更换安全阀 （3）清洗、修配或更换控制滑阀 （4）更换油管接头或清洗油道
转向沉重	转动方向时沉重	（1）油箱液位过低 （2）系统内有空气 （3）供油压力不足 （4）控制滑阀阻塞或损坏	（1）添加油液到规定位置 （2）排除系统内空气 （3）检查油泵供油压力 （4）清洗或更换控制滑阀
方向控制困难	车辆漂移或振动	（1）控制滑阀阀柱松动 （2）控制滑阀损坏、弹簧断裂或磨损	（1）重新拧紧锁定螺母 （2）更换控制滑阀
转向时有噪声	操作时有噪声	（1）油箱液位过低 （2）吸油管或过滤器阻塞 （3）控制滑阀阻塞或损坏	（1）添加油液到规定位置 （2）清洗或更换吸油管或过滤器 （3）清洗或更换控制滑阀

第四章
底盘的检修与调整

内燃装卸机械底盘主要由传动系统、行驶系统、转向系统、制动系统和附属设备组成。它的功用是将发动机发出的动力传给驱动轮，以推动机械前后运动。随着时代的发展，现在装卸搬运机械主要以叉车为主。因此，本章主要以叉车为例，来讲解内燃装卸机械底盘的检修与调整。

第一节 传动系统的检修与调整

一、叉车传动系统概述

1. 叉车传动系统的功用

叉车传动系统将发动机发出的动力传给驱动轮和工作机构，使叉车行驶和进行作业，即通过减速增矩、变速变转、接合或分离动力，以及改变动力的传递方向，使动力装置适应叉车的行驶和作业需要。

2. 叉车传动系统的分类

叉车传动系统可分为机械传动、液力机械传动、全液压传动（静液压传动）和电传动等类型。

3. 叉车传动系统的组成

（1）机械传动系统

机械传动系统主要由离合器、变速器、传动轴、驱动轮等组成，如图4-1-1所示。

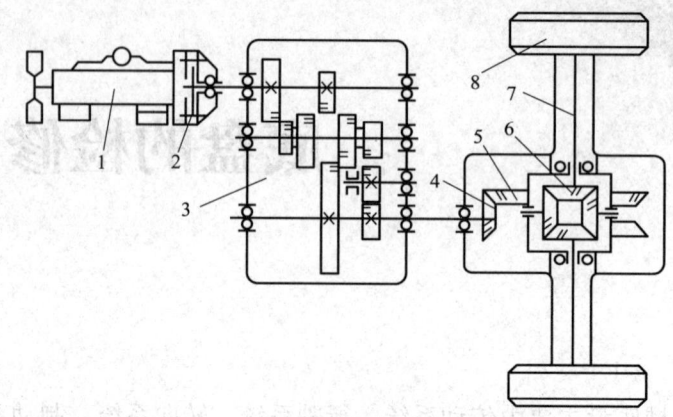

图 4-1-1 内燃叉车机械传动系统原理图

1—内燃机 2—离合器 3—变速器 4—主动齿轮 5—从动齿轮 6—半轴齿轮 7—半轴 8—驱动轮

（2）液力机械传动系统

液力机械传动系统主要由液力变矩器、变速器、传动轴、驱动桥等组成，如图4-1-2所示。

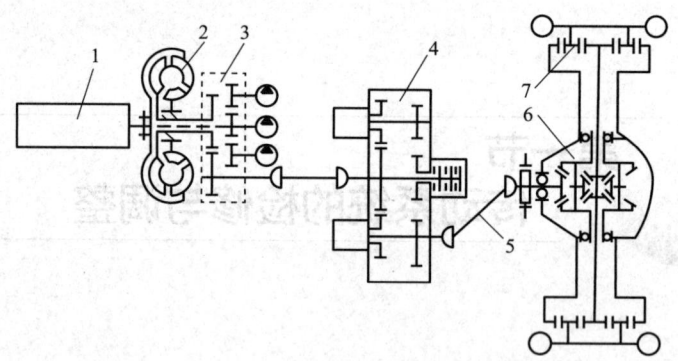

图 4-1-2 内燃叉车液力机械传动系统原理图

1—内燃机 2—液力变矩器 3—功率输出器 4—变速器 5—传动轴 6—驱动桥 7—轮边减速器

（3）全液压传动系统

全液压传动系统由内燃机直接带动液压泵，液压泵输出的液压油驱动安装在驱动轮上的液压马达旋转而直接带动车轮旋转，如图4-1-3所示。

（4）电传动系统

因为电动机的反转和调速由电气控制系统来完成，所以电传动系统不需要离合器和变速器。电传动系统主要有单级传动、两级传动两种形式，还有个别的采用左后轮为驱动轮，如图4-1-4所示。

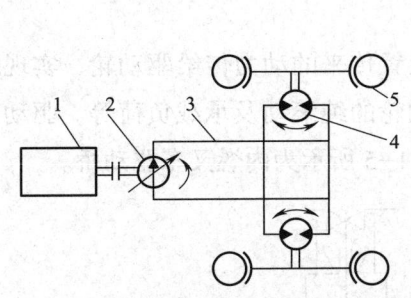 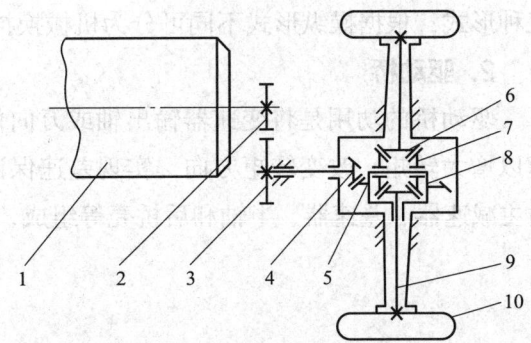

图 4-1-3 内燃叉车全液压传动系统原理图　　图 4-1-4 电动叉车传动系统原理图
1—内燃机　2—变量液压泵　3—液压管路　　1—电动机　2、3—圆柱齿轮　4、5—锥齿轮　6—半轴齿轮
4—液压马达　5—驱动轮　　　　　　　　　7—行星齿轮　8—差速器壳体　9—半轴　10—驱动轮

二、传动系统的主要组成

1. 变速器

变速器是内燃叉车传动系统的主要部件之一，它的一端与飞轮壳相连，另一端与驱动桥相连（大型叉车通过万向传动装置与驱动桥相连）。在叉车运行过程中，变速器与发动机配合工作，保证车辆有良好的动力性能与经济性能。小吨位叉车（3t 以下）的前进、后退均为两个挡，大、中吨位叉车则多为 3~5 挡，有的中小吨位内燃叉车采用无级变速。

（1）变速器的功用

1）扩大驱动轮转矩和转速的范围，以适应经常变化的行驶条件，使发动机在较好工况下工作。

2）在发动机旋转方向不变的前提下，使车辆反向行驶。

3）中断动力传递，使发动机启动、怠速运转、滑行等。

（2）变速器的组成

变速器由变速传动机构和变速操纵机构组成。变速传动机构的主要作用是改变转矩、转速和旋转方向；变速操纵机构的主要作用是控制传动机构，实现变速器传动比的变换。

（3）变速器的分类

变速器的种类很多，一般可分为无级变速器和有级变速器两大类。

1）无级变速器。无级变速器可在一定范围内根据阻力的变化，自动、无级地改变传动比和转矩。例如，CPCD30A 型叉车采用的就是无级变速器。

2）有级变速器。有级变速器是具有若干个定值传动比可供选择的变速器。有级变速器根据齿轮啮合形式的不同可分为滑动齿轮啮合式、啮合套啮合式、同步器啮合式三种形式；根据操纵形式不同可分为机械换挡变速器和动力换挡变速器。

2. 驱动桥

驱动桥的功用是将变速器输出轴或万向传动装置传来的动力传给驱动轮，实现降速以增大转矩，改变转矩方向，实现差速保证驱动轮的纯滚动及承载负荷等。驱动桥由主减速器、差速器、半轴和后桥壳等组成，图4-1-5所示为内燃叉车驱动桥。

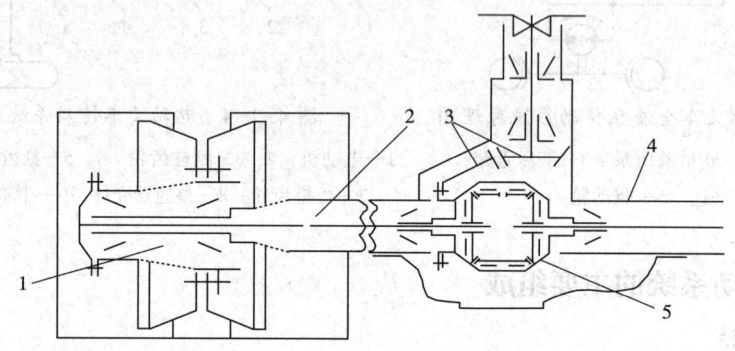

图4-1-5　内燃叉车驱动桥
1—轮毂　2—半轴　3—主减速器　4—驱动壳　5—差速器

（1）主减速器

1）主减速器的分类。主减速器有单级主减速器（见图4-1-6a）和双级主减速器（见图4-1-6b、图4-1-6c）两种。当主减速器的传动比在7以下时，可采用单级主减速器。例如，CPQ10型叉车的传动比为6.5，采用的是一对锥齿轮组成的单级主减速器。电动叉车一般采用传动比较大的双级主减速器，以便使电动机传出的转速降低到所需数值，如图4-1-6c所示。

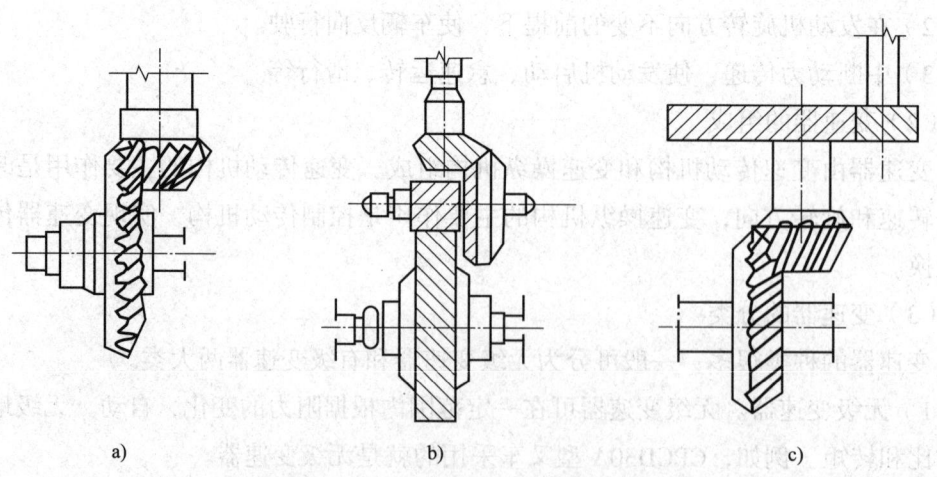

图4-1-6　主减速器的结构及原理
a）单级主减速器　b）、c）双级主减速器

CPQ10型电动叉车的驱动桥采用一对圆柱斜齿轮及一对锥齿轮减速。

2）单级主减速器的结构。叉车单级主减速器多采用一对大小不等的锥齿轮传动结构，并以小齿轮为主动轮，如图 4-1-7 所示。

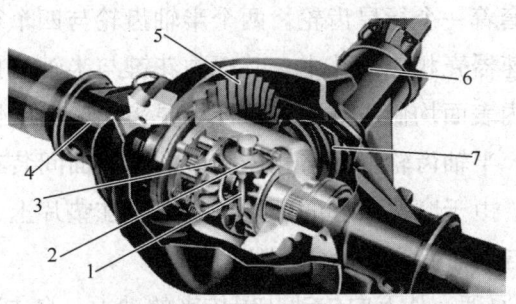

图 4-1-7　叉车单级主减速器

1—行星齿轮轴　2—行星齿轮　3—半轴齿轮　4—半轴　5—从动锥齿轮　6—传动轴　7—主动锥齿轮

为保证主动锥齿轮有足够的支承刚度，主动锥齿轮与轴做成一体，通过三个轴承支承在主减速器壳上。从动锥齿轮用螺栓紧固于差速器壳上，而差速器壳则以两侧的两个轴承支承在主减速器壳的座孔中，轴承外侧有调整螺母。从动锥齿轮背面装有支承螺柱，以限制从动锥齿轮过度变形。装配时，支承螺柱与从动锥齿轮端面之间的间隙为 0.3～0.5 mm。

主减速器壳中所储存的齿轮油在从动锥齿轮转动时被甩溅到各摩擦表面，从而达到润滑效果。为保证主动锥齿轮轴前端的圆锥滚子轴承得到可靠润滑，在主减速器壳体中铸有进油道和回油道。主减速器内还装有通气塞，以防止壳内气压过高而使润滑油渗漏。

（2）差速器

1）差速器的结构。叉车上应用的齿轮式差速器主要由 4 个圆锥行星齿轮、行星齿轮轴（十字轴）、2 个圆锥半轴齿轮和差速器壳组成。齿轮式差速器的结构如图 4-1-8 所示。

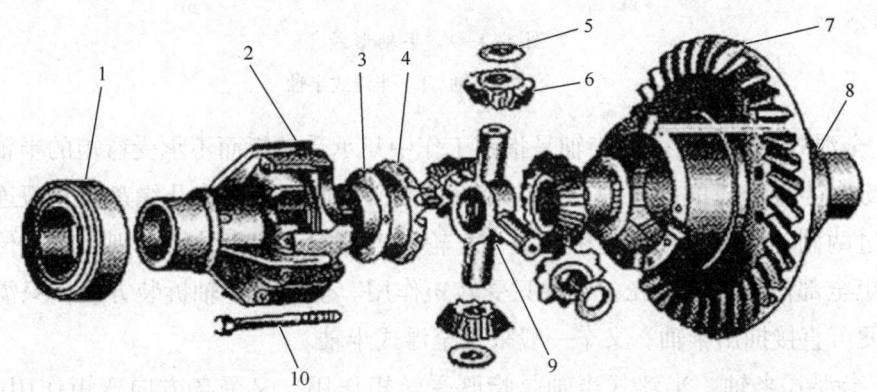

图 4-1-8　齿轮式差速器的结构

1—轴承　2—差速器左半壳　3—垫片　4—半轴齿轮　5—垫圈　6—行星齿轮
7—从动齿轮　8—差速器右半壳　9—十字轴　10—螺栓

差速器壳的两部分用螺钉紧固连接，主减速器从动齿轮用铆钉或螺栓固定在差速器左半壳的凸缘上。行星齿轮轴的四个轴颈装在由两半差速器壳相应凹槽组成的十字形孔中，每根轴上松套着一个行星齿轮。两个半轴齿轮与四个行星齿轮啮合，半轴齿轮以其轴颈支承在差速器壳相应的孔中，并以内花键与半轴连接。行星齿轮的背面和差速器壳相应位置的内表面均做成球面，保证行星齿轮的对中性，以利于与半轴齿轮正确啮合。行星齿轮、半轴齿轮背面与壳体相应的摩擦面间装有软钢或青铜制成的减摩垫片。使用过程中，由于摩擦引起的磨损主要发生在垫片上，因此，改变垫片的厚度可以调整行星齿轮与半轴齿轮的啮合间隙。

2）差速器的工作原理。从万向传动装置传来的动力，自主减速器从动齿轮，依次经差速器、十字轴、行星齿轮、半轴齿轮、半轴输送到驱动轮。当两侧车轮以相同的转速转动时，行星齿轮绕半轴轴线转动，即公转。若两侧车轮阻力不同，则行星齿轮在做上述公转运动的同时，还可绕自身轴线转动（自转），以适应两侧车轮的不同转速。

3）防滑差速器。当一侧车轮打滑时，差速器可利用啮合器强制地将一侧半轴的齿轮与差速器壳锁在一起，并通过行星齿轮使另一侧半轴齿轮也只能随差速器壳同步运转。于是两侧半轴齿轮都得到了与差速器壳相等的转矩，使驱动轮获得较大的驱动力。

（3）半轴

半轴是在差速器与驱动轮之间传递转矩的轴。由于所传递的转矩较大，因此半轴一般是实心轴。半轴有以下两种形式（见图4-1-9）。

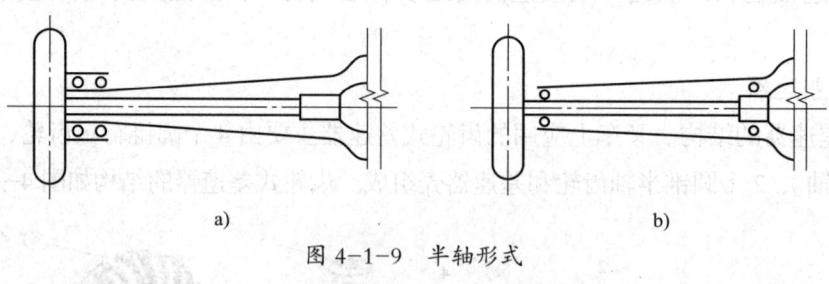

图4-1-9　半轴形式
a）全浮式半轴　b）半浮式半轴

1）全浮式半轴。全浮式半轴是指在工作中只承受转矩而不承受弯矩的半轴。半轴内端花键在半轴齿轮的内孔中，外端有凸缘盘，并通过螺栓将凸缘盘与轮毂连接。若轮毂通过两副轴承支承在驱动桥壳上，车轮不直接支承在半轴上，则由车轮传来的各方面转矩全部传给驱动桥壳，半轴只受转矩作用。全浮式半轴拆装方便，只需拆下半轴螺栓便可直接抽出半轴。叉车一般采用全浮式半轴。

2）半浮式半轴。半浮式半轴是指既受转矩作用，又受各方向弯矩作用的半轴。半轴外端通过轴承支承在驱动桥壳内，车轮直接支承于半轴外端，且距轴承有一段距离。

三、液力传动装置的检修

1. 液力传动装置的组成

液力传动装置于 20 世纪 80 年代开始应用于叉车，它由液力变矩器和动力换挡变速器组成。中国龙工控股有限公司生产的 CPCD30 型、CPCD50 型叉车使用了先进的液力传动装置，具有下述优点。

第一，微动阀使叉车在发动机低速或高速时都能进行微动操作。

第二，液力离合器装有四片经过特殊处理的纸质摩擦片和钢板，改进了其摩擦时的耐磨性。

第三，装在液力变矩器中的单向超载离合器改善了动力传动效率。

第四，液力变矩器油路中有较好的滤清器，延长了液力变矩器的使用寿命。

（1）液力变矩器

液力变矩器用来传递转矩，能在泵轮转矩不变的情况下，随涡轮的转速不同，自动改变涡轮输出的转矩数值。液力变矩器主要由泵轮、涡轮、导轮等元件组成，如图 4-1-10 所示。

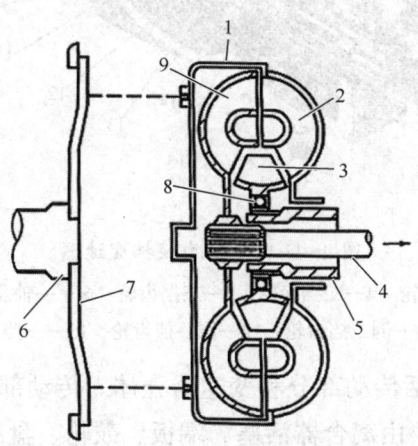

图 4-1-10 液力变矩器
1—变速器壳体 2—泵轮 3—导轮 4—变速器输出轴 5—液力变矩器壳体
6—曲轴 7—驱动端盖 8—单向离合器 9—涡轮

液力变矩器到变速器的动力传递顺序为涡轮→输入轴总成→隔片→摩擦片→前进挡齿轮或反向齿轮→变速器输出轴。

（2）变速器壳体与供油泵

变速器壳体除了安装输入轴和输出轴等机构外，本身也起着油箱的作用，其底部有滤油器（滤网为 150 目）来过滤吸入供油泵的油。管路滤油器和加油盖等装在壳体盖上方。

供油泵安装在液力变矩器与输入轴之间，利用泵轮轴带动一对内啮合齿轮组成的齿轮泵，向液力变矩器、变速器供油。

（3）动力换挡变速器

CPCD50型叉车变速器是圆柱齿轮常啮合动力换挡变速器，共有三个挡位，前进一挡、二挡和倒退一挡。它与液力变矩器配合使用，将发动机经液力变矩器的转矩和运动经传动轴传递给驱动桥。

动力换挡变速器主要由变速传动机构、湿式换挡离合器和变速换挡操纵阀组成，动力换挡变速器如图4-1-11所示。

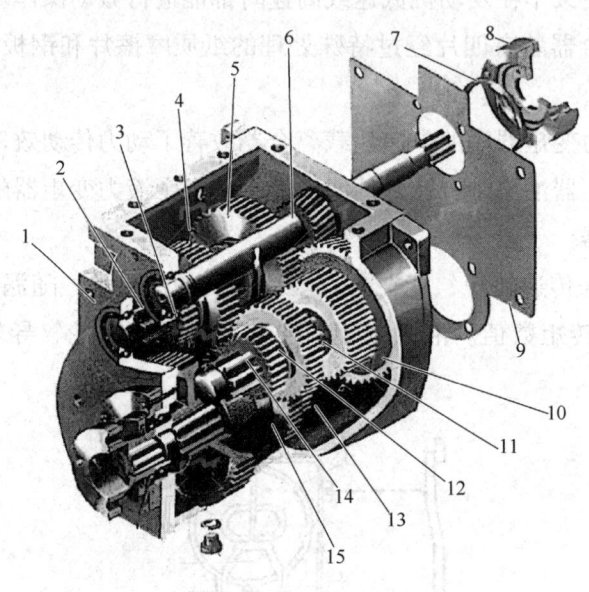

图4-1-11 动力换挡变速器

1—箱体 2—二轴 3——挡齿轮 4—二挡齿轮 5—三挡齿轮 6——轴及齿轮 7—止动环 8—轴承盖 9—密封垫 10—常啮合齿轮 11—倒二挡齿轮 12—倒一挡齿轮 13—三挡齿轮 14—二轴 15—二挡齿轮

其中变速传动机构包括传动部分和变速器壳体。传动部分主要由轴、齿轮和轴承组成。湿式换挡离合器主要由离合器活塞、端板、鼓轮、盘毂、外摩擦片、内摩擦片、压盘及弹簧等机件组成。CPCD50型叉车共有三个湿式换挡离合器（两个用于变速，一个用于换向），依靠液压进行接合。

变速器换挡操纵阀操纵三个湿式换挡离合器，以实现叉车前进两挡、倒退一挡的要求。它包括变速器和断流阀两部分。CPCD50型叉车上的液压换挡操纵系统与传动、转向共用一个油泵和油箱。压力阀使变速器换挡操纵油路具有一定压力，以满足换挡离合器接合的需要。断流阀与制动系统连接，以便在制动时切断进油路，使换挡离合器工作油路接油箱，保证离合器分离。

2. 液力传动装置的故障诊断及排除

（1）变速压力过低

由于液力变矩器和变速器的供油系统是共用的，所以把两者联系在一起进行分析。

正常变速压力应为 1.08～1.47 MPa，压力过低的原因及排除方法如下。

1）变速器内油位过低，变速泵吸空，供油不足，使前进一挡掘进无力、二挡时走时停。此时，应先检查变速器油位并及时加油，同时排除漏油，若变速器内的油液进入工作装置液压系统油箱内，则应同时更换变速泵壳体和工作装置液压泵壳体上的油封。

2）变速泵磨损。变速泵磨损后，除压力上升慢外，还表现为当系统因检修将油液放完，重新加油启动发动机时无变速压力，但拆开变速泵进油接头向液压泵及泵上的钢管内灌满油后再启动发动机，变速压力即能上升，这说明泵的吸力太小。此时，可分解检查，如果齿轮端面与泵体、泵盖拉伤或磨损过甚，应更换新泵。

3）变速阀有故障。所有挡位下，变速压力过低或挂挡时压力回升太慢，多数是调压阀——液力变矩器第一压力阀引起的，常表现为以下几种情况。

①变速压力偏低。变速压力低于正常值，一般是由于调压弹簧弹力不足所致。有的调压阀是单弹簧加固定套式（见图 4-1-12），固定套缩短可使压力增高，但多数调压阀是双弹簧式，即把固定套改成粗弹簧。在排除液压油低的故障时，一般都是更换调压弹簧。

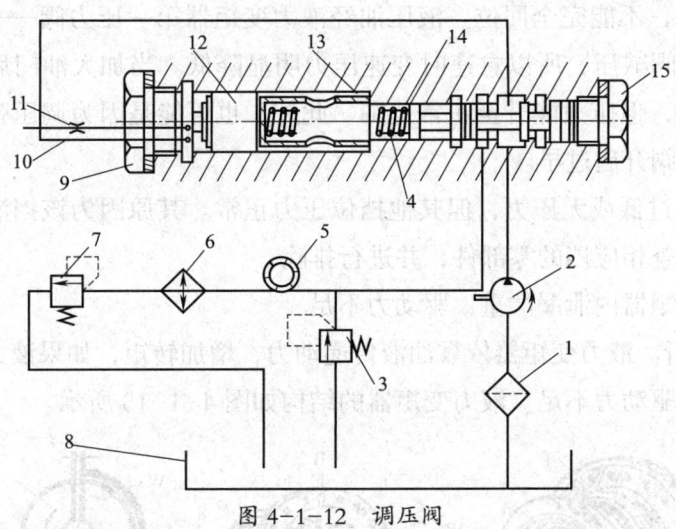

图 4-1-12　调压阀

1—滤清器　2—液压泵　3—溢流阀　4—调压弹簧　5—变矩器　6—散热器　7—背压阀　8—油箱
9—螺母　10—油道　11—节流孔　12—固定套　13—阀座　14—弹簧座　15—调压螺母

②变速压力过低或低至零。

a. 变速阀调压弹簧折断，以致很小的油压即可推动调压阀杆左移，使液压油经液力变矩器第二压力阀——溢流阀降压。此时，拆下螺母 9，取出蓄能活塞，即可抽出调压弹簧更换新件，但安装时要注意勿使弹簧座脱落。

b. 变速阀与变速器壳体之间的密封垫冲破，使阀体上的液压油道与回油道相通而泄压。

c. 切断阀阀杆卡住或回位弹簧失效，使切断阀永远处于切断位置，将压力表接在切断阀上测得压力为零。

③挂挡时压力回升太慢。

a.蓄能活塞阻滞。挂挡时油液进入变速分配阀，同时沿阀体上的油道经限流孔进入蓄能活塞左腔，推动蓄能活塞右移，一起压缩粗弹簧和调压弹簧，以保证挂挡所需的正常压力。因此，在离合器接合过程中，油压上升的快慢取决于调压弹簧力增加的快慢，即取决于蓄能活塞向右移动的快慢。如果蓄能活塞不灵活，则其右移变慢，压力回升迟缓。蓄能活塞阻滞的原因主要是油液中有杂质或油温过高。因蓄能活塞与阀体的配合间隙只有 0.035～0.040 mm，且活塞与阀体接触面积大，如果油液中有杂质，则极易卡住。应清洗相应零部件及油路系统进行故障排除。

b.通往蓄能活塞左端油路的限流孔堵塞，液压油不能推动蓄能活塞，因而不能增加调压弹簧的受压量，应拆下螺塞，疏通小孔。

c.取代固定套的粗弹簧过长或太硬，影响蓄能活塞右移和调压弹簧压缩量的增加，应更换短一点的粗弹簧。

④发动机急速时变速压力很低，加大油门后压力正常，两压力差值很大。其原因为调压阀杆阻滞，不能完全回位。液压油经液力变矩器第一压力阀——调压阀和第二压力阀——溢流阀减压，所以急速时变速压力明显降低。当加大油门后，变速泵供油增多，虽有溢流，但压力能升至正常范围。此外，也可能是因为调压弹簧短，使液力变矩器第一压力阀开启过早。

⑤某挡压力过低或无压力，但其他挡位压力正常。其原因为该挡液压缸与活塞有油液泄漏。应检查相应挡的零部件，并进行排除。

（2）液力变矩器内泄漏严重，驱动力不足

1）原因分析。液力变矩器依靠油液传递动力，增加转矩，如果液力变矩器内泄漏严重，必然导致驱动力不足。液力变矩器的结构如图 4-1-13 所示。

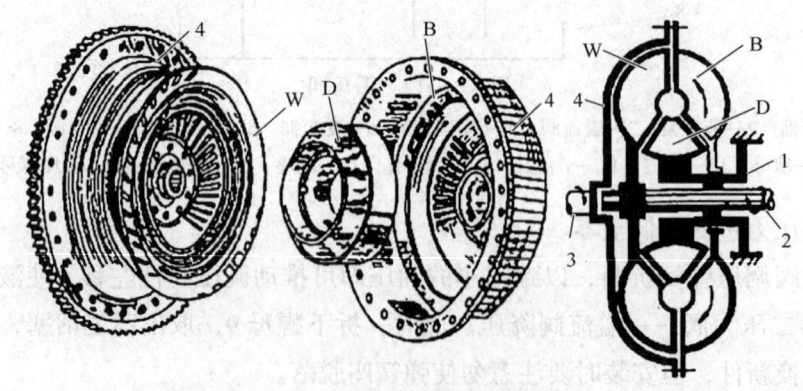

图 4-1-13　液力变矩器的结构

1—导轮轴　2—输出轴　3—输入轴　4—液力变矩器壳
B—泵轮　W—涡轮　D—导轮

液力变矩器的油路如图 4-1-14 所示，液压油经液力变矩器第一压力阀——调压阀、第二压力阀——溢流阀、壳体上的油道和导轮座上的进油孔进入导轮座与分动齿轮之间，分动齿轮靠壳体一端导轮座上的扣接式金属密封环封闭，所以油液便通过轴承进入泵轮，使液力变矩器工作；然后，进入导轮座内孔与二级输出轴齿轮之间，导轮座和二级输出轴齿轮的孔内都有橡胶式旋转油封以密封油路，再经导轮座出油孔进入变矩器第三压力阀——背压阀，由背压阀控制液力变矩器出口油压；此后，油液流经冷却器，再经壳体上的油道进入中间传动轴，润滑超越离合器及轴承。液力变矩器转矩放大原理如图 4-1-15 所示。

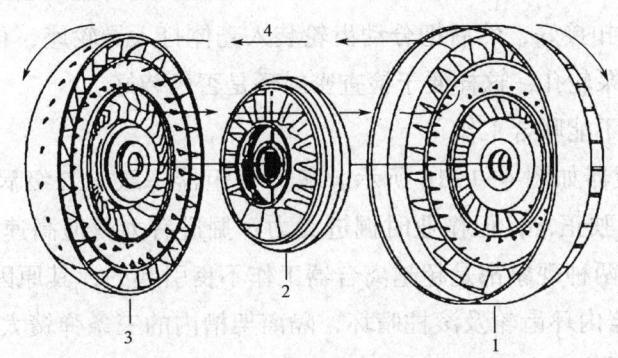

图 4-1-14　液力变矩器的油路
1—涡轮　2—导轮　3—泵轮　4—油液流动方向

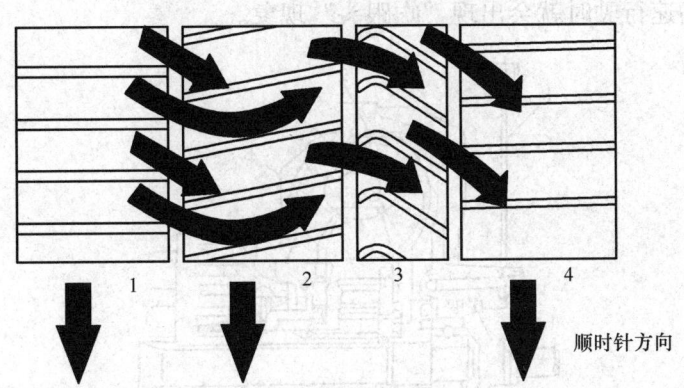

图 4-1-15　液力变矩器转矩放大原理
1—泵轮　2—涡轮　3—导轮　4—泵轮

由液力变矩器的结构可知，液力变矩器溢流阀、背压阀泄油过多或旋转油封、O 形圈漏油都会使液力变矩器油液不足。但是，溢流阀和背压阀在出厂前已调好，不易出现故障，因此，液力变矩器内泄漏的主要原因是橡胶油封磨损或金属密封环损坏。

2）金属密封环损坏的原因及排除方法

①轴承轴向间隙调整不当。泵轮安装后，泵轮内孔与轴承外座圈应在同一平面，应用调整垫调平，使压板同时压住泵轮与轴承外座圈。如果压不住轴承或泵轮，则会

导致组合件过早损坏。

②导轮与挡圈之间装配过紧。导轮压在轴承内座圈上，由挡圈限定其位置，装配后导轮与挡圈之间应有 0.1 mm 的间隙。间隙过大时导轮易与涡轮摩擦；若无间隙，则不仅易使挡圈脱槽，而且会导致轴承磨损松旷。

③弹性板与飞轮轴向间隙过大。两者装配后，若轴向间隙过大，则会造成弹性板拉罩轮，罩轮拉泵轮，最终导致轴承受轴向力过大而损坏。此间隙应为 −0.15～0.20 mm，间隙不当可在罩轮与弹性板之间加垫调整。

④分动齿轮安装不当，损坏金属密封环。为防止装配时碰断密封环，可先把密封环装在导轮座上并扣接好，然后把分动齿轮装入壳体打入导轮座，再将两个轴承轻轻打入分动齿轮孔和泵轮孔，这样便于检查密封环是否已装好。

（3）二级涡轮不能联合工作

典型液力变矩器如图 4−1−16 所示。液力变矩器一级、二级涡轮工作不协调有两种现象：高速行驶正常，但作业时掘进无力；掘进有力，但高速行驶时"吃跟头"（类似点刹车）。这两种现象都是超越离合器工作不良引起的，其原因为以下两点。

1）超越离合器内环齿轮及滚柱啃坏，隔离架槽内的三条弹簧太软或预压量不够，当外负荷增加时，单向离合器打滑，导致一级、二级涡轮不能联合工作，所以掘进无力。

2）超越离合器齿轮、隔离环损坏后，单向离合器有时出现阻滞，当卡住而无法分开时，装载机高速行驶时就会出现"吃跟头"现象。

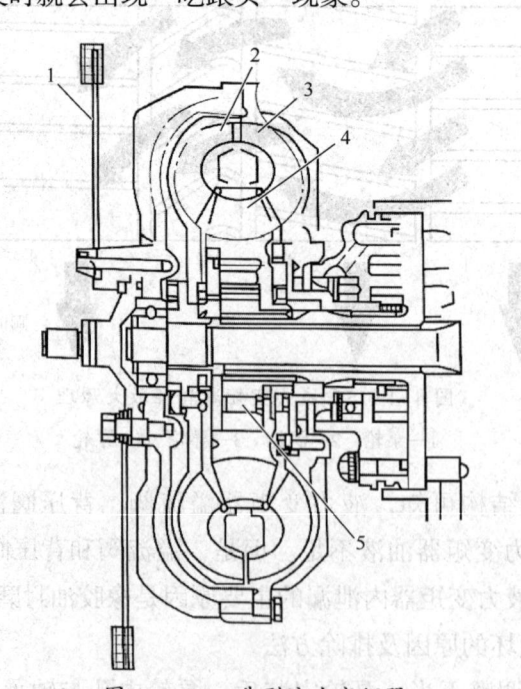

图 4−1−16 典型液力变矩器

1—弹性板 2—涡轮 3—泵轮 4—导轮 5—单向离合器

（4）液力变矩器油温过高

液力变矩器油温应高于 80 ℃、低于 110 ℃，油温过高会使液力变矩器驱动力不足。油温过高的原因有以下四点。

1）变速器内油位过低或过高。油位过低，液压泵会吸入空气，使液力变矩器、变速器零件冷却不良；油位过高，热量散发慢，使油温过高。

2）变速压力过低。变速压力低，导致液力变矩器油液不足，冷却不良，使油温上升过快，同时引起变速箱离合器打滑，产生大量的热使油温过高。

3）挂挡时变速压力回升太迟。变速压力回升迟导致挂挡时间过长，引起各挡摩擦片之间产生摩擦，使油温猛升。

4）发动机冷却系统工作不良。散热器被污物堵塞或冷却系统缺水，使水温过高，造成水冷式油液冷却器冷却不良。

四、变速器主要零件的检修

1. 变速器壳

（1）变速器壳的主要耗损

变速器壳的主要耗损包括变形和裂纹、轴承座孔的磨损、螺纹孔的磨损。

（2）变速器壳的检修

对于壳体不重要处的裂纹，可用黏结法修复，重要处可以焊修，但当出现与轴承孔相通的裂纹及安装固定孔处有裂纹时，应予以报废。

2. 齿轮和轴的检修

（1）齿轮

1）齿轮的主要耗损：齿牙的断损及裂纹、齿面的斑点和剥落。

2）齿轮的检修：齿面有轻微斑点、剥落或边缘略有破损时，均可用油石或风动砂轮修磨后继续使用；若齿轮磨损超过规定标准，则不能继续使用。

（2）变速器轴

1）变速器轴的主要耗损：键齿和轴颈的磨损。

2）变速器轴的检修：可以采用堆焊后修磨或镀铬等方法进行修复；对于轴的弯曲，可以用压力或火焰校正法校正。

3. 变速器的装配

变速器在装配时，应注意以下几点。

（1）所有零件应彻底清洗，并用压缩空气吹净和擦干。

（2）各部位轴承及键槽应涂以齿轮油或润滑油。

（3）壳体上的螺纹孔和轴承孔在安装螺栓与轴承时，应涂以密封胶，以防漏油。

（4）不要用金属榔头在零件表面上直接敲打，以防打毛或断裂。

五、驱动桥主要零件的检修

1. 桥壳的检修

后桥壳的主要耗损：后桥壳弯曲变形或断裂，后桥壳裂纹，镶半轴套管的后桥壳座孔磨损，半轴套管颈磨损和前端螺纹损坏，螺纹孔及定位销孔损坏或磨损。

后桥壳的弯曲校正，一般在压床上冷校。若弯曲较大或桥壳刚度大，则可用热校，但温度应在 700 ℃以下，以免造成桥壳可锻铸性质改变，强度下降。

2. 桥的装配与调整

后桥的装配与调整主要内容有主减速器的装配与调整、差速器的装配与调整以及圆柱齿轮装配位置的调整。

主减速器和差速器的装配与调整：主、从动锥齿轮轴承预紧度的调整，主、从动锥齿轮啮合间隙、啮合印痕的调整，差速器轴承预紧度的调整。

对于单级主减速器，应先进行差速器的装配，然后调整主、从动锥齿轮的轴承紧度，最后调整齿轮啮合印痕与啮合间隙；对于双级主减速器，差速器的装配与轴承预紧度的调整可以在最后进行。

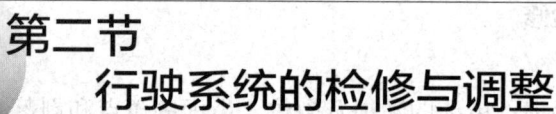

第二节 行驶系统的检修与调整

行驶系统的主要功用：将传动系统传来的转矩转化为叉车行驶的驱动力；承受并传递路面作用于车桥上的各种阻力及力矩；减少振动、缓和冲击，保证叉车平顺行驶。

行驶系统一般由车架、车桥、车轮和悬架组成。车轮分别安装在转向桥与驱动桥上，车桥通过悬架连接车架。

一、车架的检修

1. 车架损伤的原因

拖车车架所受弯曲力矩和剪力如图 4-2-1 所示，车架常见损坏部位如图 4-2-2 所示。

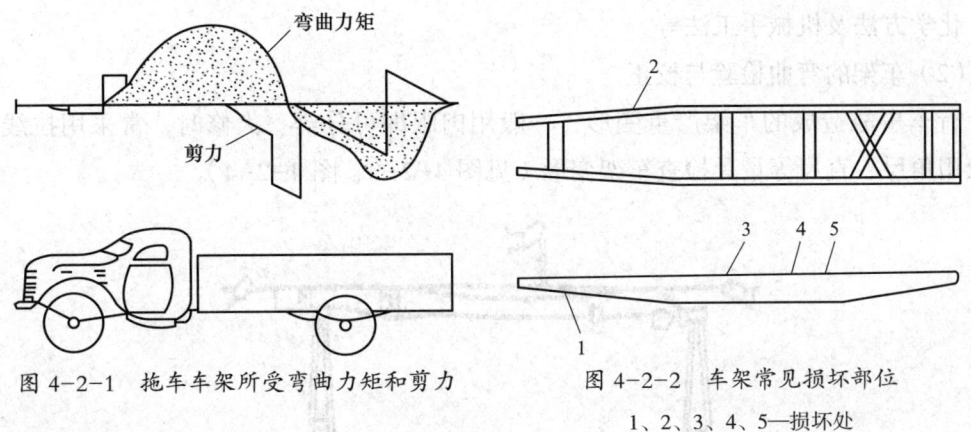

图 4-2-1 拖车车架所受弯曲力矩和剪力

图 4-2-2 车架常见损坏部位
1、2、3、4、5—损坏处

（1）车架的弯曲及断裂

拖车在行驶时，由于某些载荷的作用，车架会产生弯曲和剪切应力，特别是当主路面不平、超载、载荷分布不合理时，弯曲和剪切应力将产生很大的变化。

某拖车静载时车架所受弯曲力矩和剪力如图 4-2-1 所示，当拖车满载全制动时，应力值比静载荷时增大 2～2.5 倍。

最大弯曲力矩在驾驶室与车厢结合处。虽然车架断面在设计时已考虑了受力变化，做成中部较宽的形式，但由于载荷的偏移或结构不完善等，往往容易在最大弯曲应力处出现断裂。

车架常见损坏部位如图 4-2-2 所示。车架前部横架较少，纵梁断面小，扭转刚度小，因而此处在动载荷作用下纵梁下翼面易造成断裂（损坏处1）；在车架高度变化区，由于冲压造成表面褶皱现象，引起应力集中，易产生裂纹（损坏处2）；车架第二横梁后纵梁上翼（在车厢与驾驶室之间处）的弯曲力矩最大处，易产生裂纹（损坏处3）；第三横梁处纵梁上平面的剪切应力较大易损坏（损坏处4）；在副钢板弹簧支架处，当载荷偏后时，弯曲和剪切应力均较大，易损坏（损坏处5）。

（2）车架的扭转和歪斜

当拖车在不平坦的道路上行走，车架受单边力和离心力时，均会造成车架的扭转和歪斜。

（3）剪切

在载荷作用下，车架纵梁所受剪力（剪力分布如图 4-2-1 所示）在前、后钢板弹簧支架处最大。在载重机械副钢板弹簧支座处，由于无横梁，有时会产生铆钉被剪断或铆钉孔铆接处开裂等破坏现象。

2. 车架的修理

（1）车架的除锈、除漆

为了保证车架的检修质量，首先要进行除锈、除漆工作。清除方法可用喷砂、喷丸、化学方法及机械手工法等。

（2）车架的弯曲检验与校正

行车事故造成的车架严重变形，一般用肉眼即可分辨。大修时，常采用拉线法，以及用角尺、直尺等量具检查车架变形（见图4-2-3、图4-2-4）。

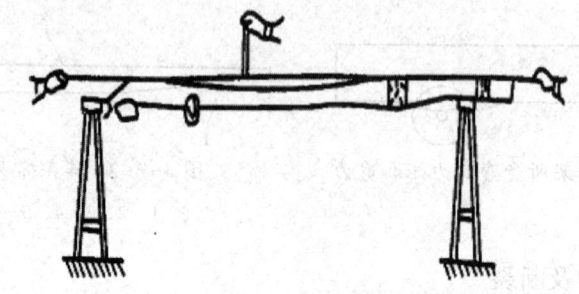

图4-2-3　用拉线法检查车架变形

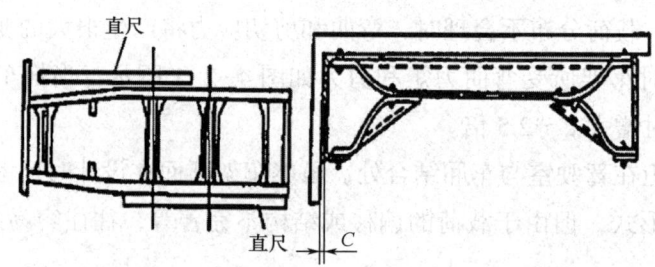

图4-2-4　用角尺、直尺检查车架变形

纵梁直线部分上平面的直线度，在1 000 mm内应不大于3 mm，侧面宽上的直线度应不大于0.30 mm，车架宽度偏差应为±3 mm。

通常通过测量对角线判断车架是否扭斜及出现水平弯曲等（见图4-2-5），各区段对角线长度差允许值应不大于5 mm，对角线交叉点对中线偏差应为±2 mm。

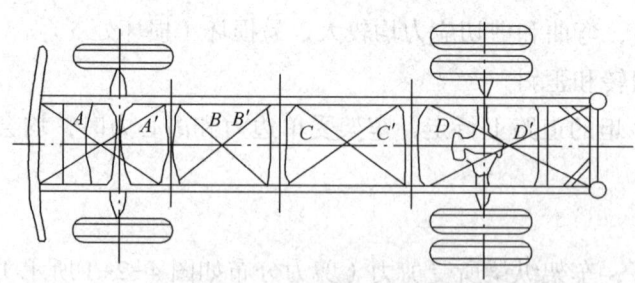

图4-2-5　车架的扭斜检查

二、钢板弹簧的检修

钢板弹簧经长期使用，会产生折断，弹性减退，钢板销、支架与吊耳磨损及铆钉松动等。

1. 钢板弹簧耗损的原因

造成钢板弹簧耗损的原因很多,仅从使用和维修方面分析主要有如下一些因素。

(1)机械超负荷作业很容易引起钢板弹簧疲劳折断,以及各部位磨损加剧。

(2)维修装配质量不好,如中心螺栓松动错位而产生错动磨损,钢板弹簧夹未夹紧、弹簧卡安装不当等,均易使钢板弹簧折断。

(3)驾驶操作不当,不适当的紧急制动和惯性力使前钢板弹簧负荷大幅增加。例如,高速行驶和猛打转向盘急转弯,前者使振动加大,后者使离心力增加,都容易造成钢板弹簧折断。

此外,润滑不良、减振器失效,也会造成钢板弹簧早期损坏。即使在很正常的使用条件下,使用一定时间后,钢板弹簧也会产生疲劳损坏。

2. 钢板弹簧的检修与装配

(1)钢板弹簧的检验

对于钢板弹簧叶片曲率半径的检验,一般采用样板(新片)进行靠合试验。

钢板弹簧弹性减退表现在弧高的减小,一般在弹性试验器上检查有负荷或无负荷下弧高是否出现减小即可。同时,要求左、右钢板弹簧总成片数相等,总厚度差不大于 5 mm,弧高差不大于 10 mm。

检查钢板销及第一片卷耳内衬套的磨损及支架和吊耳的磨损情况,是否符合上述标准。

(2)钢板弹簧的修理

1)恢复钢板弹簧叶片曲率半径。

2)对钢板弹簧进行热处理加工。

(3)钢板弹簧的装配

1)装合时,应注意除净钢板弹簧上的泥污和锈蚀,并在各片接触面涂以石墨润滑脂,并复查各片曲率半径。

2)若钢板弹簧有中心孔,则其中心螺栓直径较孔径不得小于 1.5 mm。中心螺栓应按规定转矩扭紧。

3)钢板弹簧夹子应按规定数量配齐,夹子内侧与钢板弹簧两侧间隙为 0.7~1.0 mm,夹子套管与钢板弹簧顶部距离为 1~3 mm,以保持各片可自由伸张。同一副钢板弹簧总成上的夹子螺栓应从远离轮胎的一侧穿入,以防螺栓松动窜出,刮伤轮胎。

4)已装配好并压紧的钢板弹簧,片与片之间应紧密配合,相邻两片的间隙在总接触长度的 1/4 以内,间隙一般应不大于 1.2 mm。

第三节 转向系统的检修与调整

转向系统的功用是在驾驶员的操纵下控制叉车的行驶方向。转向系统由转向盘、转向轴、转向器、液压缸、转向节等组成。叉车的转向系统通常分为机械式转向、液压助力转向和全液压转向三种。

一、液压助力转向系统

液压助力转向系统在机械式转向系统的基础上增设了一套液压助力装置,转动转向盘的操纵力已不作为直接迫使车轮偏转的力,而是作为使控制阀进行工作的力,车轮偏转的力由转向液压缸产生。该系统一般用于较重型叉车,如 CPCY50 型叉车等。液压助力转向系统工作原理如图 4-3-1 所示。

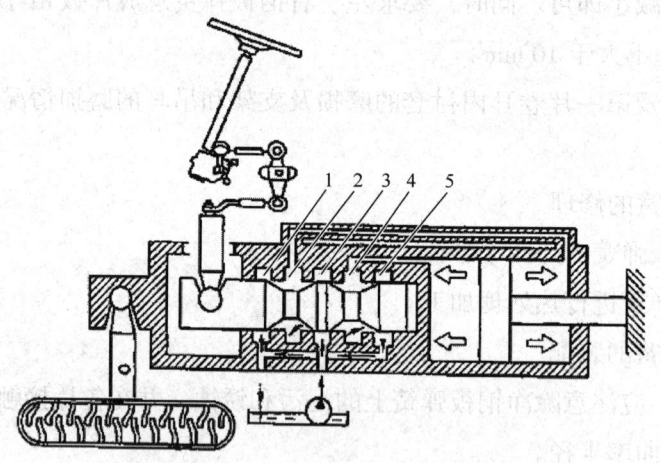

图 4-3-1 液压助力转向系统工作原理
1、2、3、4、5—阀体油槽

二、全液压转向系统

全液压转向系统通过转向盘、转向导柱操纵全液压转向系统,转向系统产生的液压油经油管进入转向液压缸,驱动转向三连板或转向拉杆和转向节转动,使转向轮改变方向,一般用于大、中型叉车。新生产的叉车普遍采用全液压转向系统,如 CPCD50 型、CPCD30 型、CPQ20 型叉车等,全液压转向系统结构如图 4-3-2 所示。

全液压转向系统的构造如图 4-3-3 所示。

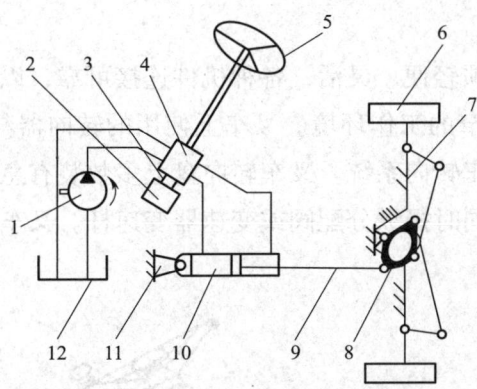

图 4-3-2 全液压转向系统结构
1—转向泵 2—摆线马达 3—配流盘 4—控制阀 5—转向盘 6—转向轮 7—转向梁
8—转向三联板 9—活塞杆 10—转向液压缸 11—车架 12—油箱

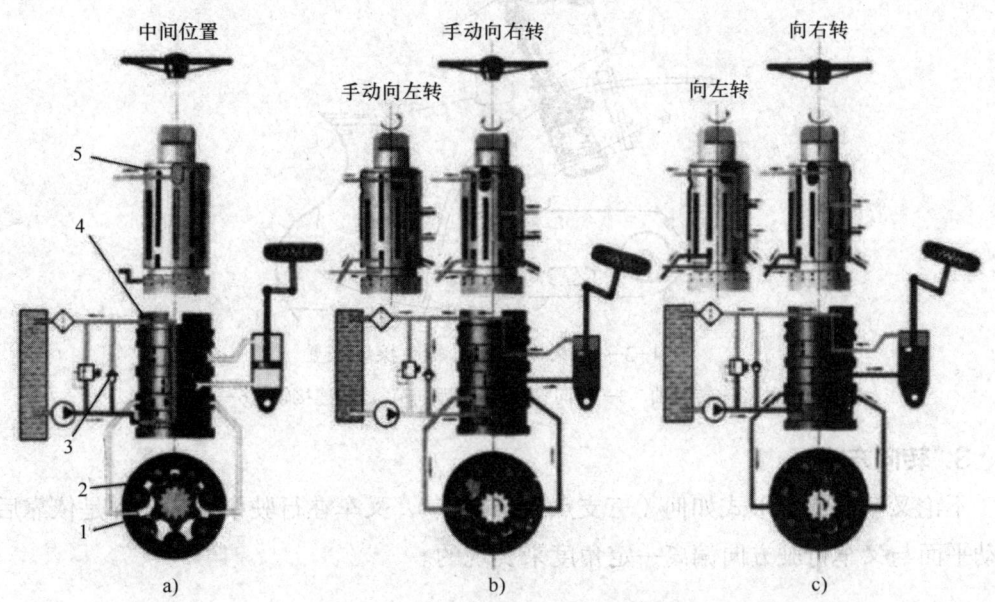

图 4-3-3 全液压转向系统的构造
1—转子 2—定子 3—单向阀 4—阀套 5—阀芯

其中，阀芯、阀套和阀体构成随动转阀，起控制油液流动方向的作用；转子和定子构成摆线齿轮啮合副，在动力转向时起计量马达的作用，以保证流入转向液压缸的油量与转向盘的转角成正比，并在人力转向时起手动液压泵的作用；联轴器起传递转矩的作用。

三、叉车的转向特点

1. 转向类型

一般情况下起重量在 1t 以下叉车，均采用结构简单的机械式转向系统。而起重量大于 1t 的叉车，为了操纵方便，减轻驾驶员疲劳程度，多采用全液压转向系统。

2. 结构要求

叉车的转向系统必须轻便、灵活，各种机件连接可靠，以适应叉车转向频繁，以及作业场地通道比较狭窄的工作环境。叉车上使用的转向器与汽车转向器基本相同，有的使用的就是标准汽车转向系统。叉车转向盘上多数装有急转弯手柄，以便驾驶员左手转动转向盘，右手同时操纵分配阀或变速器变速杆。叉车全液压转向操纵装置如图4-3-4所示。

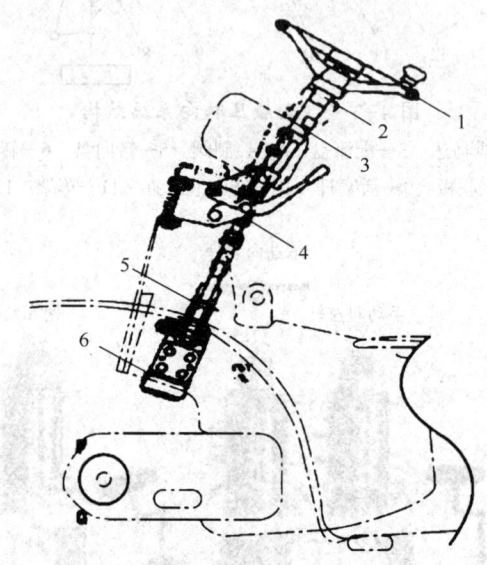

图4-3-4　叉车全液压转向操纵装置

1—转向盘　2—转向轴　3—转向管柱　4—万向节　5—连接轴　6—转向系统

3. 转向方式

不论叉车的支承形式如何（三支点或四支点），叉车在行驶中的转向都是依靠后轮转动平面与叉车行驶方向偏离一定角度来实现的。

四、转向系统的检修与调整

1. 前轴

（1）前轴的耗损

前轴的耗损主要有前轴弯曲、扭曲，前轴的裂纹和断裂，主销孔上、下端面磨损，钢板弹簧座及定位孔磨损。

（2）前轴的检验

前轴弯曲变形的检验方法有以下三种。

1）用试棒与角尺法检验前轴弯曲变形，如图4-3-5所示。

2）用拉线法检验前轴弯曲变形，如图4-3-6所示。

3）用前轴弯扭检验仪检验前轴弯曲变形，如图4-3-7所示。

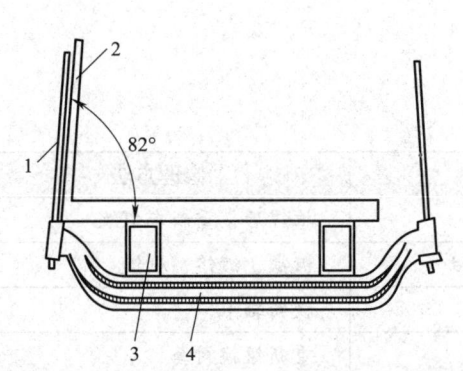 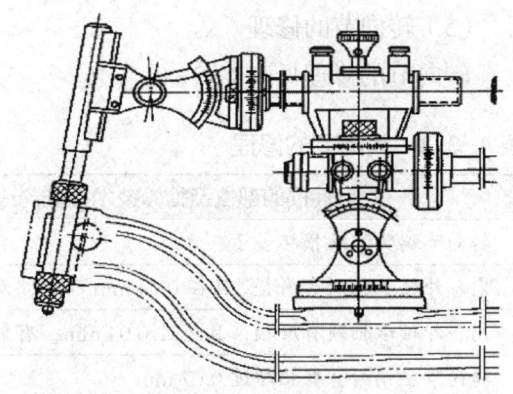

图 4-3-5　用试棒与角尺法检验前轴弯曲变形　　图 4-3-6　用拉线法检验前轴弯曲变形
1—试棒　2—角尺　3—垫块　4—工字梁

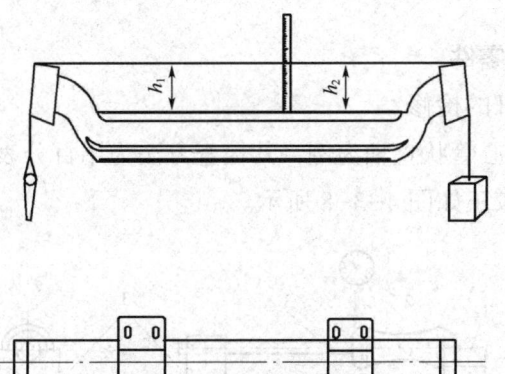

图 4-3-7　用前轴弯扭检验仪检验前轴弯曲变形

（3）前轴的修理

1）前轴的弯曲校正包括纵向弯曲的校正、横向弯曲的校正、扭曲的校正。

2）前轴裂纹的修理。前轴不允许有任何裂纹，当前轴裂纹不大时，可用手工电弧焊修复；如果裂纹严重，则一般不焊，直接更换新件。

3）前轴主销孔的修理。当主销与主销衬套配合间隙不符合规定时，需进行修理。若主销孔尺寸变化不大，主销磨损较大，则可采用电镀法修复主销；若主销孔磨损严重，则可采用修理尺寸法修复孔或采用镶换衬套法修复。

2. 转向节

（1）转向节的耗损

转向节产生的主要耗损：转向节根部的裂纹和断裂，转向节端部螺纹损伤，转向节内、外轴颈磨损，主销孔的磨损，主销孔角度的变化，主销孔上、下端面的磨损。

（2）转向节的检验

转向节根部及轴颈的裂纹，可用磁力探伤法或浸油敲击法检验。浸油敲击法在无检验仪器时使用，所浸为煤油。

（3）转向节的修理

转向节的修理见表 4-3-1。

表 4-3-1　转向节的修理

耗损的部位及检修技术标准	修理方法
转向节端头螺纹损坏多于 2 牙	堆焊后，重新车螺纹
内、外轴承轴颈有磨损，且在 0.04 mm 以内，无裂纹	镀铁、镀铬、刷镀
内、外轴承轴颈有磨损，且超过 0.04 mm，有裂纹	换新轴承
转向节主销衬套磨损超过 0.07 mm	重新镶换衬套
安装转向节臂的锥形孔内键槽宽度磨损超过 0.1 mm	手工电弧焊、堆焊后修整
转向节主销孔与前轴结合上、下端面磨损	锉、削、锪钻或堆焊后修整

3. 转向系统主要零件

（1）转向轴及螺杆的检修

1）转向轴。以空心管状直轴为例，其检查方法为用百分表检查轴根部和中部的弯曲。转向轴弯曲检查校正如图 4-3-8 所示。

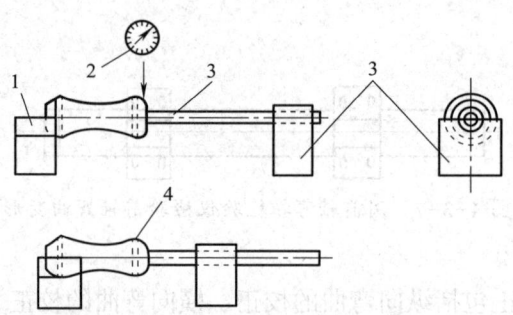

图 4-3-8　转向轴弯曲检查校正
1—V 形垫铁　2—百分表　3—转向轴　4—施压部分

校正时，采用冷压校正。中部弯曲可先在轴内充满细砂，然后校正，以防轴管凹陷。同时，对轴管与螺杆过渡处进行敲击检查，以防隐蔽裂纹不易察觉而导致严重事故。

2）螺杆。螺杆齿面磨损严重，齿面剥落或轴颈有裂纹，甚至无法调整啮合间隙时，应予以更换。更换螺杆后，应将其下端轴管翻过铆紧，以保证转向轴与螺杆牢固结合且无松旷。

（2）其他主要件的检修

1）循环球式转向系统。循环球式转向系统的转向臂轴齿扇与齿条、螺杆与螺母上的钢球滚道如有脱层、剥落，应予以更换。齿条上钢球导管不得有破裂和损坏。

2）双销螺杆式转向系统。当双销螺杆式转向系统的转向臂轴弯曲时，应予以校正；

若双销及螺杆的滚道出现疲劳、脱层或剥落，则应予以更换。无论何种形式的转向系统，若发生壳体翘曲、变形、漏油或硬裂、轴承座孔磨损、螺纹孔损坏，均应加以修复。

4. 转向桥

前轴与前轮的连接是靠主销将转向节与前轴装合在一起来实现的，因此，主销的作用很关键。装上主销后，要求转向节与前轴主销孔上端面间隙一般应不大于 0.2 mm。间隙不合适时，可在上端间隙处加减垫片进行调整。安装主销时，要求锁销与销孔重合，并在锁销上垫以软金属用锤子敲入。锁销装复后，锁销大端至少应露出 2 mm；若露出过少，则应换用加粗的锁销。

5. 驱动桥

驱动桥主销的轴承采用滚动或滑动轴承。滑动轴承体积小，不用调预紧度。滑动轴承翻边衬套镶在主销座内，主销座压入球形支承的上、下两端，衬套翻边起止推作用。主销上、下两段分别插入主销座的孔内和转向节外壳的座孔内，用止动销钉防止主销相对于转向节外壳转动。在上、下盖与转向节外壳间有调整垫片，可调整主销的轴向间隙大小。调整前，应拆下轮毂和球座的油封。如果调整正确，则摇动转向节臂时，不会感到有松动量，否则应抽出调整垫片（上、下抽出一致）。如果摇动转向节臂的力过大，则应增加衬垫的厚度，调整垫片使转向节轴线和主销轴线的交点与万向节中心重合。锥形轴承装配时，一般应通过轴承盖下的垫片来调整轴承预紧度。

6. 转向角

叉车前轮转向角的调整是为了避免转向不足或车轮碰擦机械的其他部分。若转向角过大，则当叉车急转弯时，轮胎与翼子板或直拉杆等会出现碰擦，加剧轮胎磨损；若转向角过小，则转弯困难，影响叉车的最小转弯半径和机动性。

第四节 制动系统的检修与调整

制动系统是制约叉车行驶运动的机构，用于消耗车辆行驶积蓄的动能，强制其减速，以至完全停车。制动系统工作的可靠性决定着叉车的安全性，它不仅可以保证叉车以较高的平均速度行驶，还可以提高叉车作业的生产效率。

一、叉车制动系统

叉车是在前轮上安装制动装置，因其后轮为转向轮，故只有前驱动轮为制动轮，即后轮转向、前轮制动。叉车的行车制动器和驻车制动器一般共同使用一个作用在前轮的蹄片式制动器，使结构简化。叉车制动器如图 4-4-1 所示。

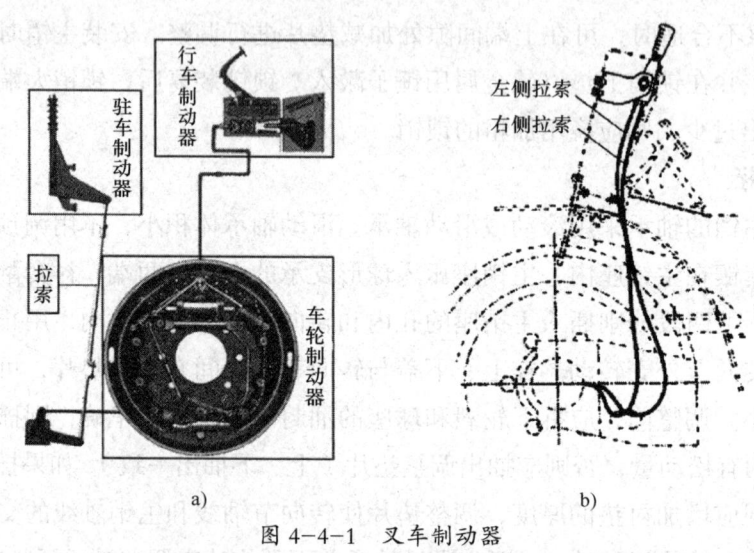

图 4-4-1 叉车制动器
a) 前轮制动器 b) 驻车制动方式

行车制动踏板的空行程为 20～30 mm。踩下制动踏板后，前底板与踏板之间的间隙应大于 20 mm。驻车制动器手柄拉到底时，应能使空载叉车稳定地停在斜度为 1∶5 的坡道上。驻车制动手柄为凸轮式，可用位于制动手柄端部的调整器调整制动力。制动力的调整方法：顺时针转动调整器，制动里程增大；反之，制动里程减小。

二、制动系统的类型

1. 液压制动系统

随着叉车起重量和行驶速度的提高，叉车制动器需要吸收的能量也随之增大，因而对制动器和制动驱动机构提出了更高的要求。单靠驾驶员体力作为制动能源，通过机械杆来产生制动力矩已不能满足要求，所以目前叉车上采用了液压驱动机构，以增加叉车制动器的驱动力。

（1）液压制动系统的功用

液压制动系统可将驾驶员踩在制动踏板上的力矩转化为液体的压力，并将其传给制动蹄片，使车轮制动。

（2）液压制动系统的工作原理

液压制动系统的工作原理如图4-4-2所示。制动踏板上的压力经推杆传到制动主缸的活塞上，压出缸内制动液（油压最高可达8～9 MPa），制动液经制动管路流入制动轮缸，然后推动轮缸里的活塞，把制动蹄片压到制动鼓上产生制动作用。当制动踏板上所加的力除去后，回位弹簧便使制动轮缸内的活塞恢复到原来位置，产生缓解作用。此时，原来由制动主缸活塞压出的制动液则沿着油管流回制动主缸。这时在油管和制动轮缸内还保持有0.01～0.10 MPa的剩余压力，以防止空气进入系统内，并帮助消除制动蹄片和制动轮缸活塞间的间隙。

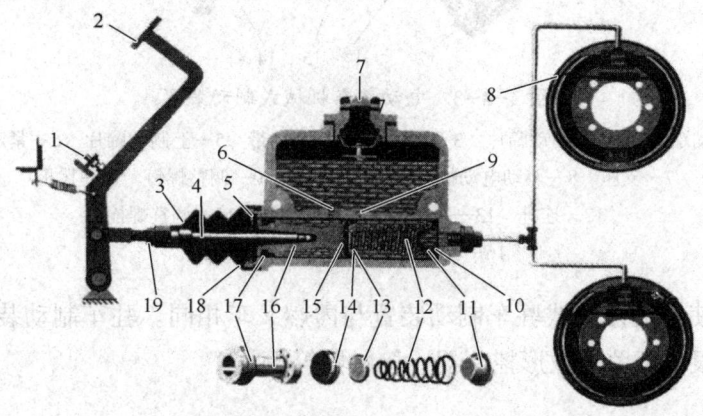

图4-4-2 液压制动系统的工作原理
1—限位螺钉 2—制动踏板 3—护罩 4—推杆 5—锁环 6—补油孔 7—制动主缸活塞
8—制动轮缸 9—回油孔 10—油阀座垫 11—油阀总成 12—回位弹簧
13—夹子 14—皮碗 15—活塞弹簧 16—活塞
17—密封圈 18—挡圈 19—锁紧螺母

2. 电动叉车制动系统

电动叉车的制动系统有机械式制动和液压式制动两种。机械式制动一般为机械抱闸制动系统，装在行驶电动机轴的尾部，由制动盘和铰接在电动机盖上的制动闸组成。电动叉车机械式制动装置如图4-4-3所示。机械式制动器与限位接触器联锁，当踩下制动踏板时，制动器松开，限位开关触头闭合；松开制动踏板时，制动器闭合，限位开关触头断开。车辆起步时，控制器必须放在零位，以保证车辆以最慢的速度起步。踩下制动踏板后，接触器动作，然后才可将控制器按0→1→2→3挡速度逐渐上升，所以正向（前进）和反向（倒车）行车都有三挡速度变速。电动叉车在正常行车状态制动是靠改变行驶方向来实现的（反向电流流动）。一些新型电动叉车上有液压制动、手动制动和电制动三套独立的制动系统。

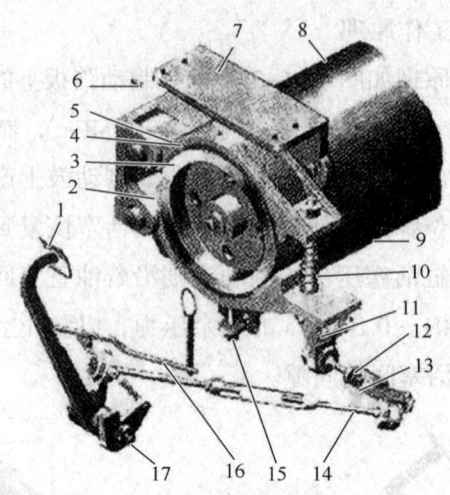

图 4-4-3 电动叉车机械式制动装置

1—制动踏板 2—下制动蹄片 3—制动轮 4—制动带 5—上制动蹄片 6—紧定螺钉
7—支座 8—驱动电动机 9—复位弹簧 10—调整螺钉 11—拨板
12—连杆 13—拨叉 14—球头螺杆 15—调整螺栓
16—驻车制动装置 17—踏板轴

电动叉车使用的液压式驻车制动装置与内燃叉车相同。驻车制动装置通过电子控制运作，设有限位开关、鼓形控制器、接触器等。

三、车轮制动器主要零件的检修

1. 制动鼓的检修

制动鼓的主要损伤是由于工作面磨损而产生失圆。另外，制动蹄片摩擦衬片磨损后，铆钉头露出，会在制动鼓内表面造成沟槽与拉伤。

检修时，应对制动鼓进行检查。制动鼓内径的失圆检验可用弓形内径规进行（见图4-4-4）。

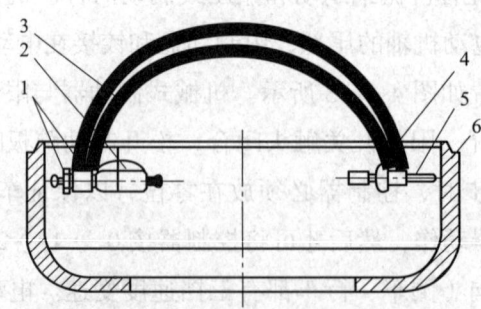

图 4-4-4 用弓形内径规测量制动鼓内径

1—锁紧装置 2—百分表 3—弓形内径规 4—锁紧螺母
5—测量调整杆 6—制动鼓

测量时使一端弓架固定，装有百分表的一侧沿圆周摆动，最大读数即为其直径；再沿制动鼓的内径轴线移动，测出其最小值，算出制动鼓内表面的圆度和圆柱度。当制动鼓的圆度、圆柱度超出允许值时，应对其内表面进行镗削。

2. 制动蹄片的检修

制动蹄片摩擦片经长期使用后，工作表面会发生磨损，磨损严重时应予更换。

一般采用铆接法在制动蹄片上固定摩擦衬片，其工艺过程如下。

（1）将蹄片与摩擦片在专用夹具上夹紧，以蹄片上的孔定位，在摩擦片上钻出相应的铆钉孔。

（2）在摩擦片外表面上用钻头扩出沉头孔，孔深一般为片厚的 1/2～2/3。

（3）从制动蹄片的中部向两端依次铆紧铆钉。铆合后，摩擦片与制动蹄片之间必须紧密贴合，不得有 0.12 mm 以上的间隙。为了使摩擦片外表面能与制动鼓很好地贴合，还必须对摩擦片表面进行光磨和车削。

四、车轮制动器的检修

车轮制动器装配后，应对制动鼓与制动蹄片之间的间隙进行检查及调整，使蹄片与制动鼓之间间隙适当，在不制动的情况下避免蹄片与制动鼓发生摩擦。另外，还要使制动蹄片张开时的外圆与制动鼓同轴，保证在制动时两蹄片能均匀压紧制动鼓内表面，产生可靠的制动作用。

1. 液压制动机构中制动器的调整

图 4-4-5 所示为液压制动机构中的非平衡式车轮制动器。在这种制动器中，制动鼓与制动蹄片的间隙调整是通过调整凸轮和两支承销来实现的，按图 4-4-5 所示方向向外转动调整凸轮 8，使间隙减小，且上端间隙减小得更多；转动支承销 4 和 5，也可改变间隙，且下端间隙改变得多，按图 4-4-5 所示方向向外转动支承销，可使间隙减小。制动鼓上开有检查窗口，以便用塞尺来检查制动鼓与制动蹄片间的间隙。此间隙一般应在 0.25～0.50 mm。

2. 气压制动机构中制动器的调整

气压制动机构利用气体压力来驱动凸轮张开器，即制动器。在这种制动器中，制动鼓与制动蹄片间的上端间隙依靠调整凸轮的初始位置来保证。转动调整螺杆，经蜗轮带动凸轮轴转动一个角度，可以调整到合适的上端间隙。下端间隙通过转动偏心支承销来调整。

3. 自增力对称式制动器的调整

图 4-4-6 所示为带间隙自调机构的自增力式制动器。这种制动器除了在倒车时可实现自调间隙外，也可手调间隙，即从制动底板上取下橡胶塞，用旋具伸入孔内拨动调整螺母，实现间隙的调整。

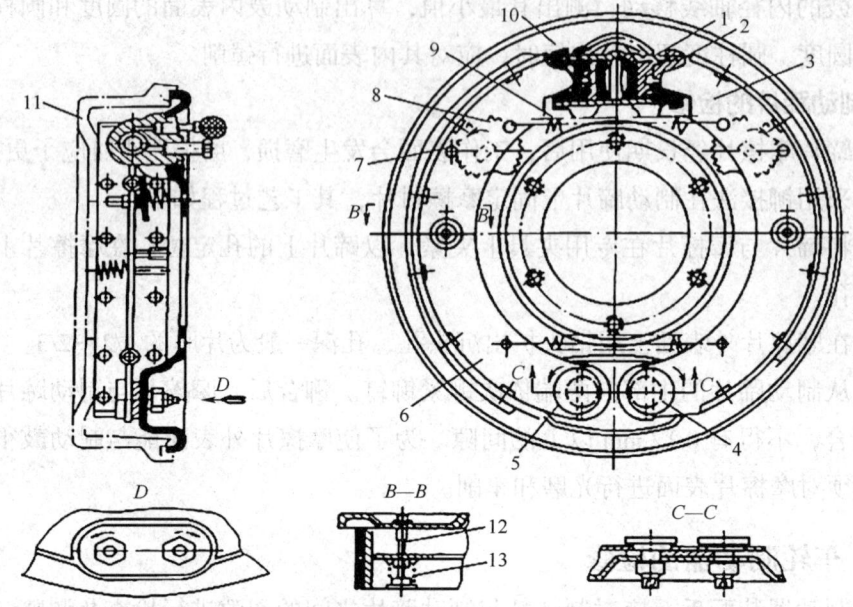

图 4-4-5 液压制动机构中的非平衡式车轮制动器

1—制动分泵　2—分泵活塞　3—后制动蹄片　4、5—支承销　6—前制动蹄片
7—调整凸轮锁销　8—调整凸轮　9—回位弹簧　10—制动底板
11—制动鼓　12—制动蹄片限位杆　13—制动蹄片限位弹簧

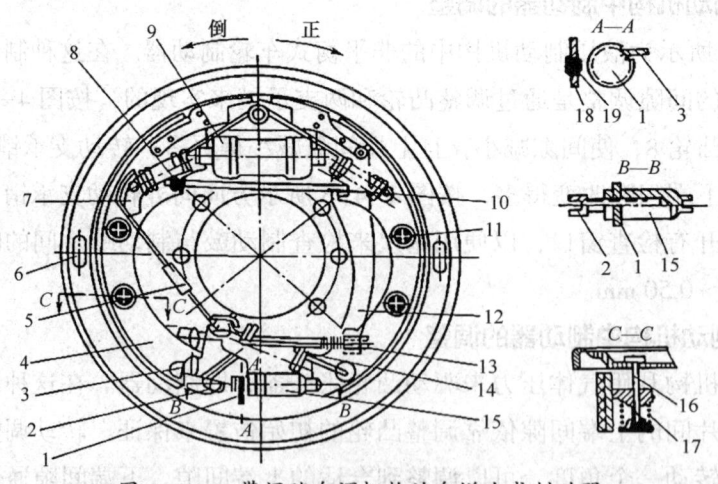

图 4-4-6 带间隙自调机构的自增力式制动器

1—调整螺母　2—顶杆　3—拨板　4—后制动蹄片　5、13—钢丝绳　6、19—橡胶塞
7—导向板　8—弹簧　9—制动分泵　10—推板　11—制动蹄片限位机构
12—拉板　14—拨板回位弹簧　15—顶杆套　16—制动蹄片限位杆
17—限位弹簧　18—制动器底板

第五节
回转系统的检修与调整

以液压挖掘机为例，回转系统由转台、回转支撑和回转机构等组成。回转支撑的外座圈用螺栓与转台连接，带齿的内座与底架用螺栓连接，内、外座圈之间设有滚动体。液压挖掘机工作装置作用在转台上的垂直载荷、水平载荷和倾覆力矩通过回转支承的外座圈、滚动体和内座圈传给底架。回转机构的壳体固定在转台上，用小齿轮与回转支撑内座圈上的齿圈相啮合。小齿轮既可绕自身的轴线自转，又可绕转台中心线公转，当回转机构工作时转台就相对底架进行回转。

一、回转机构

根据转台转动的角度不同，回转机构可分为半回转的回转机构和全回转的回转机构。液压挖掘机回转机构的运动占整个作业循环时间的50%～70%，能量消耗占25%～40%，回转液压回路的发热量占液压系统总发热量的30%～40%。为提高液压挖掘机生产效率和功能利用率，对回转机构提出如下基本要求：当角加速度和回转力矩不超过允许值时，应尽可能地缩短转台的回转时间；在回转部分惯性力矩已知的情况下，角加速度的大小受转台最大转矩的限制，此转矩不应超过行走部分与土壤的附着力矩；回转机构运动时挖掘机工作装置的动荷系数不应超过允许值。

1. 全回转的回转机构

全回转的回转机构按液动装置的机构形式分为高速方案和低速方案两类。

（1）高速方案

由高速液压马达经齿轮减速箱带动回转小齿轮，绕回转支撑上的固定齿圈滚动，促使转台回转的方案称为高速方案。图4-5-1所示为一种新型的具有行星摆线针轮减速器的斜轴式高速液压马达驱动回转机构传动简图。其特点是机构紧凑，传动比大，过载能力强。图4-5-1a所示为采用两级正齿轮传动，图4-5-1b所示为采用一级正齿轮和一级行星齿轮传动，图4-5-1c所示为采用两级行星齿轮传动，图4-5-1d所示为采用一级正齿轮和两级行星齿轮传动。减速箱的传动比以图4-5-1a最小，以图4-5-1d最大。四种形式在高速轴上均装有机械制动器。

（2）低速方案

由低速大转矩液压马达直接带动回转小齿轮，促使转台回转的方案称为低速方案。

这种方案采用的液压马达通常为内曲线式、静力平衡式和行星柱塞式等。由于低速大转矩液压马达的制动性能较好，故不需采用另外的制动器。

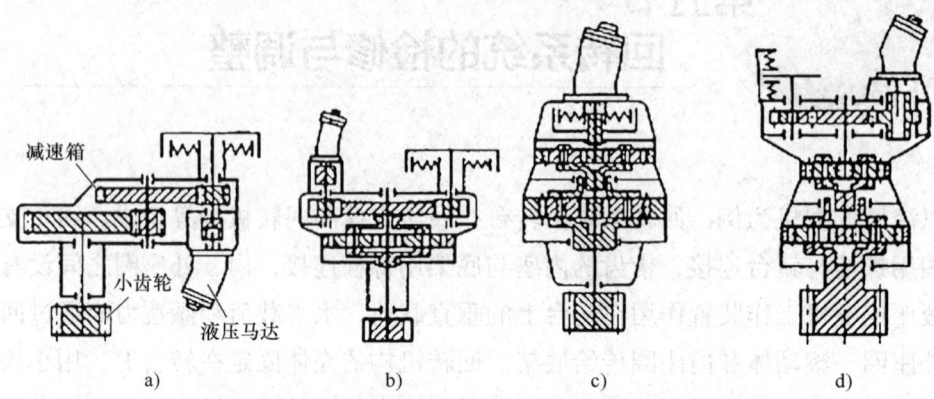

图4-5-1 斜轴式高速液压马达驱动回转机构传动简图
a）两级正齿轮传动 b）一级正齿轮和一级行星齿轮传动
c）两级行星齿轮传动 d）一级正齿轮和两级行星齿轮传动

高速方案和低速方案各有特点。高速液压马达具有体积小，效率高，不需备压补油，便于设置小制动器，发热和功率损失小，工作可靠，可以与轴向柱塞泵的零件通用等优点；低速大转矩液压马达具有零件少，传动简单，启动、制动性能好，对油液污染的敏感性小，使用寿命长等优点。据国外统计，约有80%的产品采用轴向高速液压马达，而有20%左右的产品由于买不到经济合理的减速箱而采用低速液压马达。在高速方案中多采用弯轴式轴向柱塞液压马达。

2. 回转机构的传动方式

（1）回转机构传动方式的种类

1）传动方式A。如图4-5-2所示，定量泵向高压管路供油，当压力过高时可由安全阀溢流。操纵换向阀，高压油经管路进入回转液压马达，回转液压马达回油口的低压油经管路和换向阀流回油箱，从而使电动机转动。回转方向由换向阀控制，当操纵杆向前时（图4-5-2中的换向阀阀芯向上移），转台向右转；当操纵杆向后时（图4-5-2中的换向阀阀芯向下移），转台向左转。当操纵杆处于中位时（图4-5-2中的位置），回转液压马达进、回油路被切断，在转台上部惯性力矩作用下，回转液压马达作为泵工作，压腔的油压升高；如果此时压腔油压仍低于过载阀的压力，则回转液压马达在反力矩的作用下立即制动，过载阀起制动作用，惯性能被液压油吸收；如果此时压腔油压超过过载阀的压力，部分油液经过载阀流回油箱，回转液压马达继续回转，直到油压低于过载阀的压力，回转液压马达才停止转动，过载阀起缓冲保护作用。由于回转液压马达吸腔压力减小，因此低压单向阀会及时进行补油，以防止吸空而损坏回转液压马达。由此可见，纯液压制动的制动取决于过载阀的调定压力。

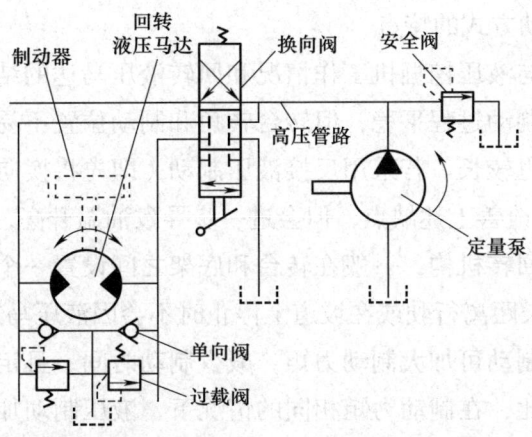

图 4-5-2　传动方式 A、传动方式 B 的油路

2）传动方式 B。传动方式 B 与传动方式 A 的不同之处在于增设了一个附加机械制动器（见图 4-5-2 中虚线）。因此，转台的制动是通过液压制动和机械制动的共同作用来实现的。为了取得良好的制动效果，可以再加一个节流阀，如图 4-5-3 所示。

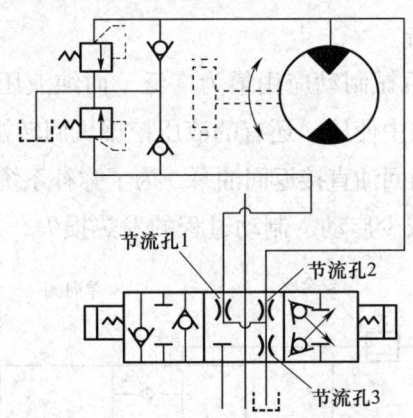

图 4-5-3　带节流孔的 Y 型换向阀

3）传动方式 C。如图 4-5-4 所示，换向阀处于中位时（即图 4-5-4 中的状态），回转液压马达的进、回油路互相连通，在转台上部惯性力矩作用下，回转液压马达可自由回转而不产生液压制动力矩。转台的制动仅靠机械制动器来实现。

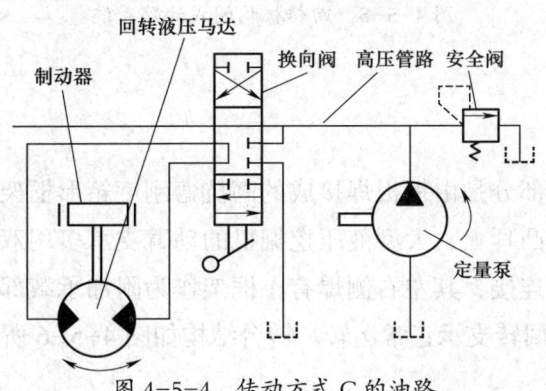

图 4-5-4　传动方式 C 的油路

（2）回转机构传动方式的特点

制动方式的选择与液压挖掘机工作情况和回转液压马达的结构形式有关。纯液压制动结构简单紧凑，制动过程平稳，但转台转角和制动位置不易控制，制动所产生的油温较高，回转时间也较长。若采用反接液压制动（即先将换向阀置于另一个方向再回到中位），则虽然能改善上述缺点，但会进一步导致油温升高，并加剧换向时的液压冲击。纯液压制动的回转机构，一般在转台和底架之间设置一个插销式机械锁，以保障机械在长期停车、长距离行驶或在坡道上停止时不会因液压马达的泄漏而自行转动。

液压制动加机械制动可加大制动力矩，减少制动时间，且定位准确，制动油温不高。与纯机械制动相比，在制动力矩相同的情况下，液压制动加机械制动可减小机械制动器的尺寸。

纯机械制动，转台位置容易控制，制动力矩大，制动时间短，工作比较可靠，制动时转台的转动惯量几乎全部转变为机械制动器的摩擦能，而不像前两种制动方式那样，即转台的转动惯量变为液压系统中的油液热量。但纯机械制动结构复杂，也不像液压制动那样可以吸收冲击。

据统计，滚压制动加机械制动应用最为广泛，而纯液压制动则仅限于在低速大转矩液压马达驱动的回转机构中使用。还有的液压挖掘机回转机构采用闭式油路系统，如图4-5-5所示，液压马达的回油直接返回油泵，为了弥补系统的漏损，附设一个补油泵。这种闭式油路系统不仅可减少启动、制动过程的发热损失，还可在制动时回收能量。

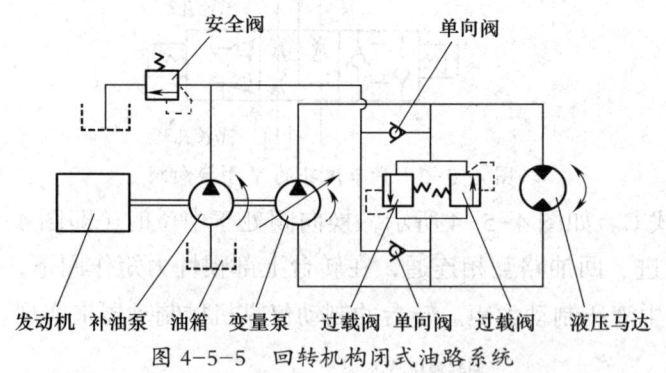

图4-5-5 回转机构闭式油路系统

二、转台

1. 转台结构

转台的主要承载部分是由钢板焊接成的高抗弯刚度箱形框架结构纵梁，动臂及其液压缸就支在主梁的凸耳上，大型液压挖掘机的动臂支承多用双凸耳。纵梁下有衬板和支承环与回转支承连接，其左右侧焊有小框架作为附加承载部分。转台支承处应有足够的刚度，以保证回转支承正常运转。转台结构如图4-5-6所示。

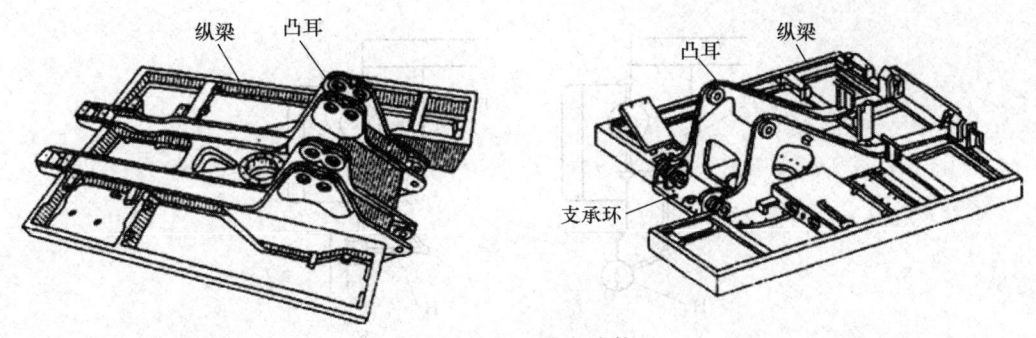

图 4-5-6 转台结构

2. 转台布置

液压挖掘机作业时转台上部自重和载荷的合力位置是经常变化的，并偏向载荷方面。为平衡载荷力矩，转台上的各个装置都需要合理布置，并在尾部设置配重，以改善转台下部结构的受力，减轻回转支承磨损，保证整机的稳定性。

液压挖掘机转台布置的原则是左右对称，尽量做到质量均衡，质量较大的总成、部件应靠近转台尾部。此外，还要考虑各个装置工作上的协调和维修方便等。有时转台布置受结构尺寸的限制，重心偏离纵轴线，致使左、右履带接地比压不等而影响行走架结构强度和挖掘机行驶性能。此时，可通过调整配重的重心来解决以上问题。

确定配重布置位置的原则是：使液压挖掘机重载、大幅度作业时转台上部分合力 F_R 的偏心距 e 与其空载、小幅度作业时的合力 F'_B 偏心距 e' 大致相同，如图 4-5-7 所示。

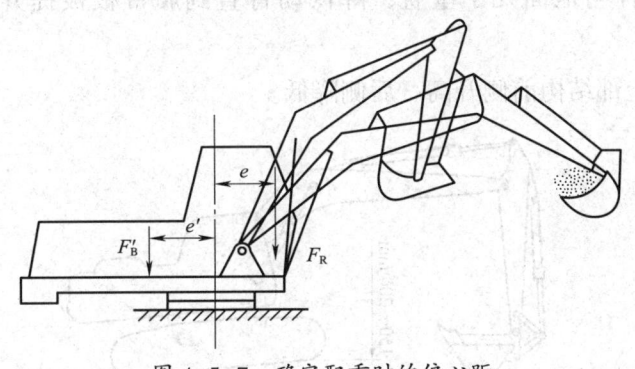

图 4-5-7 确定配重时的偏心距

三、回转系统的检修

1. 回转支承间隙的测量

回转支承间隙的测量需使用测量仪。

（1）如图 4-5-8 所示，把测量仪 H 拧紧到回转支承外座圈 1 或内座圈 2，用探针接触内座圈 2 的端面或外座圈 1 的另一侧。

注意：把测量仪 H 设定在机器前面或后面。

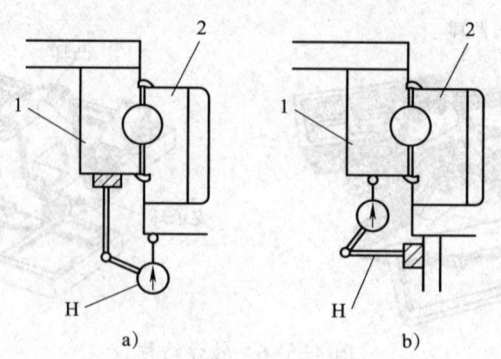

图 4-5-8 测量仪的设置（一）

1—回转支承外座圈 2—回转支承内座圈 H—测量仪

（2）保持工作装置在最大接触姿势并保持铲斗齿尖与转台下部水平，如图 4-5-9 所示。

注意：这时上部结构前侧降低、后侧升高。

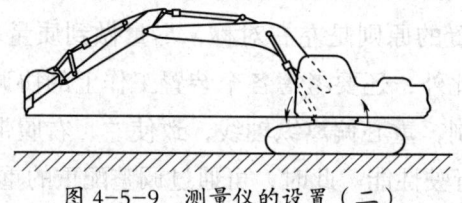

图 4-5-9 测量仪的设置（二）

（3）将测量仪设定为零。

（4）保持斗杆与地面几乎垂直，降低动臂直到履带板被提升至机器前方，如图 4-5-10 所示。

注意：这时上部结构前侧升高、后侧降低。

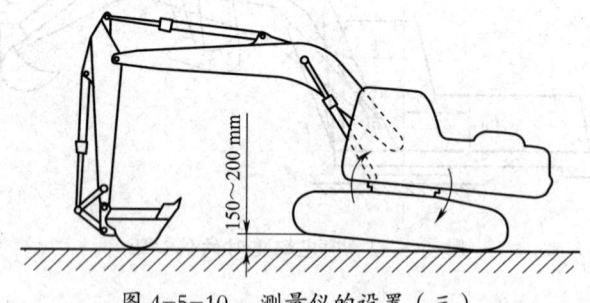

图 4-5-10 测量仪的设置（三）

（5）在这种状态下读取测量仪的值，即为回转支承间隙。

2. 回转系统的液压油路内液压油的检查和调整

工作装置、回路和行走液压回路中的油压（液压泵输出压力）可由监控器仪表盘中的监控功能（监控器仪表盘专用功能）来确定。

（1）测量前工作

将工作装置放到地面，然后在发动机停止后操作操纵杆几次，以释放管路中的剩余压力。慢慢松开滤油器盖，释放油箱内部的压力。

1）卸去油压测量螺塞，如图 4-5-11 所示。

螺塞 1：前油泵油路（在机器后部）。

螺塞 2：后油泵油路（在机器前部）。

2）安装管接头 J2（见图 4-5-12）并将它连到油压计（容量为 58 MPa）的压力表①（见图 4-5-13）上。

图 4-5-11　卸去油压测量螺塞

图 4-5-12　装管接头 J2

图 4-5-13　油压计与压力表

3）启动发动机并使其保持运转直到液压油温升到操作范围。

（2）泵液压元件和阀的组合

泵液压元件和阀的组合见表 4-5-1。各个泵的油流分开，前、后泵分别作用于每个液压元件，同时相应的溢流阀起作用。例如，当工作装置回转时，来自泵的油液进入回转液压马达，此时前泵的溢流阀起作用。

表 4-5-1　泵液压元件和阀的组合

泵	执行动作		起作用的溢流阀
后泵	（卸载）		后泵卸荷阀
	备用		安全阀
	动臂高阀	斗杆高阀	后泵主溢流阀
	铲斗		后泵主溢流阀
	左行走		后泵主溢流阀
	动臂		提升：后泵主溢流阀；下降：安全阀
前泵	回转		回转液压马达安全阀
	右行走		前泵溢流阀
	斗杆		前泵主溢流阀
	（卸载）		前泵卸荷阀

（3）回转溢流压力的测量

1）启动发动机并将回转锁紧开关转到ON位置。

2）当发动机高怠速运转且回转油路溢流时测量液压油压力。

3）调整回转溢流压力，如图4-5-14所示，如果回转溢流压力不正常，按下列顺序调整回转液压马达安全阀。

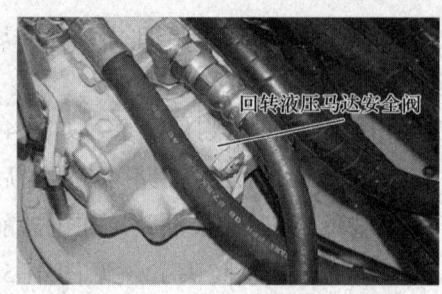

图4-5-14 调整回转溢流压力

①拧松锁紧螺母，并通过转动调整螺钉来调整压力，如图4-5-15所示。如果保持器转到右边，则压力上升；如果保持器转到左边，则压力下降。调整螺钉每圈的调整量约为6.71 MPa，锁紧螺母力矩为78～103 N·m。

②调整后再次检查压力，按上述步骤进行测量。

3. 回转比例控制（proportional control，PPC）阀的调整

回转操纵杆或工作装置游隙太大，此时回转比例控制阀的调整如图4-5-16所示。

（1）拆下工作装置和回转比例控制阀总成。

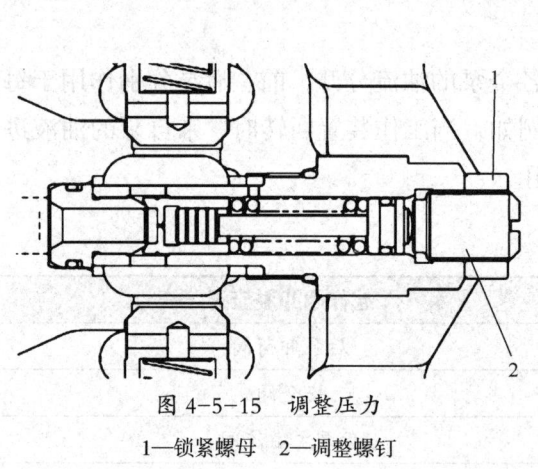

图4-5-15 调整压力
1—锁紧螺母 2—调整螺钉

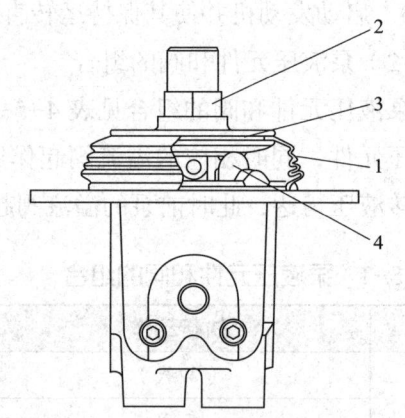

图4-5-16 回转比例控制阀的调整
1—橡皮套 2—锁紧螺母 3—圆盘 4—柱塞

（2）拆下橡皮套1。

（3）拧松锁紧螺母2，然后拧入圆盘3，直到它接触柱塞4的四个头。

注意：此时不要移动柱塞。

（4）固定圆盘3，然后将锁紧螺母2拧紧到规定力矩98～127 N·m。

（5）安装橡皮套1。

（6）安装工作装置和回转比例控制阀总成。

4. 回转液压马达和回转机构总成的分解检修

（1）松开排放塞并从回转机构箱中排放油液。

（2）拆卸六个安装螺栓，并拆卸回转液压马达总成1，如图4-5-17所示。

（3）拆卸1号太阳轮2，如图4-5-18所示。

图4-5-17 拆卸回转马达总成

图4-5-18 拆卸1号太阳轮

（4）拆卸1号行星架总成3，如图4-5-19所示。

（5）分解1号行星架总成。首先拆卸卡环5，然后拆卸轴6、齿轮4、轴承7、止推垫圈8和板9，如图4-5-20所示。

图4-5-19 拆卸1号行星架总成

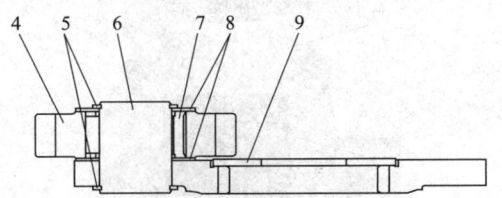

图4-5-20 分解1号行星架总成

（6）拆卸安装螺栓，并拆卸齿圈10，如图4-5-21所示。

（7）拆卸2号太阳轮11，如图4-5-22所示。

图4-5-21 拆卸齿圈

图4-5-22 拆卸2号太阳轮

（8）拆卸支持器安装螺栓 12，取出垫圈 14，如图 4-5-23 和图 4-5-24 所示。

（9）拆卸 2 号行星架总成 13，如图 4-5-23 所示。分解 2 号行星架总成，如图 4-5-24 所示。

1）插入销 21 并从行星架 15 中推出轴 16。在拆卸轴之后拉出销 21。

2）拆卸止推垫圈 17、齿轮 18、轴承 19 和止推垫圈 20。

图 4-5-23　拆卸 2 号行星架总成

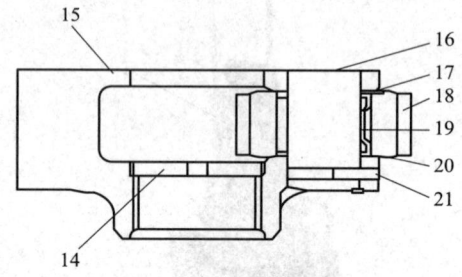
图 4-5-24　分解 2 号行星架总成

（10）将轴壳体总成放到一个压力机上，使用推具①将轴总成 22 从轴壳体总成 23 中推出，如图 4-5-25 所示。

分解轴总成，如图 4-5-26 所示。使用推具②，将轴承 25 和板 26 从轴 24 上拆下。

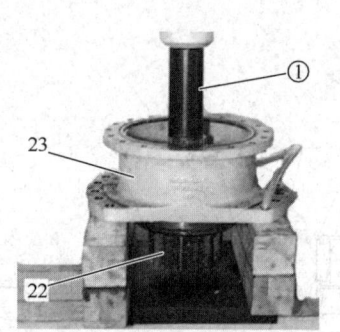
图 4-5-25　将轴总成从轴壳体总成中推出

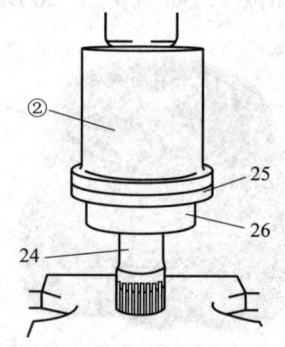
图 4-5-26　分解轴总成

（11）使用推具将轴承 29 和油封 28 从壳体 27 中取出，如图 4-5-27 所示。对照表 4-5-2 中的标准进行检查、测量并落实更换。

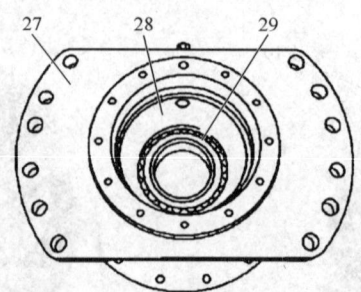
图 4-5-27　将轴承和油封从壳体中取出

表 4-5-2　回转液压马达和回转机构总成的分解检修标准　　　　　　　　　　　　　　　mm

序号	检查项目	标准		措施
	间隙测量	标准间隙	极限间隙	
1	回转液压马达轴和1号太阳轮齿隙	0.18～0.28	—	更换
2	1号太阳轮和1号行星轮齿隙	0.15～0.51	1.00	
3	1号行星轮和齿圈齿隙	0.17～0.60	1.10	
4	1号行星架和2号太阳轮齿隙	0.40～0.75	1.20	
5	2号太阳轮和2号行星轮齿隙	0.16～0.55	1.00	
6	2号行星轮和齿圈齿隙	0.17～0.60	1.10	
7	连轴节和回转小齿轮齿隙	0.08～0.25	—	
8	回转小齿轮和滚盘齿隙	0.00～1.21	2.00	
9	钢板和连接器之间的间隙	0.57～1.09		
10	回转小齿轮与油封接触表面的磨损	$145_{-0.100}^{0}$	—	镀硬铬层、调整或更换

5. 回转液压马达和回转机构总成的装配

（1）清洁

清洁所有相关零件并检查表面有无灰尘或损坏，用润滑油涂覆滑动表面。

（2）轴承装配

1）将润滑脂注入阴影线区域部位 a，如图 4-5-28 所示。

2）使用推具②将轴承 29 压装到壳体 27 内。

（3）油封装配

1）使用推具①，压装油封 28，油封表面使用衬垫密封剂，如图 4-5-29 所示。

2）在压装时，防止衬垫密封剂黏附在油封唇片表面上。

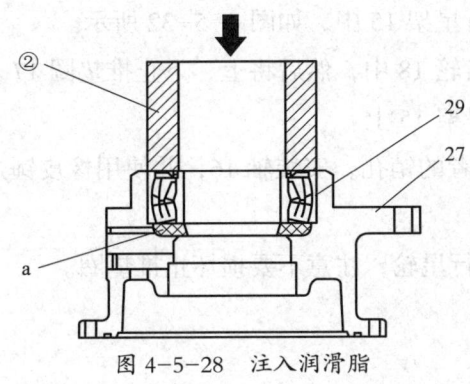

图 4-5-28　注入润滑脂

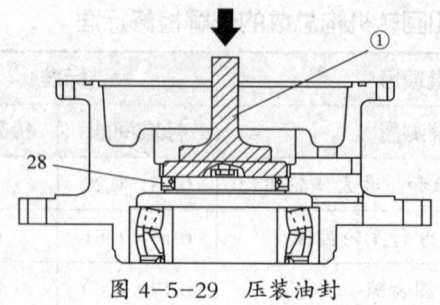

图 4-5-29 压装油封

(4) 壳体总成装配

1) 将板 26 放置到轴 24 上，如图 4-5-30 所示。

2) 将轴壳体总成 27 放置到轴 24 上，并使用推具④压装轴承内轨道部分。

(5) 轴承装配

1) 使用推具⑤压装轴承 29，如图 4-5-31 所示。

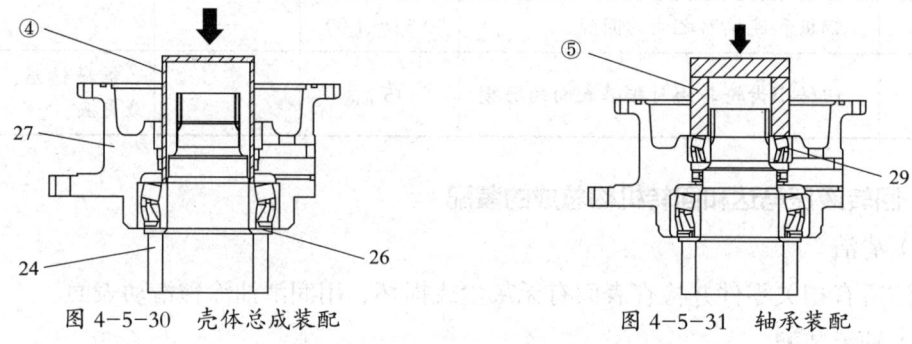

图 4-5-30 壳体总成装配　　　　图 4-5-31 轴承装配

2) 在压装轴承时，应同时压装轴承的内、外座圈，避免只压装内座圈。

3) 压装轴承后，检查壳体是否转动自如。

(6) 2 号行星架总成装配

1) 重新装配 2 号行星架时，在行星架一侧的孔 h 端面有扩展痕迹，这是由于装入销而产生的。在重新装配前，一定要使端面平滑。

2) 将板 14 装配到行星架 15 中，如图 4-5-32 所示。

3) 将轴承 19 装入齿轮 18 中，然后将上、下止推垫圈 17 和 20 安装到齿轮 18 上，并将齿轮总成放置到行星架 15 上。

4) 对准轴和齿轮两者的销孔，安装轴 16，并使用橡皮锤进行敲击，如图 4-5-33 所示。

5) 安装轴时，转动行星轮，注意不要损坏止推垫圈。

6) 装入销 21。

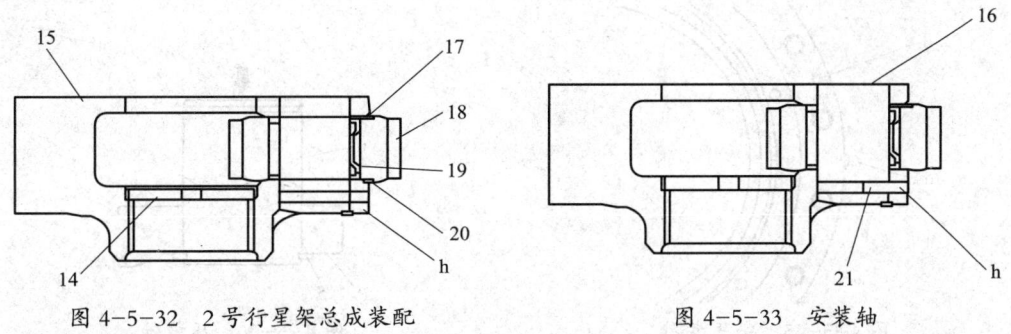

图 4-5-32　2 号行星架总成装配　　　　　图 4-5-33　安装轴

7) 行星架销的扩展如图 4-5-34 所示。在装入销 21 时,注意周边 (部位 a) 三个爪中的任何一个都不能接触行星架的细长侧 (部位 b),细长侧应在行星架的对面一侧,主要取决于实际的单独项目。千万不可使销爪接触行星架的细长一侧。在装入之后,进行行星架销的扩展。

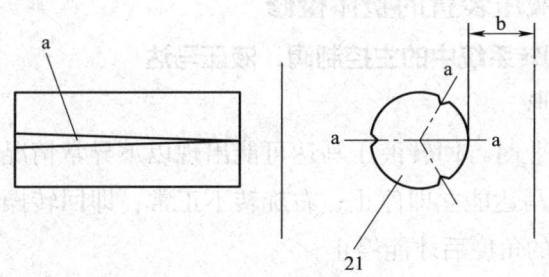

图 4-5-34　行星架销的扩展

(7) 装配 2 号行星架总成 13。

(8) 拧紧螺栓 12,转矩为 157~196 N·m。

(9) 安装 2 号太阳轮 11。

(10) 将 O 形圈装配到壳体 27 中,并使用吊环螺栓 1。

(11) 安装齿圈。将齿圈上的配合标记 (部位 c) 和壳体法兰上的凸出部分 (部位 d) 放到图 4-5-35 所示位置,并安装齿圈,除去齿圈 10 和壳体 27 配合面上的润滑脂。

(12) 安装齿圈螺栓。转矩为 157~196 N·m。防止将衬垫密封剂黏附在齿圈 10 和壳体 29 的配合面上,不安装垫圈。

(13) 装配 1 号行星架。

1) 按箭头方向压装轴 6 到行星架中,直到看到卡环槽,如图 4-5-36 所示。

2) 安装卡环 5 之后,反向推,接触到行星架上的表面 P,注意反推不要过量。

3) 在安装板 9 之后,安装止推垫圈 8、轴承 7、齿轮 4 和卡环 5。

4) 安装 1 号行星架总成。

(14) 安装 1 号太阳轮总成 2。防止上下颠倒,要使齿部分 (部位 e) 面朝下。

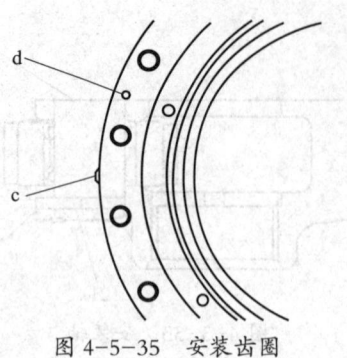

图 4-5-35 安装齿圈

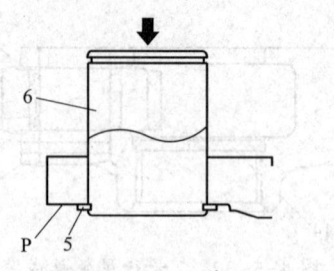

图 4-5-36 压装轴

（15）安装回转液压马达总成。将 O 形圈安装到齿圈 10 中后，安装回转液压马达总成。清理配合面上的润滑脂，并拧紧螺栓，转矩为 59～74 N·m。

（16）关闭排油塞，加注回转液压马达所需的润滑油。

四、回转系统液压装置的整体检修

1. 液压挖掘机回转系统中的主控制阀、液压马达

（1）异常操作情形

液压挖掘机在作业时，回转液压马达可能出现以下异常情况：左旋转正常，即回转操纵杆回到中位时马达能立即停止；右旋转不正常，即回转操纵杆回到中位时马达须继续回转一个很大的角度后才能停止。

（2）诊断与检修

针对以上情况并结合回转系统工作原理（见图 4-5-37），经分析后认为，造成此故障的原因主要有如下几个方面。

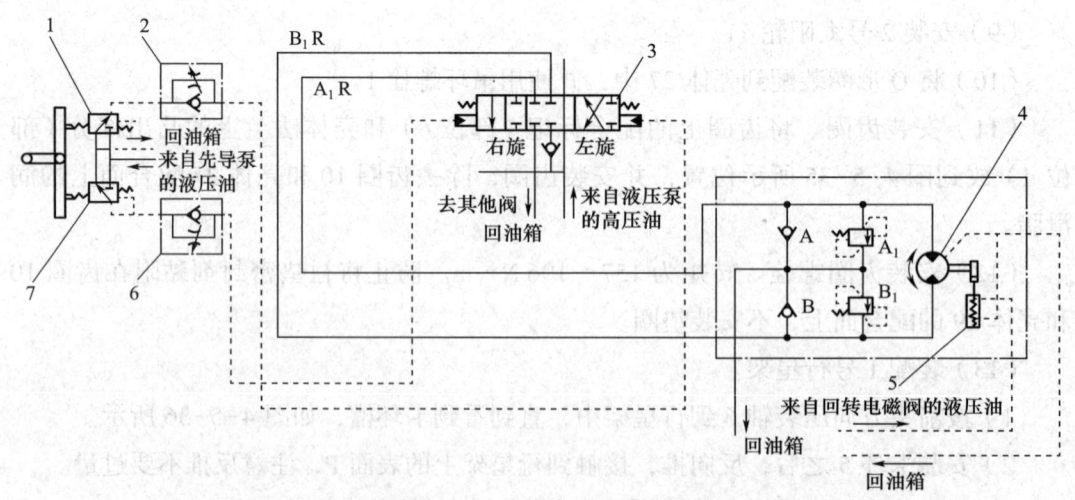

图 4-5-37 回转系统工作原理图

1、7—回转操纵阀　2、6—慢回阀　3—回转主控制阀　4—回转马达　5—回转液压马达制动器

A、B—单向阀　A_1、B_1—安全阀　A_1R、B_1R—油路

1) 回转主控制阀

①由于回转主控制阀磨损，一些杂质会挤压在阀芯和阀孔之间，使阀芯出现卡滞现象，因而不能及时回复到中位。

②回转主控制阀左旋一侧的控制弹簧失效，造成阀芯不能及时回复中位（检查时，可左右侧弹簧对调）。

③回转主控制阀中控制右旋一侧的先导控制油没能及时、完全地流回油箱，因而形成了液压阻力，导致阀芯不能及时准确地回复中位。对此，可认为是由于回转操纵阀不能准确到位，或慢回阀堵塞，因而造成回油不畅（检查时，可将左右旋向的先导控制油路对调）。

2) 回转液压马达。如图 4-5-37 所示，根据回转系统的液压原理，若回转液压马达工作正常，则右旋时，液压油从 B_1R 油路进入回转液压马达，然后从 A_1R 油路回油箱。右旋结束时，回转主控制阀回到中位，此时 A_1R 油路和 B_1R 油路已封闭，因而形成了液压阻力，使回转液压马达停止。根据该故障现象，说明 A_1R 的油路出现泄漏而形成了开路。形成此状态的原因有：安全阀 A_1 的阀芯卡滞或调定压力太低，当右旋结束时，A_1R 油路的液压油经安全阀 A_1 卸荷流回油箱（检查时，可与安全阀 B_1 对调）；回转液压马达存在内泄漏（因该机械左旋正常，说明马达不存在内泄漏的情况）。

对以上各种故障原因一一进行查找、排除后，如果故障现象依然存在，则可以怀疑是单向阀 A 处于开启状态（正常情况下，单向阀 A 是不开启的）。将其拆下检查，若发现有一些金属小薄片卡在其中，则说明形成开路，清除后故障现象即可消失。

实际工作中应注意如下两个方面。

①遇到上述故障现象时，在解决故障的同时，还要检查液压油回油过滤器是否存在金属屑或杂物，若有，则要查明其来源。其中有两处须注意：一是液压泵。液压泵中的金属屑可以通过拔出在液压泵下面的磁铁放油塞查找，若有，则说明泵已磨损，必要时应拆卸修理。二是液压缸筒。液压缸筒内壁和活塞杆头部常承受突然变化的冲击压力，故易出现问题。该机械的故障可能是由于铲斗缸筒内壁拉伤后，其上剥落的金属屑卡在安全阀 A 中所造成的。总之，若液压系统出现金属屑或杂物，则必须找出根源所在。

②一般情况下，由于回转主控制阀的阀芯与阀孔间的配合极其精密，加上有油液润滑，因此不易产生磨损情况，杂物难卡在其中，所以在未确定故障点前不要随便拆卸阀。阀芯与阀孔中存有油膜，阀芯不易拔出，此时若误认为被杂物卡住而采用强制的方法，则容易造成阀芯表面的损伤。此外，由于多数情况是在施工现场修

理，难以保证阀周围环境的清洁，因此，重新装配易出现杂物卡在其中的现象。

2. 液压挖掘机回转系统中回转液压马达制动失灵

（1）异常操作情形

液压挖掘机在回转作业时，某一侧回转方向上制动失灵。图4-5-38为回转系统液压原理图，其中，故障的特征说明制动器、供油油路工作正常，故障原因只能是单侧回转方向上的溢流阀或换向阀存在故障。但换向阀出现这种故障的可能性较小，这是因为若为换向阀引起这种故障，则一般是阀芯严重拉伤，导致液压制动时严重泄漏，引起制动失灵，而此时一般伴随回转工作迟缓、回转无力的现象。实践证明，某一侧回转方向上制动失灵大多是由于溢流阀阀芯脏污、被卡住或弹簧折断而引起的。

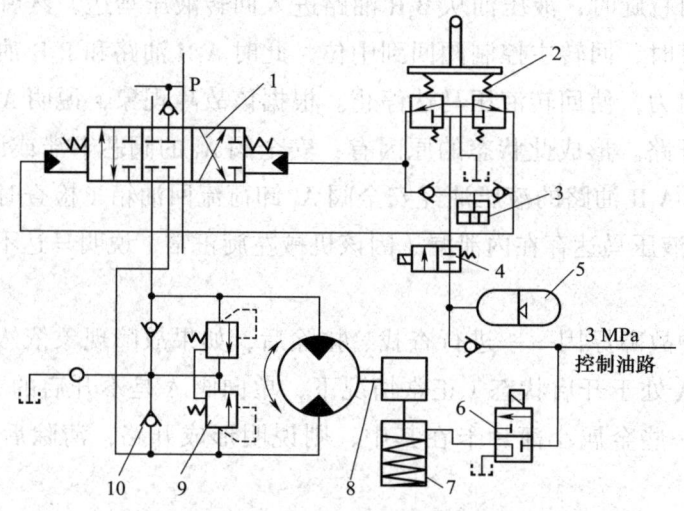

图4-5-38 回转系统液压原理图

1—回转转向阀 2—先导操纵阀 3—压力开关 4—安全锁定电磁阀 5—蓄能器 6—制动电磁阀
7—制动器 8—回转液压马达 9—溢流阀 10—单向阀

（2）诊断与检修

泵油压力、流量不足，溢流阀设定压力偏低，液压马达泄漏严重，制动未解除。排查时，应首先试机，观察机械在挖掘状态或行驶状态（即不回转）时是否工作有力，若工作正常，则说明泵完好；其次，检查压力开关3，将其短接，若回转速度正常，则表明制动未解除，即压力开关3有故障，否则是回转液压马达或溢流阀有故障，而两个溢流阀同时出现故障的可能性要小于液压马达泄漏的可能性。根据经验，这类故障大多是压力开关触头损坏所致，使制动不能解除，回转在制动状态下进行，即压力开关触头频繁工作，且通过电流过大而造成的。

第五章
内燃装卸机械的维护保养

第一节 内燃装卸机械的保养

内燃装卸机械的保养必须坚持预防为主的原则，将维护保养制度化、规范化、科学化，努力提高设备的使用效率。保养分为磨合期保养、日常保养、封存保养、换季保养和定期保养五种。本节以内燃叉车的保养为例进行讲解。

一、磨合期保养

新出厂或大修后的叉车，须在规定作业时间内的使用磨合。内燃叉车开始使用的 50~200 h 为磨合期。内燃叉车磨合期的工作特点：零件加工表面比较粗糙，润滑效能不良，磨损加剧，紧固件易松动，所以必须按照内燃叉车磨合期的规定进行使用和保养。

1. 内燃叉车磨合期的使用规定

（1）限载磨合期内，3 t 内燃叉车起重量不允许超过 600 kg，起升高度一般不超过 2 m。

（2）限速发动机不得高速运转，限速装置不得任意调整或拆除，车速应经常保持在 12 km/h 以下，不得急加速和紧急制动。

（3）限时运行前发动机需空转 5 min 左右，冷天应为发动机预热，且空转时间应长些。

（4）按规定正确选用燃油和润滑油。注意检查叉车的噪声是否过大，温度是否过高，油液是否充足，连接是否紧固。

（5）正确驾驶和操作。要正确启动，发动机预热到 40 ℃以上才能起步；起步要平稳，待温度正常后再换高速挡；适时换挡，避免猛烈撞击；选择好路面；尽量避免紧急制动；使用过程中密切注意变速器、驱动桥、车轮轮毂、制动鼓的温度。在装卸作业时，严格遵守操作规程。

2. 磨合期保养的项目

磨合期保养主要有磨合期前保养、磨合期中保养、磨合期后保养，磨合期保养项目见表 5-1-1。

表 5-1-1 磨合期保养项目

类别	特点	项目
磨合期前保养	对叉车进行检查，做好使用前的准备工作	（1）清洁车辆 （2）检查、紧固全车各总成外部的螺栓、螺母、管路接头、卡箍及安全锁止装置 （3）检查全车油液、水有无渗漏现象 （4）检查润滑油、齿轮油、液压油、冷却液液面高度 （5）润滑全车各润滑点 （6）检查轮胎气压和轮毂轴承松紧度 （7）检查转向轮前束、转向角和转向系统各机件的连接情况 （8）检查、调整离合器及制动器踏板自由行程和驻车制动器操纵杆行程，检查制动装置的制动效能 （9）检查、调整 V 带松紧度 （10）检查蓄电池电解液液面高度、密度和负荷电压 （11）检查各仪表、照明、信号、开关、按键及随车附属设备的工作情况 （12）检查液压系统分配阀操纵杆行程及各工作油缸行程 （13）检查、调整起重链条的松紧度 （14）检查门架、货叉的工作情况
磨合期中保养	一般在工作 25 h 后进行	（1）检查、紧固发动机气缸盖和进、排气歧管的螺栓、螺母 （2）检查、调整气门间隙 （3）润滑全车各润滑点 （4）更换发动机润滑油 （5）检查起升液压缸、倾斜液压缸、转向液压缸、分配阀的密封、渗漏情况
磨合期后保养	一般在工作 50 h 后进行	（1）清洁全车 （2）拆除发动机限速装置 （3）清洗发动机润滑系统，更换发动机润滑油和润滑油滤清器滤芯，清洗全车各通气阀 （4）清洗变速器、液力变矩器、驱动桥、转向系统、工作装置液压系统，更换润滑油、液压油和液力油，清洗各油箱滤网 （5）清洁空气滤清器 （6）清洗燃油滤清器，放出燃油箱沉淀物 （7）检查轮毂轴承松紧度和润滑情况 （8）检查、紧固全车各总成外部的螺栓、螺母及安全锁止装置 （9）检查制动效能 （10）检查调整 V 带松紧度 （11）检查蓄电池电解液液面高度、密度和负荷电压 （12）检查工作装置的工作性能 （13）润滑全车各润滑点

二、日常保养

日常保养是以清洁叉车和外部检查为主要内容的保养,包括使用前检查、工作中检查和回库后保养,日常保养项目见表 5-1-2。

表 5-1-2　日常保养项目

类别	项目
使用前检查	(1) 检查燃油、润滑油、液压油和冷却液是否加足 (2) 检查全车油液、水有无渗漏现象 (3) 检查各仪表、信号、照明、开关、按键及其他附属设备的工作情况 (4) 检查发动机有无异响,工作是否正常 (5) 检查转向、制动、轮胎和牵引装置的技术状况及紧固情况 (6) 检查起升机构、倾斜机构、叉架和液压传动系统的技术状况及紧固情况 (7) 检查随车工具及附件是否齐全
工作中检查 (通常在工作 2 h 左右后进行)	(1) 检查发动机、底盘、工作装置、液压系统、仪表及信号装置的工作情况 (2) 检查轮毂、制动鼓、变速器、液力变矩器、齿轮泵和驱动桥的温度是否正常 (3) 检查轮胎、转向和制动装置的状态及紧固情况 (4) 检查润滑油、冷却液、液压油的液面高度和温度,以及全车油液、水有无渗漏现象
回库后保养	(1) 清洁车辆 (2) 添加燃油,检查冷却液、液压油、齿轮油 (3) 检查 V 带的完好情况和松紧度 (4) 检查轮胎气压 (5) 检查叉架、起重链拉紧螺栓的紧固情况 (6) 检查起升液压缸、倾斜液压缸、转向液压缸和各管接头的渗漏情况 (7) 排除工作中发现的故障 (8) 检查、整理随车工具及附件 (9) 每工作 40~50 h 后应增加下列项目 ①清洁空气滤清器 ②清洁蓄电池外部,检查电解液液面高度和接线柱、连接线的清洁、紧固情况 ③检查、紧固全车各总成外部易松动的螺栓 ④对水泵轴承,转向节主销,横、直拉杆球头销,倾斜液压缸横销,三连板中心销,叉架,滚轮等易缺油的部位加注润滑脂、润滑油 ⑤对起重链条进行润滑和调整

三、封存保养

凡预计三个月以上不使用的设备技术状态须良好。封存前应根据不同车况进行相应种类和级别的保养,达到技术状态良好的标准。新车、大修车或发动机大修后的设备,一般应完成磨合期后再封存。

四、换季保养

全年最低气温在 −5 ℃ 以下的地区,在入夏和入冬前必须对叉车进行换季保养,换季保养的项目如下。

1. 清洗燃油箱，检查防冻液状况。
2. 按地区、季节要求更换润滑油、燃油、液压油和液力油。
3. 清洁蓄电池，调整电解液密度并进行充电。
4. 检查放水开关的完好情况。
5. 检查发动机冷启动装置。

五、定期保养

1. 定期保养的类型

定期保养是内燃机械在使用一定时间后所进行的工作，分为一级保养和二级保养。一级保养以清洁、润滑、紧固为主要内容，并检查有关制动、操纵等安全、作业装置和部件。二级保养以检查、调整为主要内容，并拆检轮胎，进行轮胎换位。为便于掌握设备技术状况及磨损情况，必须对设备进行检测诊断和技术评定，并根据诊断结果确定小修项目。

2. 定期保养的周期

内燃叉车一级保养的间隔时间为发动机累计运转 150 h；每年工作时间不足 150 h 的内燃叉车，每年进行一次一级保养。二级保养的时间间隔为 450 h；每三年工作时间不足 450 h 的内燃叉车，每三年进行一次二级保养。

3. 内燃叉车二级保养标准

（1）发动机启动容易，各种转速下转动均匀，改变转速时过渡顺滑，工作良好。

（2）发动机温度正常，润滑油压力、气缸压力均符合要求。

（3）离合器接合平稳，分离彻底，无打滑、发抖现象，踏板自由行程符合要求。

（4）液力变矩器工作可靠、平稳，无过热、发抖现象。

（5）变速器换挡时轻便灵活，无乱挡、跳挡现象。

（6）动力换挡变速器换挡时轻便、准确，无跳挡和分离不彻底的现象，制动时能迅速切断动力。

（7）轮胎安装正确，气压符合要求。

（8）转向机操纵轻便灵活，各部件螺栓紧固、锁止可靠。转向轮前束、转向角和转向盘游动间隙符合要求。

（9）制动踏板自由行程、驻车制动器操纵杆行程和驻车制动、制动效能符合要求。

（10）轮毂轴承、制动蹄片等各部件间隙调整适当，工作温度正常。

（11）蓄电池外部清洁，电解液液面高度和密度符合要求。

（12）发动机工作性能良好，传动带张力符合要求。

（13）发动机调节器工作性能符合要求。

（14）起动机工作性能良好，调整适当，防尘箍完好。

（15）各仪表、照明、信号、开关、按键工作正常，全车线路齐全完好，固定可靠。

（16）液压系统各部件安装正确，工作可靠，分配阀操纵杆操纵灵活、准确。

（17）门架和叉架运动灵活，链条长度松紧度适当。

（18）各总成内润滑油量、质量符合要求，各润滑点和活动关节按要求加注润滑油、润滑脂。

（19）液力油和液压油量、质量符合要求。

（20）全车无漏油、漏水现象，所有连接螺栓紧固、锁止可靠。

（21）车容整洁，车体、发动机罩、平衡重、护顶架、门架、货叉等应无明显缺陷。

（22）随车工具及附件应齐全，无丢失、损坏、锈蚀情况。

第二节　内燃装卸机械的磨损及控制

在装卸机械的使用与维修过程中，大量的工作是对机械的磨损情况进行检查，对零件的磨损部位进行维修，然后采取润滑等各种措施避免或减少机械零部件的磨损。

一、磨损的实质

1. 磨损是物体在摩擦时相互作用的结果

机械零件的接触表面相互运动时，会使工作表面的颗粒不断脱离或产生残余变形，这就是磨损现象。磨损过程是物体接触表面间及与周围环境间发生的各种物理、化学作用的过程。物理作用是指摩擦，化学作用是指环境介质和化学物质的侵蚀。磨损过程是一个十分复杂的表面变化过程。

两个零件接触表面相互作用时，在摩擦接触头处发生材料分子和机械的相互作用，从而导致表面微观体积的变形和破坏，造成表面的磨损。随着外部载荷的变化，长期接触的表面层会产生疲劳裂纹，以及表层微观鳞状物及其氧化物的不断剥落，经过多次反复作用，磨损颗粒脱落逐渐增多。除此之外，摩擦中的热效应等也会加速疲劳磨损的过程。

2. 磨损时摩擦表面的变化

摩擦时，零件微观凹凸不平的表面相互接触会发生弹性或塑性变形，同时伴随产生一系列的物理、化学和机械变化的现象，主要有热作用、氧化作用、机械作用和吸附作用等，从而导致零件材料的磨损。

（1）材料表面微观裂纹的生成

摩擦面上的某些接触处所受的载荷过大，单位压力会很高，温度也很高，使材料内部组织产生变化或使金属熔化。表面材料受到这种重复性的机械作用和热应力作用就会出现微观裂纹。经过反复作用，这种裂纹不断向材料内部扩展，最终导致材料颗粒从零件表面脱落。

（2）化学反应过程

零件接触面与空气和周围物质接触，会形成氧化物薄膜和其他化合物。与润滑油或其他摩擦材料接触过程中也会分离出氢原子。经过反复作用，材料会变脆，从而使材料表面的性质与内部主体金属的性质不再相同。

（3）润滑油（脂）的作用

润滑油（脂）（特别是加入添加剂后）能提高润滑油膜的吸附能力和油膜强度，大幅提高材料的抗磨损能力。润滑油（脂）除了可减小摩擦和降低磨损外，有时，润滑油（脂）会渗入材料表面的微观裂纹中，在挤压的作用下使裂纹扩大，从而使零件表层材料破裂脱落。

（4）摩擦表面间材料的转移

物体摩擦时，接触面的材料会从一个表面转移到另一个表面，通常是塑性大的材料由于分子的黏着和涂抹作用而转移到较硬的材料上。转移材料的脱落就是零件表面的磨损。相反，由于金属材料的转移增大了摩擦表面的实际接触面积，可使摩擦表面具有较高的耐磨性。

二、磨损的形式

机械零件的接触面在摩擦后会出现磨损现象，这种现象与磨损的工作情况有关，如载荷的大小、接触物体的速度、工作温度，以及摩擦材料特性、接触面形貌。按照摩擦表面损坏的机理和特征，可将磨损分为黏着磨损、磨料磨损、疲劳磨损、腐蚀磨损和微动磨损五种。

1. 黏着磨损

由于物体摩擦表面粗糙不平，当两个摩擦表面相互接触时，实际接触的只有一些点。在重载荷的工作条件下，单位压力增大，接触头产生塑性变形，润滑油膜破裂，导致金属直接接触，加之有较高的滑动速度，零件表面产生大量热量，当热量来不及扩散时，表面温度就会很快升高。在高温下，材料的强度降低，同时会使局部材料熔化并黏在另一个零件的表面上。两零件继续相对运动，黏着点发生剪切，材料发生转移或撕裂。这种磨损称为黏着磨损，如图5-2-1所示。

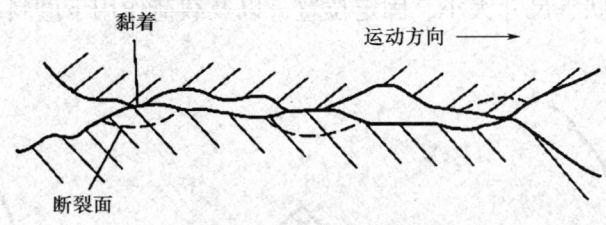

图 5-2-1 黏着磨损

黏着磨损的产生和发展主要取决于材料的塑性大小、工作条件（如工作温度、压力摩擦速度和润滑条件等）和配合表面的表面粗糙度。

（1）黏着磨损的类型

由于摩擦材料性能与发生黏着的条件不同，黏着磨损有以下四种类型。

1）当载荷小时，滑动速度很低，黏着点的强度低于两摩擦表面的强度，剪切发生在两摩擦表面的上端，即黏着点处，表面间只有轻微的材料转移，这样的磨损很轻微。

2）如果黏着点的强度大于摩擦物体中一个表面的材料强度，而小于另一个表面的材料强度，则剪切将发生在较软的金属浅层，并在较硬的表面上涂抹。例如，起重机的蜗轮螺杆传动中，会出现铜蜗轮的材料涂抹在钢螺杆表面上的情况。

3）若黏着点的强度比两摩擦物体的材料强度都要大，则剪切破坏常在强度较低的材料中发生，但有时也可能发生在强度较高的材料内。其特点是摩擦表面出现擦伤、划痕，严重时会出现胶合或撕脱现象。

4）当外部载荷较大、滑动速度较高时，摩擦表面温度剧增，会使表面接触头局部焊合在一起，产生摩擦物体间的咬死现象。这是一种严重而危险的破坏过程，应该避免其发生。

（2）产生黏着磨损的条件

1）表面光洁，无吸附膜。常温下材料产生塑性变形使金属滑移，吸附膜破坏，高温下（100～200 ℃）表面的吸附膜也会破坏，造成金属表面产生黏着磨损。

2）接触表面越近，越易产生黏着磨损。

3）同类金属接触而产生黏着磨损。

4）润滑不良或润滑油过稀，不能形成边界膜，出现干摩擦的情况，也会创造黏着磨损的条件。

2. 磨料磨损

磨料磨损是指两接触表面相对运动时，由于硬质颗粒或较硬表面上的微凸体在摩擦过程中引起的表面擦伤与表面材料脱落的过程。磨料磨损形成过程如图 5-2-2 所示。硬质颗粒或微凸体有时会对金属表面进行微量切削，将材料从表面去除。这种机械作用与磨料的形状、尺寸大小、固定位置，以及载荷作用下磨料与摩擦表面的力学性能有关。

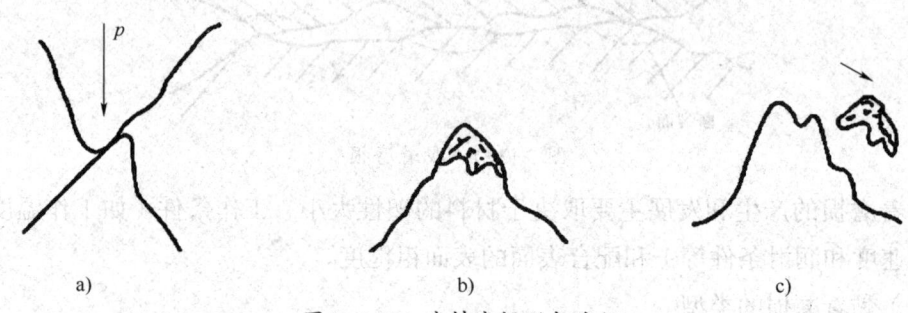

图 5-2-2　磨料磨损形成过程

磨料磨损是最常见的磨损现象，据统计，在各类磨损中磨料磨损占 1/2 左右，是危害最为严重的磨损形态。起重运输机械的工作条件十分恶劣，与泥沙、矿石、灰渣等磨料直接接触，都会发生不同形式的磨料磨损。

（1）磨料磨损的分类

磨料磨损的表面形式是多种多样的，分类方式也不同，按照硬质颗粒或粗糙硬质凸起表面与摩擦表面相互作用的位置来分类，可分为二体磨料磨损和三体磨料磨损。

1）二体磨料磨损。磨料或一个具有硬质凸起的表面与另一个表面相互作用的情况称为二体磨料磨损，包括凿削式磨料磨损和低应力擦伤磨料磨损。铲斗斗齿等零件的表面破坏属于凿削式磨料磨损。在这类磨损中，磨料以很大的冲击力切入零件表面，使其磨出较深的沟槽，并从材料表面凿削下大颗粒金属。而运输机的槽板、漏斗及被（沙、尘）污染的零件表面损伤则属于低应力擦伤磨料磨损。这类磨损是磨料在以某种速度在自由运动状态下与磨损零件表面相接触时发生的，其作用力不足以破碎磨料，而这些磨料颗粒通常悬浮于一种流体（空气、水、油）中被输送走，使材料表面产生擦伤或轻微的切削痕迹。

2）三体磨料磨损。当两摩擦表面间存在着第三种物体（磨料及硬质颗粒）时，它与两表面都有相互作用，这种情况称为三体磨料磨损，主要形式为高应力碾碎式磨料磨损。例如，球磨机衬板、破碎机滚筒、挖掘机链条与链轮及各种开式齿轮等的零件表面破坏就属于此类磨损。两表面与磨料接触处的最大压应力虽大于磨料的反馈强度，但在长时间的作用下，也能使金属表面产生塑性变形，导致材料表面擦伤或疲劳（对于韧性材料而言)、碎裂或脱落(对于脆性材料而言)。

(2)防止和减少磨料磨损的方法

磨料磨损对机械的危害很大,它是造成机械早期损坏的重要原因之一,应积极采取措施,防止和减少磨料磨损,常用方法如下。

1)减少磨料的进入。

①安装防尘罩,防止磨料侵入。

②在润滑系统中装入磁铁和集屑装置,并经常检查油液的污染度。

③加装滤清器,并经常清洗各类滤清装置,确保滤清效果和清洁度。

2)增强零件的抗磨性。

①选用适合的耐磨材料制作承受磨料磨损的零件。例如,机械的装载、行走机构大多数承受冲击载荷,要求材料具有较高的耐磨性,同时还要具有良好的韧性,可采用中碳钢淬火、低温回火,得到马氏体组织钢。

②用热处理的方法改善零件材料的性质,提高零件表面硬度,尽量使其表面硬度超过磨料硬度。

③两相互接触的零件,可采用一软一硬的材料,使磨料被软材料吸收,减少磨料对主要零件的影响。

④工作装置(如铲斗、斗齿等)可采用耐磨合金。

3. 疲劳磨损

疲劳磨损是指两个物体接触表面做滚动摩擦或滚动、滑动复合摩擦时,在循环交变接触应力的作用下,表层产生弹性、塑性变形及发热等现象,导致表面材料疲劳,产生裂纹和分离出颗粒或碎片剥落所造成的磨损。疲劳裂纹一般在有缺陷的地方最先出现,它可分为非扩展性疲劳磨损和扩展性疲劳磨损两类。

4. 腐蚀磨损

物体摩擦时材料与周围环境中的腐蚀性气体或液体发生化学或电化学反应,而使表面受到的磨损称为腐蚀磨损。腐蚀是由于材料与周围腐蚀性物质发生化学或电化学反应产生的,而机械磨损是由于两个配合零件表面的滑动,或者是在气蚀和非气蚀条件下因有硬质颗粒物质的作用而引起的。

由于周围接触物质和摩擦材料的性质不同,腐蚀磨损可分为以下两类。

(1)氧化磨损

大气中含有大量的氧气,所以氧化磨损是最常见的磨损形式之一。氧化后在金属的摩擦表面沿滑动方向形成匀细的磨痕。例如,钢铁材料在低速滑动摩擦时,由于摩擦有热量产生,大多数金属表面都与氧作用,形成氧化膜层。

氧化膜层的磨损速度与氧化膜的性质有关。脆性氧化膜的磨损速度大于氧化速度,容易磨损；韧性氧化膜与材料基体结合牢固，磨损速度小于氧化速度，氧化膜起保护作用，磨损率小。例如，氧化铁属于脆性氧化膜，氧化磨损快；氧化铝属于韧性氧化膜，氧化磨损慢。

（2）特殊物质的腐蚀磨损

当机件的摩擦表面与酸、碱、盐等物质接触时，发生化学腐蚀作用而形成的磨损称为特殊物质的腐蚀磨损。其磨损情况与氧化磨损相似，但磨损速度较快。

5. 微动磨损

两个物体接触表面在小振幅（1 mm 以下）相对振动的作用下产生的磨损称为微动磨损。它通常发生在相对静止的零件上，如静配合的轴与孔表面、搭接接头处、键连接处、过盈配合的齿轮与轴、螺栓连接处、发动机底座等。

微动磨损使配合精度下降，过盈配合的部件变松，表面层质量变差，出现微观裂纹，严重时会导致零件疲劳断裂。

（1）微动磨损产生的过程

物体接触时的压力导致摩擦表面的凸起部分产生塑性变形，引起表面膜破裂，并使材料发生黏着，而小振幅振动的反复作用必会使黏着点产生剪切，黏附的金属脱落，剪切处表面即被氧化，产生微动磨损。

（2）减少微动磨损的措施

为了减少微动磨损的出现，常采用下列措施：降低接触表面处的应力集中；选择抗黏着性能好的材料制作零件，提高零件的表面硬度；在摩擦表面间加入含有抗压添加剂的润滑油（脂）等。

三、磨损的基本规律

试验结果表明，机械零件的正常磨损过程大致可分为三个阶段，典型磨损过程如图 5-2-3 所示，该曲线称为磨损特性曲线，表示磨损量随时间的增加而变化的规律。

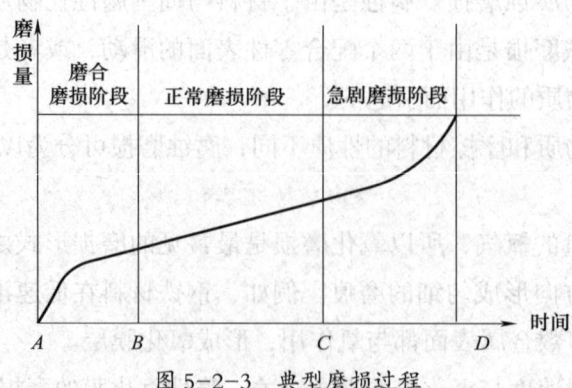

图 5-2-3 典型磨损过程

1. 磨合磨损阶段

磨合磨损阶段（图 5-2-3 所示 AB 段）又称跑合阶段。零件加工后的表面较粗糙，使用初期，由于机械摩擦及其产生的微粒造成的磨料磨损会使磨损十分迅速，表面粗糙度值减小，实际接触面积不断增大，单位面积压力减小，达到 B 点时，正常工作条件已经形成。这一阶段应注意磨合规范，选择合适的载荷、转速、润滑油（脂）；经数小时或更长时间的磨合完成后，应当清洗、换油。

2. 正常磨损阶段

正常磨损阶段（图 5-2-3 所示 BC 段）又称稳定磨损阶段、工作磨损阶段。BC 段基本呈一直线，一般情况下其斜率不大。这是因为在磨合磨损阶段已建立了弹性接触的条件，这时磨损已经稳定，磨损量与时间成正比增加，磨损速度较慢，持续时间较长，是零件的正常使用期。为减少磨损，延长零件使用寿命，这期间要做到合理使用和正确维护与保养，尤其是合理润滑，建立、完善和严格遵守设备的操作规程。在这一阶段的后期磨损进程相对加快。

3. 急剧磨损阶段

急剧磨损阶段（图 5-2-3 所示 CD 段）又称强烈磨损阶段。当磨损阶段达到 C 点以后，磨损速度开始变快，此时零件的几何形状改变，表面质量变差，间隙增大，零件润滑条件也随之变差，运转时出现附加的冲击载荷、振动和噪声，温度升高，与变差的润滑条件形成恶性循环。这一阶段容易发生故障和事故，最后导致零件完全失效。因此，这一阶段要及时控制，并采取合理的修理措施和监测手段，防止设备精度和效率显著下降，避免由于磨损条件恶化而破坏贵重、复杂的重要零部件；研究零件的磨损规律，掌握各种零部件磨损的特点，制定合理的维修策略和修理计划。

四、磨损的控制

从上面对各种磨损的介绍中可知，影响磨损的因素十分复杂，但归纳起来可分为材料性能、运转条件、几何因素和环境因素四个方面，每一个方面又包含很多具体内容。总而言之，可归纳为以下 10 个磨损控制因素：材料选择，表面粗糙度，润滑油（脂）质量和油膜厚度，润滑油（脂）的选择，单位比压，表面形状，渗漏、密封和污染情况，安装和对中情况，温度和冷却情况，运动及滑动距离。

特别要指出的是，对于磨损过程的控制并不需要考虑全面这 10 个因素。对某一给定的磨损条件，有些因素很重要、必须考虑，有些因素可能不大重要甚至无关紧要。表 5-2-1 列举了一些常见的磨损控制因素，掌握这些因素，对提高零件的耐磨性有很大帮助。

表 5-2-1　影响磨损的因素

分类	具体影响因素
材料性能	成分，组织结构，弹性模量，硬度，润滑油（脂）类型、黏度，工作表面的物理和化学性质
运转条件	载荷及压力，速度，滑动距离，滑动时间，振动频率，表面温升，润滑膜厚度
几何因素	面积，形状，尺寸，表面粗糙度，间隙，对中性，刀痕
环境因素	总的润滑油（脂）量，污染情况，外界温度，外界压力，湿度，空气成分

五、减少磨损的途径

1. 合理润滑

尽量保证液体润滑，采用合适的润滑材料和正确的润滑方法，采用润滑添加剂，注意密封。

2. 正确选择零件材料

正确选择零件材料是提高耐磨性的关键。例如，对于抗疲劳磨损，要求钢材质量好，控制钢中有害杂质，采用抗疲劳的合金材料，如采用铜铬铂合金铸铁制造气门挺杆，采用球墨铸铁制造凸轮等，可使其使用寿命大幅延长。

3. 表面处理

为了改善零件表面的耐磨性，可采用多种表面处理方法。例如，可采用滚压法强化处理各种化学表面涂层，如塑性涂层、耐磨涂层。

4. 设计合理的零件结构

正确、合理的零件结构设计是减少磨损和提高耐磨性的有效途径。零件结构要有利于摩擦副间表面保护膜的形成和恢复、压力的均匀分布、摩擦热的散失、磨屑的排出，以及防止外界磨料、灰尘的进入等。在零件结构设计中，既可以应用置换原理，即允许系统中一个零件磨损以保护另一个重要部件，也可以使用转移原理，即允许摩擦副中另一个零件快速磨损而保护较贵重零件。

5. 改善工作条件

尽量避免过大的载荷、过高的运动速度和工作温度，创造良好的环境条件。

6. 提高质量

提高机械加工质量、修复质量、装配质量和安装质量是防止和减少磨损的有效措施。

7. 正确的使用和维护

要加强科学管理和人员培训，严格遵守操作规程和其他有关规章制度。机械设备使用初期要正确磨合。

防止或减少磨损的方法与途径见表 5-2-2。

表 5-2-2　防止或减少磨损的方法与途径

磨损类型		防止或减少磨损的方法与途径
黏着磨损		（1）正确选择摩擦副材料，如适当选用脆性材料、互溶性小的材料、多相金属等 （2）合理选用润滑油（脂），保证摩擦面间形成液体润滑状态 （3）采用合理的表面处理工艺
磨料磨损		（1）选用硬度较高的材料 （2）控制磨料的尺寸和硬度 （3）根据工作条件、采用相应的表面处理工艺 （4）合理选用并供给洁净的润滑油（脂）
疲劳磨损		（1）合理选用摩擦副材料 （2）减小表面粗糙度，消除残余内应力 （3）合理选用润滑油（脂），以保证黏度，合理选用润滑添加剂
腐蚀磨损	氧化磨损	（1）当接触载荷一定时，应控制其滑动速度；反之，则应控制接触载荷 （2）合理匹配氧化膜硬度和基体金属硬度，保证氧化膜不受破坏 （3）合理选用润滑油（脂），以保证黏度，并适量加入中性极压添加剂
	特殊物质的腐蚀磨损	（1）利用某些特殊元素与特殊物质作用，形成化学结合力较大、结构致密的钝化膜 （2）合理选用润滑油（脂） （3）正确选择摩擦副材料

第三节　内燃装卸机械的防腐

一、金属结构常用的涂料与涂层

1. 底漆

底漆的主要功能就是防止钢结构腐蚀。在现代港口设备生产中主要采用含有锌粉的油漆作为底漆，因为金属锌的电极电位比钢铁更低，而导致钢材腐蚀的主要物质——水会首先与锌发生电化学反应，从而保护钢材不被腐蚀。

对需要保护 10 年以上的金属结构，一般推荐使用无机富锌底漆作为构件的底漆。

但无机富锌底漆对基体的表面处理要求更高，其表面必须作喷砂处理。根据实践，环氧富锌底漆由于其稳定和易于使用的特点，在重防腐工程中得到广泛应用。

2. 中间漆

在港口设备涂装设计中，中间漆具有两种主要功能。

（1）连接底漆和面漆。中间漆作为底漆和面漆之间的过渡油漆，可改善涂层之间的涂覆性能和附着力。

（2）防止水分和其他物质对底漆及金属基体的渗透。岸边集装箱起重机（简称岸桥）等通常使用隔绝型的环氧厚浆型中间漆或含有云母的环氧中间漆。

在盐雾和高湿度的条件下，环氧漆的高交联性可使零件表面具有致密性，能有效延缓水和电解质的渗透，因而在油漆系统中，环氧漆的膜厚是关键因素。环氧漆一般为隔绝涂料，只有达到一定的厚度，才能有效防止水和电解质的渗透。

如图5-3-1所示，无论是底漆还是中间漆，其干膜中都存在有大量微小针气孔（主要是溶剂挥发所致），多道涂覆和达到一定厚度才能减少针气孔与大气沟通的概率。

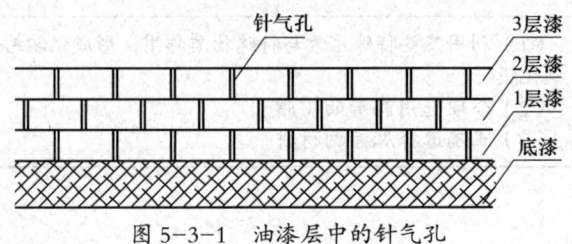

图5-3-1　油漆层中的针气孔

3. 面漆

面漆具有良好的表面装饰性和优异的耐候性，港口设备大多使用色泽鲜明的脂肪族聚氨酯油漆作为面漆，能有效防止紫外线、工业大气等对中层漆的侵害。脂肪族聚氨酯油漆也具有结构稳定的特点，能较长久地保留油漆的颜色及光泽。

钢材表面预处理的好坏对防腐寿命影响很大。通常在物体表面会附有氧化皮、锈或油脂、灰尘等污垢物，如果在涂装前不把这些异物除去，则必将导致漆膜不能固化或造成漆膜龟裂、剥落，尤其是若不除去锈蚀，将会在漆膜下继续扩展而失去涂装的意义。涂装预处理的目的可以归纳为以下两点：去除金属表面附着或生成的异物，使金属表面有一定的耐蚀性；提高金属与漆膜的附着力。

二、金属结构油漆的施工

油漆施工在整个港口设备涂装工程质量中占有很大比重，在涂装行业中有"七分施工、三分油漆"之说，由此可见油漆施工的重要性。

1. 环境要求

大多数油漆施工都受到环境的严格限制，如温度、湿度、灰尘等。一般的油漆施工温度为 5~35 ℃，相对湿度小于 85% 时最佳，雨天严禁油漆施工（有些油漆产品的环境适应性增强，在温度为 -5~45 ℃、相对湿度为 90% 左右也可施工）。空气中的灰尘（或工业粉尘）及打磨时的金属飞溅物对油漆的质量也会产生极不利的影响。灰尘或颗粒会造成漆面不光滑，较大颗粒的嵌附会使该处漆膜较薄，磨损后极易产生锈蚀。

2. 表面二次处理

（1）除了钢材表面预处理外，在施工过程中由于钢结构焊接、矫正、搬运、探伤等会造成油漆损坏，因此，须进行钢材表面的二次处理。二次处理包括冲砂、动力工具打磨、手动工具磨铲、清洗等。

（2）涂漆前，被涂件所有的锐边角均要打磨成 $C0.5~C1.5$ mm 的倒角，这是因为在呈锐边角上涂装的油漆无法达到规定的漆膜厚度，且是最易产生锈蚀的地方。

3. 预涂漆施工

预涂漆施工是很重要的一道工序。在钢结构的焊缝、触角、凸角、狭小区域及喷涂不易的地方，必须进行油漆的预涂。预涂的作用是更有效地控制构件的漆膜厚度，使构件整体膜厚均匀一致。由于这些区域施工空间的限制，喷涂不能达到规定的膜厚，因此，通常先将这些部位均匀地预涂一遍。另外，某些被预涂的部位，如焊缝，其表面凹凸不平，喷涂时难免疏漏，预涂能很好地弥补喷涂的不足。

4. 涂漆方法

港口设备的涂漆方法大多为喷涂、滚涂和刷涂，其中喷涂最常用，滚涂和刷涂一般作为辅助手段。

（1）喷涂

大面积施工时采用喷涂工艺较易控制膜厚，并能得到优良的表面质量，尤其是无气喷涂，施工效率高。

无气喷涂的关键是操作人员的技能，良好的操作姿势能保证膜厚均匀，减少油漆损耗。

对环境控制十分严格的发达国家和地区，目前采用较多的是空气辅助式无气喷涂工艺，其特点是介于有气和无气喷涂之间。由于采用在封闭漆罐内搅拌加压，因此，其喷嘴的雾化及扇面控制良好，可以大幅降低溶剂在空气中的扩散。

（2）滚涂

滚涂能实现较均匀的漆膜，操作容易，适应多数油漆的施工。但一次滚涂难以得到较厚的漆膜，通常需重复两次才能达到规定膜厚，且在狭小的空间内难以施工。

（3）刷涂

刷涂在油漆施工中是最常用的一种辅助手段，如小面积的修补、预涂、狭小空间内的施工等。但刷涂的缺陷较多，如漆膜不均匀、有刷痕、不容易达到较大的膜厚。刷涂与操作人员的熟练程度也有关系，油漆的流平性好，操作人员的技术好，就能得到满意的漆层。

5. 底漆的施工

零件在表面处理及冲砂后应在 4 h 之内进行底漆的施工。无机富锌底漆的施工流程如图 5-3-2 所示。

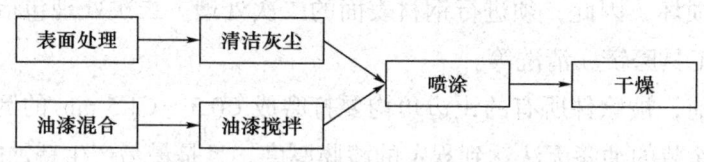

图 5-3-2　无机富锌底漆的施工流程

注意：从喷涂开始到结束，应不停搅拌油漆，这是因为锌粉的密度较大，易沉淀，会造成漆膜锌粉含量不均。另外，喷涂周边环境应有一定的湿度，否则漆膜不易固化。无机富锌底漆一般不采用滚涂和刷涂。施工时温度应控制在 5～35 ℃，固化期一般为 7 天，表面干燥需 2～4 h，即 2～4 h 后才可以搬动涂漆钢材或构件。

6. 中间漆的施工

理论上讲，底漆一经固化，除去其表面的灰尘、油污即可进行油漆的后道工序。但实际施工中，中间漆的施工往往与底漆间隔很长的时间，这是因为底漆表面除了灰尘和油污外，还有锌粉的氧化物——锌盐。锌盐的存在严重影响油漆间的附着力甚至导致涂装失败。因此，中间漆施工前要用砂纸打磨表面，并配合以清水清洗。中间漆的施工流程如图 5-3-3 所示。

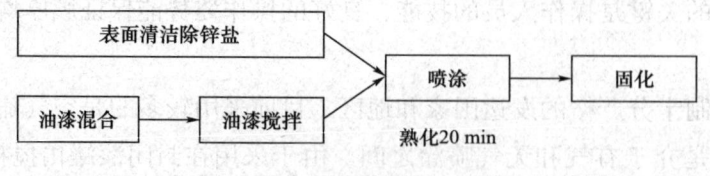

图 5-3-3　中间漆的施工流程

中间漆（环氧类）允许用滚涂和刷涂作为辅助手段。中间漆漆膜较厚，施工时要合理使用稀释剂，避免流挂。环氧中间漆的固化时间也是 7 天左右，表面干燥时间为 4～24 h，施工温度应控制在 5～35 ℃。

7. 面漆的施工

面漆施工前应先进行表面的清洁，清除灰尘、水分和油污，并用砂纸轻轻打磨，使表面有一定的粗糙程度。

脂肪族聚氨酯油漆对湿度极为敏感，要确保清除构件表面水分和在相对湿度低于85%的环境中施工。

面漆作为构件最后一层漆，表面清洁工作及施工环境十分重要。施工前应完成所有的表面漆修补工作，整台设备的面漆施工应在较短时间内同时完成，以避免颜色上的差异。部分面漆可在设备交付用户前涂装。

港口设备面漆施工应采用滚涂和喷涂相结合的方法进行，除手不可及的高空部位或无法操作的狭小部位外，应尽量采用喷涂，以追求最佳的表面效果。面漆的施工流程如图 5-3-4 所示。

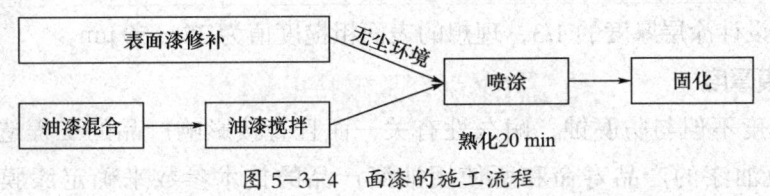

图 5-3-4　面漆的施工流程

面漆施工时要非常重视漆膜的均匀和油漆的完全覆盖，避免漏漆和露底。面漆施工前应确保表面光泽、平滑，施工温度应控制在 5～35 ℃。

8. 镀锌及不锈钢构件表面的油漆施工

镀锌及不锈钢构件表面油漆施工前，应先用溶剂彻底清除构件表面的油、脂、水分，并用砂纸或动力工具将构件表面打毛，使其有一定的粗糙程度，并在一个干燥的环境中进行油漆施工。

一般在表面处理后先涂一遍磷化底漆（厚为 6～10 μm），然后按整台产品的油漆配套进行，但不能将无机富锌底漆作为后续油漆，直接涂中层漆是可行的。采用何种工序，应视总漆膜厚度的要求而定。

目前，国际上逐渐采用新型无溶剂环氧类油漆代替磷化底漆，因为环氧类油漆渗透力强，比磷化底漆有更好的附着力。

三、表面粗糙度与漆膜厚度

1. 表面粗糙度

在实际的表面处理过程中，过高或过低的表面粗糙度都是不利的。

一个合适的表面粗糙度与漆膜厚度密切相关，而漆膜厚度取决于产品特定的使用环境及其防腐要求。表 5-3-1 中给出了在特定环境中涂层厚度与表面粗糙度值的关系。

表 5-3-1　特定环境中涂层厚度与表面粗糙度的关系　　　　　　　　　　　　　　　　　μm

防腐及环境	设计涂层厚度	表面粗糙度
一般性涂层	80～100	25～30
装饰性涂层	100～150	30～50
保护性涂层	150～200	50～70
含有盐雾的海洋环境	200～250	70～80
含有液体冲击的设备	250～350	80～100
耐腐蚀涂层	250～350	80～100

一般情况下，表面粗糙度是设计涂层厚度的 1/3，港口设备的涂层厚度大都为 220～280 μm，表面处理时被处理表面的表面粗糙度值大都为 70～80 μm。由于尖峰处容易产生锈蚀，一般喷砂后再用砂纸打磨去除过高的尖峰。实际施工中，表面粗糙度值应略低于设计涂层厚度的 1/3，理想的表面粗糙度值为 38～50 μm。

2. 漆膜厚度

漆膜厚度不但与防腐蚀、耐久性有关，而且直接影响产品的工程造价。一般按照防腐蚀及油漆的产品寿命和所使用油漆产品的技术参数来确定漆膜厚度。漆膜厚度是由不同油漆配套系统决定的，油漆厂商会根据防护寿命选用不同的油漆配套系统。

3. 钢材表面处理常用的国际通行标准

港口设备钢材或钢结构表面采用喷砂、喷丸技术处理，用合适的磨料通过喷射方法完全去除氧化皮、锈腐蚀物、油漆和其他杂物，并及时（一般在 4 h 之内）涂上底漆。

第四节　内燃装卸机械的涂漆

保护内燃装卸机械外表面和钢结构件不锈蚀是延长钢结构使用寿命的有效手段。内燃装卸机械在使用中受到光照、冷热、风雨、霉菌侵蚀，机械撞击、灰沙、摩擦，酸碱或化学药品的腐蚀，原涂层下的锈蚀等作用，涂层逐渐破坏而失去保护能力，如果不及时修复，则锈蚀会迅速发展，势必影响钢结构的强度和刚度。因此，应每年检查一次涂层状况，使用单位3～5年重涂一遍漆，个别单位需每年涂一遍漆。

一、破坏涂层的因素

1. 氧化皮

氧化皮一般存在于热轧钢材和焊接部位上。它是涂层的隐患，在受机械、大气腐蚀等作用后，会引起涂层凸起和剥落。

2. 铁锈

铁锈的主要成分是Fe_2O_3，如果涂漆前没有将其清除干净，在涂层下的Fe_2O_3会继续腐蚀金属，并发生膨胀，从而引起涂层开裂、脱落。

3. 焊渣

焊渣由金属氧化物、无机盐类、氯化铵、氯化锌、松香等物质组成，它能使涂层下的金属腐蚀，最后破坏涂层。

4. 油污

金属表面上没有清除掉的各种油污、润滑脂等会影响涂层的附着力和干燥性能，破坏涂层。

5. 旧漆

重新涂漆时，若不清除已破坏的涂层和金属上的Fe_2O_3，或者旧涂层虽然完好但不能适应欲涂的新漆，则新涂层仍会脱落。

6. 酸、碱等腐蚀性物质

起重设备与腐蚀性物质经常接触，涂漆或修补时应将其彻底清除干净，否则会影响涂层的干燥和附着能力。

二、旧漆的清除

可用手工或机械方法清除旧漆。手工处理所用工具包括铲子、錾子、钢丝刷、砂布等，其劳动量大、效率低；机械处理常用的工具包括风动刷、电动刷、除锈枪等，其效率虽高，但风动刷和电动刷安装的钢丝轮较难除净紧附的锈蚀和氧化皮。

三、涂漆的方法和程序

1. 涂漆的方法

（1）刷涂

最常用的涂漆方法是刷涂。刷涂施工的好坏与所选用的漆刷有直接关系。一般鬃厚、口齐、根硬、头软的漆刷为上品。磁漆、调和漆和底漆的黏度较高，应选用扁形、圆形或歪脖形的硬毛刷，且刷毛的弹性要大。在刷涂水平面时，最后一遍刷涂应沿光线照射的方向进行；在刷涂垂直面时，最后一遍刷涂应由上而下进行。涂层的厚度应均匀适宜，过厚易起皱皮，过薄则会露底。

（2）喷涂

常用的涂漆方法还有喷涂。喷涂过程中压缩空气的气流通过喷枪的喷嘴，把雾状的涂料喷射到金属表面上。喷涂法可获得薄而均匀的涂层，适合于喷涂大面积物体。且大部分涂料都可以用喷涂法喷涂，尤其是对快干挥发性漆，如硝基漆、过氯乙烯漆等更适宜。喷涂法效率高，劳动强度低，已广泛应用。但应注意的是，涂料将随着空气扩散而产生一定的损耗，要得到相当厚的涂层，须反复喷涂几遍。扩散在空气中的涂料和溶剂对人体有害，通风不良时容易引起火灾，甚至当空气中溶剂达到一定浓度时还会发生爆炸。

2. 涂漆作业要求

（1）开启漆桶后必须搅拌，把沉淀部分搅匀。如果有漆皮或粗粒，则应用120目丝网过滤后再用。

（2）涂漆时周围环境必须清洁，不要有煤烟、潮气和灰尘，遇有下雨或降雾时不应在露天刷涂。

（3）应先涂底漆。底漆一般刷涂1~2遍，如果涂两遍，则第一遍的底漆颜色应与第二遍的底漆颜色略有区别，以便查看是否有漏涂情况。底漆不宜涂得过厚，以免凸起和影响干燥。已涂过底漆的表面，如果沾染机器油等污物，应用抹布擦净，以免破坏底漆。

必须在底漆干燥后再涂面漆。面漆刷涂1遍或2遍均可，每层漆的厚度通常以 0.03~0.04 mm 为宜。

四、漆面可能产生的缺陷

1. 涂漆时可能产生的缺陷

（1）流挂

垂直面上的涂料在重力作用下有淌流现象，称为流挂。引起流挂的原因是涂料太稀、涂层太厚、场地温度过高、涂料的干燥性较差、涂料的附着力差，以及物体表面有凹凸不平或涂料含油、水等物。如果是用刷涂法，也可能因蘸漆太多，或刷子太小、太软等造成；如果是用喷涂法，可能是由于喷枪距离涂漆面不一致或压力不均匀等造成，一般喷枪距涂漆面应为 200~250 mm。

（2）咬底

咬底是指面漆中的溶剂很容易地把底漆涂层软化而破坏底漆，多因底漆涂层未充分干燥或底漆、面漆不匹配所致。例如，油脂底漆与物体表面虽有一定的附着力，但不能与硝基漆、过氯乙烯漆匹配。

（3）渗色

渗色是指面漆把底漆溶解，使底漆颜色渗到面漆上。这是因为施工中未待底漆干透就涂具有强溶剂的面漆所致。

（4）表面粗糙（起粒）

表面粗糙（起粒）的原因是涂料过粗，工具、漆桶、刷子中夹带有沙土或留有漆皮，喷枪口小而导致的喷涂压力大，喷枪与涂面距离太远，物体表面未擦干净及环境有灰尘飞扬等。

2. 形成涂层后可能产生的缺陷

（1）"发笑"

涂层表面收缩，好像把水抹在蜡纸上一样，斑斑点点，露出底漆，称为"发笑"，又称"花脸""麻点""笑口"等。"发笑"常见于红丹漆、清漆、环氧漆、聚氨酯漆等，其原因是漆面太滑，底漆光泽太大，物体表面上有油或潮湿，喷枪管路中混入油或水等。

（2）皱纹

皱纹是指涂层不光滑，收缩成许多弯曲的棱背（非特殊要求的美术漆），其主要是由于涂层太厚，干燥不均匀，涂漆后在强烈的日光下暴晒或烘烤等造成的。

（3）起泡

涂层在高湿度、浸水或日晒等环境中容易出现起泡现象。它是因施工不良而引起的，如涂层下有潮气或挥发性液体等。涂层越厚越易起泡。

（4）失光

失光是指成膜后经过一段时间光泽慢慢消失（非指室外长期氧化而失光）。其原因除涂料本身问题外，还与施工时涂层上留有矿物油、碱类水分、污物、杂质及物体表面高低不平有关。此外，较冷天气施工，新涂层遇雨或露水等都容易造成失光。

（5）粉化

粉化是伴随失光出现的一种缺陷。手摸涂层会有粉末黏附在手上，说明涂料已失去黏着力。失光后受紫外线、水汽、氧化、海洋性气候、化学品等作用，便会出现粉化。

（6）开裂

开裂从表面看有粗裂、细裂和龟裂之分，是涂层的老化现象。粗裂、细裂是涂层因老化产生的收缩，即涂层下部的收缩力较涂层本身的内聚力大而出现的漆膜破裂，它与涂层过厚、底漆未干等有关。龟裂是指涂层一裂到底，露出物体表面，或产生较深的但不露出物体表面的裂纹。底漆、面漆不匹配，或涂层厚且底漆未干时最易发生龟裂。有时连续在旧涂层上修补漆层数次后也会出现龟裂。在热带地区，温度很高，潮气又重，涂层受冷热而伸缩，也容易出现龟裂。

（7）脱落

脱落是指涂层裂开失去黏附力，与物体表面或底漆分离而成小片或成张脱落。其原因是金属表面处理不当，底漆选择不对（如涂层过硬或底漆太光泽），施工错误，涂层过厚，或涂层间未干透而遇到水汽等。表面处理不当是指表面上有水汽、灰尘、油脂、污垢、铁屑、化学品或旧涂层等。

五、涂漆时的安全注意事项

1. 涂漆场地应通风良好，特别是用喷涂法时更应注意。

2. 皮肤上沾有涂料时，最好用肥皂或洗衣粉洗。若用汽油、丙酮等擦洗，容易使皮肤开裂。

3. 除锈、除旧漆及刷涂或喷涂漆层，特别是涂红丹防锈漆时，应佩戴防护眼镜和口罩。

4. 喷漆场地严禁使用明火，并且严禁吸烟，以免引起火灾。

5. 高空作业时要系安全带，所搭桥板要有足够的宽度，接头处应牢固，下面要设安全网。

6. 操作人员在施工时，若感觉头疼、心悸或恶心，则应立即离开工作现场，到通风处呼吸新鲜空气。若仍不舒服，应及时送医治疗。

第六章
检测技术在港口设备上的应用

第一节
内燃装卸机械的故障

当内燃装卸机械上的零部件或其系统原规定功能发生丧失、降低事件或现象时，说明内燃装卸机械发生了故障。这里所说的功能是指内燃装卸机械零部件或其系统技术规格书上明确规定的功能。

故障与失效都是指零部件丧失了规定的功能，但这两个概念使用的场合有所不同。一般情况下，故障常用于可修复的零部件，如齿轮箱、液力推杆、液压阀等。而失效则用于不可修复或无修复价值的零部件，如小型轴承、摩擦片、电磁换向阀线圈、液压软管，以及各种紧固件、垫片等。

一、故障模式与故障机理

1. 故障模式的含义

反映与表征故障过程的状态、事物与数学表示，称为故障模式。故障模式是每一种故障的主要特征，是故障现象的一种表征。

内燃装卸机械常见的故障模式：渗漏、变形、腐蚀、疲劳、破裂、堵塞、发热、烧损，以及各种绝缘、油质、材质的劣化、噪声、脱落、短路等。其中，最主要的故障模式是异常性能、噪声、温度、排烟、味道和渗漏等。

2. 故障机理的含义

故障机理又称故障机制、故障物理学，是指诱发零件、部件、设备发生故障的物理与化学过程，是描述故障形成、发展直至设备毁坏全过程特性的科学。

故障的发生一般受时间、环境条件、设备内外部多种因素的影响，有时是一种因素起主导作用，有时是多种因素综合作用的结果。

内燃装卸机械零件、部件发生故障，大多是由于工作条件、环境条件等因素综合作用的结果，这种作用结果使组成内燃装卸机械的零件、部件的能量积累超过了它们所能承受的界限。这些工作条件和环境条件称为故障外因，如工作载荷、电压、电流、温度、湿度、灰尘、放射性、操作失误、维修中安装调整的失误、载荷周期长短等。作为故障体的零件、部件、设备，其自身的强度、特性、功能及内部应力和缺陷等，在外部因素的作用下，对故障的诱发也起重要作用。

故障外因、故障机理、故障模式是密切相关的。同一故障外因可诱发出两种以上的故障机理，如热应力可使材料力学性能降低，同时使零件表面被腐蚀。不同故障外因可分别或同时导致不同的故障机理，而某一机理又可衍生另一机理，经过一定时间，便形成多种故障模式。例如，蠕变破坏可使零件破裂，而疲劳载荷加上热影响也可造成破裂、破断和磨损，磨损又引起发热，导致零件磨损、变形、腐蚀和熔融等。有时故障模式相同，造成故障的原因和机理却完全不同。因此，在分析研究设备的故障模式和故障机理时，必须综合考虑故障件本身设计制造过程中的各种外因作用，以及使用与保养情况等。

二、故障分类

对故障进行分类的目的是明确故障的物理概念，估计故障的影响程度，以便分门别类地制定解决机械故障的对策。

机械故障可从不同的角度进行分类，如性质、原因、影响程度、故障发生时间等。在实际工作中，采用何种故障分类，主要取决于所要解决问题的不同角度。

1. 渐发性故障和突发性故障

在使用中，内燃装卸机械发生的故障是多种多样的。按故障发生的状态，通常分为渐发性故障和突发性故障。

（1）渐发性故障

渐发性故障是由于组成设备的某些零件技术指标逐渐恶化，最终超出允许范围（或极限）而引起的故障。

渐发性故障的特征：在给定的时间段内，发生故障的概率与内燃装卸机械已经工作过的时间有关，使用的时间越长，发生故障的概率越高。内燃装卸机械大部分故障属于这一类。产生这类故障的原因与内燃装卸机械零部件的磨损、腐蚀、疲劳等密切相关。此外，故障出现时间基本上是在有效寿命的后期，有规律性，可预防；故障不是突然发生的，事先可以通过采取诊断和仪器检测的方法进行监控。

（2）突发性故障

突发性故障即突然发生的故障。其产生的原因是多种内在不利因素，以及偶然性环境因素的综合作用，这种作用已经超出了其所能承受的极限。

突发性故障虽然是突然发生的，但严格来说还是一个由量变到质变的过程。这类故障往往经过某一段时间间隔才发生，而这个时间间隔是一个随机量。

突发性故障的主要特征：在给定的时间段内，发生故障的概率与内燃装卸机械已使用的时间无关；突发性故障往往是突然发生的，事先并无任何征兆，一般破坏性较大。

突发性故障和渐发性故障之间是有联系的，一般把事先能觉察到征兆的故障归为渐发性故障，而事先很难觉察到征兆的故障归为突发性故障。但这两者之间不能截然分开。例如，一般磨损故障属渐发性故障，但是严重的磨损发展到一定程度，可能导致突然损坏而失效，应特别引起警惕。

2. 功能性故障

功能性故障使内燃装卸机械不能继续完成其功能。功能性故障常常是内燃装卸机械上的个别零件、部件损坏或卡滞造成的。

3. 潜在故障

在使用过程中，任何一台设备都是先出现第一次故障，随后出现第二次、第三次……如果采用事先修理和调整来预防这些故障，则设备的损伤程度就是判断故障是否已临近的标准，而这类故障可以认为是潜在故障。

4. 允许故障和不允许故障

（1）允许故障

允许故障同导致内燃装卸机械输出参数逐步劣化的过程有密切关系。在允许故障中也包括由于各种因素（在使用技术条件所允许的范围内）组合时引起的突发性故障。有时设计上允许有一定的故障发生概率，以便减轻、缩小和简化结构，当然，这类故障的前提是不至于引起严重后果。

（2）不允许故障

不允许故障与下列情况有关：

1）违反设备制造和装配技术条件。

2）违反操作规程和修理规章（设备超载使用、不执行修理规章、违规操作等）。

3）制定技术条件或技术参数未考虑到的潜在原因。即便是严格按照技术条件制造的设备，制定技术条件也无法考虑到所有的客观因素，因此，机械可靠性仍会受到影响，导致在使用过程中可能出现故障。

三、故障趋势

大量的使用和试验证明，由各种零部件构成的内燃装卸机械，其故障率是时间的函数。故障率模型如图 6-1-1 所示。

从图 6-1-1 可见，故障率曲线呈两头高、中间低形状，形如浴盆，故又称"浴盆曲线"。纵轴表示故障率，横轴表示时间，所以故障率模型实际上是描述设备在开始使用后故障率随时间的变化规律。从时间变化看，曲线明显呈现出三个不同阶段（时期），即早期故障期、偶发故障期和耗损（严重）故障期。

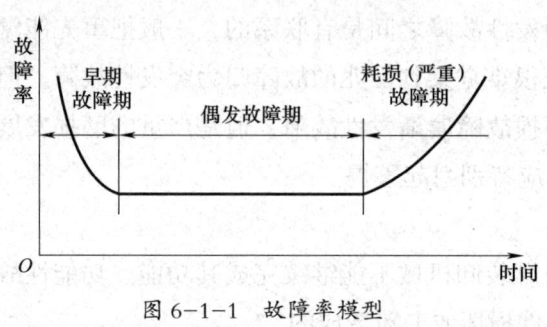

图 6-1-1　故障率模型

1. 早期故障期

在开始的初段，设备处于初始工作阶段，其特点是故障率较高，但是随着时间的推移迅速下降，这一时期称为早期故障期（又称磨合期）。

当故障率下降到基本持平、不再出现较大波动时，表明早期故障期已结束。此期间的长短，随设计与制造的质量而异。此阶段发生的故障，大多是由于新元件（配合副）之间缺少良好的配合，或者是由于装配上的缺陷而引起的，故需要经历一定时间，以寻求元件间的自身平衡。有时也可能是由于设计不当、选材不合适或加工质量太差造成的。对于新投入运行的设备或修复件，都需要进行磨合试运转。

2. 偶发故障期

进入中段，故障率大致处于稳定状态，趋于一个定值。此阶段是内燃装卸机械良好的工作阶段。内燃装卸机械的可靠度，通常是以这一时期的水平为代表。

此阶段的长度称为有效寿命期，其特点是故障率低且稳定，近似为常数。这一阶段的故障率与时间无关，与机械新旧无关，且故障是随机的，如机械零部件、电气元件、模块的突然损坏等，故称为偶发故障期。

在偶发故障期内，故障发生时间无法预测。它不能通过延长磨合期来消除，也不能由定期更换故障元件来预防。对内燃机械设备来说，偶发故障期的故障，多起因于可靠性设计中的隐患、使用不当、维修不力或保养不到位等。

一般来说，再好的维修工作也不能消除偶发故障，但可降低其故障率。港口装卸作业的特点要求内燃装卸机械在有效寿命期内故障率尽可能低，持续工作时间尽可能长。在实际工作中应提高使用管理水平、操作水平、维护水平，加强日常点检、定期点检，以及状态检测和技术诊断，减少故障，并使故障率降低到最低限度。

3. 耗损（严重）故障期

进入后段，内燃装卸机械处于使用后期，故障率开始上升，称为耗损故障期，又称严重故障期。

在此期间，由于零部件经长期使用，产生疲劳、磨损、老化等，使寿命接近衰竭，导致内燃装卸机械处于频发故障状态，故障率随时间的推移而上升，最终导致设备功能终止。防止耗损故障期故障发生的最好办法就是预知零件磨损的实际情况及元件损坏的开始时期，在内燃装卸机械进入耗损故障期前采取零件更换等维修措施。这样可以把上升的故障率降下来，即可以延长这一时期可修零部件的使用寿命。但这里有个修理费用问题，若设备故障率太高、修理费用又多，则应优先考虑报废。由此可见，准确掌握内燃装卸机械进入耗损故障期的时间，对内燃装卸机械的使用、故障诊断与维修都具有重要意义。

第二节 常见故障诊断方法

同其他机械一样，内燃机械在使用中也会出现各种故障，需要定期维修和调整。维修技术人员在机械出现故障时想要做出准确的判断，必须在了解机械结构和工作原理的基础上，掌握判断故障的正确方法、手段和新技术，不能不懂乱动、随意拆修，那样会导致旧病未除，又添新症。

一、常见内燃机械故障表现

1. 性能异常

内燃机械力学性能异常就是其动力性和经济性变差，主要表现为：行驶速度明显降低，加速性能变差；燃油消耗量和润滑油消耗量增大；振动和噪声明显加大；启动困难；行驶中发动机突然熄火；不能起升或拖拉额定载荷等。

2. 响声异常

内燃机械在使用中发生故障，往往会以异常响声的形式表现出来。有经验者可以根据异常响声发生的部位和声音的不同频率和音色来判断故障。

3. 味道异常

内燃机械运行中最忌发生异味。首先要判断异味是否由于发动机过热而引起；其次排查电气系统和导线烧毁的焦糊味，以及冷却液异味。若嗅到漏润滑油的烧焦味和燃料气味，则必须予以充分注意。

4. 异常温度

异常温度是指内燃机械各部分的温度超出了正常使用温度范围。例如，发动机散热器开锅和润滑油温度过高，传动系统、液压系统和其他工作装置温度过高，都应进行细致的检查，找出故障根源。

5. 烟色异常

发动机排气烟色是柴油机工作的外观表现。工作不正常时排气烟色发生变化，若呈蓝色、黑色和白色，则应通过检查、分析确定故障原因。

6. 渗漏

发动机渗漏表现为燃油渗漏、润滑油渗漏、冷却液渗漏、液压系统渗漏，以及电气系统漏蓄电池液和电气系统漏电等。渗漏极易引起机构损坏。

二、常见故障诊断方法

内燃机械发生故障，技术人员在检查、诊断、排除故障时思路要清晰，对内部结构、工作原理、操作使用状况做到心中有数，全面运用以下各种故障分析方法，快速、准确地对发动机故障做出判断，为随后的修理工作打好基础。

故障诊断的方法基本上可以归纳为12种：望问法、经验法、观察法、听诊法、试验法、触摸法、闻嗅法、替换法、仪表法、度量法、分段检查法和局部拆装法。

1. 望问法

所谓"望"，是指对发生故障的柴油机进行诊断时，要观看柴油机上的铭牌和外观，初步了解柴油机的结构形式、型号、生产年份、使用年限等基本情况和数据。所谓"问"，是指向操作人员了解各种与故障发生有关的情况，其中包括使用状况、作业环境、发生故障的部位和现象、发生故障后做了哪些应急处理，以及以往的维修保养情况等。

2. 经验法

经验法是指凭驾驶和维修人员的技术素质和实践经验，快速、准确地对柴油机故障进行诊断。经验的获取有两种途径，一是通过向师傅请教和学习书本知识，二是在实践中不断用心总结、积累经验。要不断用新知识、新技术和新经验充实自己，才能对各种各样甚至十分复杂的疑难故障做出准确判断。

3. 观察法

观察法是指通过对故障发生的部位细致入微地观察，透过现象找出根源，对故障做出判断的方法。在观察过程中，还要用经验和理论，进行周密的思考和推证，不能简单草率，不能为表面现象所迷惑。有些现象对于有经验者也不是一下子就能看清楚的，要多看几次，仔细观察，才能由表及里，把故障现象看透。

4. 听诊法

听诊法是指用听觉诊断柴油机故障的方法，是最常用和最简便的故障诊断方法之一，对柴油机异响类故障最为有效。柴油机本身具有噪声大的特点，在正常运转时，也会发出一些嘈杂但有规律的声音。但当某一个部位发生故障时就会出现异常响声，有经验者可根据异响的特点判断出故障的部位和损坏程度。要在长期实践中主动锻炼听觉的分辨能力，积累经验。异响的判断要快速、慎重，防止在判断异响时将故障扩大。

5. 试验法

试验法是指通过试验来帮助判断、验证故障原因的方法。例如，可通过断缸、改变转速、更换部件等方法来判断故障的准确部位。

6. 触摸法

凭借手的触摸感觉来诊断柴油机故障，称为触摸法。通过触摸可大致判断某些部位的温度、压力节奏等，以快速找准故障。

7. 闻嗅法

不同部件在使用中会发出的不同气味，如燃油、皮革、塑料等。利用闻嗅法可正确判断异味的部位、特点，及时发现和找准故障。

8. 替换法

替换法是指维修人员对可能发生故障的部件用合格的总成和零部件进行替换，并进行试验对比，这是一种简化故障诊断过程的有效方法。值得指出的是，替换用的备品件必须是试验过的、可靠的，使用新件替换时，也必须用合格品，否则不但找不到故障，反而会使故障发生部位虚假化，增加诊断的难度。

9. 仪表法

仪器仪表是诊断现代柴油机故障不可缺少的工具，利用仪器仪表和电子诊断设备测量柴油机工作参数，可以更准确地确定故障发生的原因和部位。车辆的仪表板上装有许多仪表和指示信号，如电压表、转速表、水温表、油压表、气压表、油量表、里程表和警告灯等。这些仪表不仅可以反映柴油机和车辆的工作情况，还是诊断柴油机故障的好帮手。借用气缸压力表、万用表等都可方便、准确地诊断故障。

10. 度量法

度量法是指使用量具和仪器仪表按照标准对各种参数进行测量的方法，它是故障诊断、修理和调试不可缺少的方法。零件外形尺寸的度量要用到百分表、千分尺、塞尺、直尺等；力和重力的测量要用到测力计和测重器等；压力和真空度的测量要用到压力表和真空度表等。各种量仪和量表是维修人员眼睛和手的延伸，凭感觉只是表面的，只有正确度量才能准确判断。度量法可以与仪表法结合起来，使用的度量器具越多，诊断越准确。

11. 分段检查法

分段检查法是指维修人员对带有系统性质的故障进行检查时，按照系统组成的路线分段或分部分查找的方法。根据不同情况，其顺序可以从前向后、从后向前，或从中间向两边（如燃油供给系统故障）。

12. 局部拆装法

局部拆装法是指维修人员已经判明故障发生在某个总成上，但一时又无法准确判断具体位置时，按照总成的工作原理，局部拆掉某一部分功能部件并进行检查，然后再装上去的方法。如果方法运用得当，则立即可以判断故障发生的部位，因此，局部拆装法不失为一种简便易行的快速诊断故障的方法。局部拆装法与试验法有许多相近之处，所不同的是局部拆装法以拆卸为主，是拆卸后再试验的一种故障诊断方法。

所有的故障诊断方法都是相辅相成的，其目的是找到柴油机发生的故障。只要灵活运用这些故障诊断方法，就能快速诊断出故障所在，有针对性地对柴油机进行维修，从而恢复正常使用功能。另外，应用这些方法，要有理论作为指导，充分了解柴油机的使用和维修情况，以及故障的发生情况。对于柴油机上出现的简单故障，只凭经验和感官即可找到故障原因和发生部位；对于疑难故障，则需要凭借仪器和应用专门的故障诊断设备才能找到。对仪器和设备，需要学会正确操作，使用中还要结合维修经验，灵活运用这些故障诊断方法，对故障做出综合评价。在诊断中不断实践，不断总结和积累经验，才能应用自如。

三、故障诊断步骤

1. 调查情况，提出建议

内燃机械发生故障，作为维修人员要先认真听取驾驶员对故障现象的描述，对故障发生部位的看法，并询问柴油机的使用、维修情况，最后对故障类型及时做出准确定性，对故障的排除方法提出意见和方案。对于一般故障，可在作业现场及时予以排除，条件不允许时可建议将车辆驶入适当的场地再行排除；对于较大故障，建议将车辆拖至修理车间予以维修。

2. 重现故障，注意特征

如果驾驶员对柴油机故障描述不清楚，或引起故障的原因比较复杂、初期故障表现尚不明显，可重新启动柴油机，重现故障特征。柴油机启动后要控制转速，变换转速要适度,以突显故障现象。须谨防试验时控制不当,造成故障加重。

3. 逐点分析,重点先查

如果引起柴油机故障现象的原因较多,应本着先易后难的原则,先检查重点部位和容易检查的部位,这样可节省排除故障的时间。例如,柴油机排黑烟故障,应先检查空气滤清器和喷油器,后检查气缸压力。

4. 借助仪器,运用经验

对于故障现象不是非常明显的故障,可借助于仪器检测手段,结合平时经验进行判断。例如,柴油机曲轴轴承响,可以借助润滑油压力表显示的压力情况,判断是否因曲轴轴承磨损严重而致。

5. 适时换件,观察变化

如果经过前面的判断确定故障点有一个以上,特别是附件类故障,可更换有关部件,然后重新启动柴油机,观察故障现象是否有变化。如果故障现象消失或减弱,则说明引起故障的部位就是所更换部件;如果无变化,则更换其他认为有故障的部件继续判断。

6. 故障排除,检验验收

任何故障在排除结束或经过维修后,都要试车检验故障是否排除彻底,维修质量是否达到要求。这也是故障诊断与排除的最后一项技术工作。

第三节 内燃机械故障自诊断系统

随着技术的不断进步,自动控制系统及计算机等技术已逐步应用于内燃装卸机械。例如,装载机、挖掘机、叉车、吊车等车辆的控制大量采用计算机控制系统。车辆因大量采用计算机控制系统变得越来越复杂,各控制系统之间的联系更加紧密。当系统中的某一部分出现故障时,可能导致整个控制系统甚至多个控制系统不能正常工作,如果对故障情况不能及时发现和妥善处理,则可能会导致故障程度进一步扩大,严重影响车辆的使用性能。因此,要求计算机控制系统必须能够自动、及时、准确地判定系统中是否存在故障,并在出现故障时能够采取必要的措施,使系统处于故障安全状态。此外,计算机控制系统还应向驾驶员发出警示信号，使驾驶员能够了解控制系统的状态，并采取相应的处理措施。在判定系统存在故障时，计算机控制系统还要将故障情况记录下来，为进行维修工作提供参考和帮助。车辆计算机控制系统对其状态进行监测和判定的功能称为自诊断功能。计算机控制系统在判定系统存在故障时，能够主动采取必要的控制措施，避免故障进一步扩大，使车辆性能的损害程度降至最低的功能称为故障安全功能。

一、概述

在早期的发动机控制系统中，用于发动机控制的计算机只能对发动机的运行进行较为简单的控制，而且也没有自我检测的能力，当然也不可能向维修人员提供任何有益的提示，维修人员只能依靠万用表对计算机接口各线路的电压、电阻或电流进行测试，再将测试结果与设定值进行比较，从而做出判断。这无疑给维修带来了许多困难。后来开发的控制计算机增加了简单的自我检测功能，即在控制发动机运行的同时，检测各输入信号和输出信号，当发现标定时所设定的故障现象时，将相应的故障代码（即以一定的代码表示相应的信号故障）存储起来。在某些车型上同时还会点亮故障指示灯，以提示驾驶员控制系统检查到故障，应尽快进厂维修。在对这些车型进行维修时，维修人员可利用相应仪器或一定触发方式读取计算机所存储的故障代码，作为维修作业进一步检查的方向。但由于此时的计算机只能向维修人员提供故障代码，因此，在其后开发的计算机除了上述功能外逐渐采用了数据流概念，即利用仪器从数据流中读取故障代码、运行的数据参数和执行双向指令（即通过仪器向控制系统发出指令，驱动某些器件工作以便动态检查这些器件，如喷油器和电磁阀的好坏，以及向计算机写入某些控制所需的设定值）。以上这几代系统统称车载诊断-Ⅰ（on-board diagnostics-Ⅰ，OBD-Ⅰ）系统。由于 OBD-Ⅰ系统是由各个厂家自己开发，没有统一的标准，因此，为维修检测造成了很多不便。

OBD-Ⅱ系统不仅使诊断测试模式、故障代码、诊断插座（连接器）、诊断（扫描）工具等有关诊断系统的内容得到统一，同时也对自诊断系统提出了更高的要求，特别是对有关排放净化方面的监测、诊断要求更严。

自诊断系统的具体功能可归纳为以下四点：

1. 及时检测出电子控制系统出现的故障。

2. 将故障信息以代码形式存储在电子控制元件（electronic control unit，ECU）的随机存取存储器（random access memory，RAM）内。

3. 通知驾驶员电子控制系统已出现故障，常用方式为点亮仪表板上专门设置的发动机故障指示灯。

4. 维修时，维修人员可将存入随机存取存储器的故障代码调出，用于快速诊断出故障类型。

二、故障自诊断功能

1. 发现故障

发动机在正常运转情况下,输入 ECU 的各种传感器电平信号应处在一定范围内。一旦出现该范围外的信号,ECU 即将其诊断为故障信号。但对开环控制系统中的执行器,由于只接收 ECU 信号,不反馈"执行"情况,故需设置专门电路来检测执行器的工作情况。

2. 故障分类

生产厂家在设计自诊断系统时,预先根据不同故障部位信号的输入、输出电平信号,将故障代码编制在程序中。ECU 一旦发现故障,立即按故障信号对号入座,并编上预定的故障代码。

3. 故障存储

为了给维修人员提供方便,通常将上述故障代码存入随机存取存储器中,即使在电源钥匙开关(俗称点火开关)断开的情况下,ECU 的随机存取存储器电源仍处在通电状态,不会失去已存储的故障代码。

4. 故障报警

当 ECU 检测到故障后,通过设置在仪表板内的报警灯向驾驶员报警,或通过液晶显示仪直接以文字形式向用户报警,同时还可显示故障部位。

5. 应急反应

当车辆在运行中发生故障时,为了不妨碍正常行驶,ECU 通常采用应急反应措施,即利用预编程序中的代用值(标准值的电平信号)进行计算,以保证正常的行驶功能。停车后再由 ECU 或维修人员进行检修。

三、故障自诊断系统工作原理

1. 故障类型与故障代码

通常,故障的出现有两种形式。一种是间歇性故障,特点是时有时无;另一种是持续性故障,特点是一旦发生就持续存在。在故障诊断中,间歇性故障称为软故障(有些生产厂家称为延续或历史的故障),而持续性故障则称为硬故障。间歇性故障可能重现,但它的发生常常没有规律可循,重现的时间长短也不确定,持续性故障则始终存在。因此,持续性故障比较容易判断,而间歇性故障则难以判断。因为要重现间歇性故障产生的状态有时很困难,可能需要很长时间来捕捉间歇性故障的重现,或需要人为地创造可重现故障的条件,如加热、晃动等,同时又需要有较好的设备来捕捉故障出现瞬间各种数据参数的变化。

故障代码(简称故障码)是汽车控制计算机的自诊断系统对检测出的故障点所记录

下的相应编码（数字或字母）。如果故障状态存在超过一定的时间，则此故障代码就以稳定的形式储存。如果在一定的时间内该故障状态不再出现，则系统把它判归为偶发性故障。如果电控系统启动50次故障不再出现，则该偶发性故障代码就会自动消除。

2. 故障的确认方法

任何故障代码的设定都具有其相应的设定条件，当自诊断系统检测到某一个或几个信号超出其设定条件（或范围），即故障时，将设定故障代码。通常对故障的确认有以下几种方法。

（1）值域判定法

当控制计算机接收到的输入信号超出规定的数值范围时，自诊断系统就确认该输入信号出现故障。例如，某些车水温传感器设计在正常使用温度范围，即 $-30\sim120\ ℃$（或更高些）内，输出电压为 $0.3\sim4.7\ V$，所以当控制计算机检测出信号电压小于 $0.15\ V$ 时就判定水温传感器信号系统发生短路故障，大于 $4.85\ V$ 则判定水温传感器信号系统发生断路故障。

（2）时域判定法

当控制计算机检测时发现某一输入信号在一定的时间内没有发生变化，或变化没有达到预先规定的次数时，自诊断系统就确定该信号出现故障。例如，氧传感器在发动机达到正常温度且控制系统进入闭环后，控制计算机经过一段时间都检测不到氧传感器的输出信号，或者氧传感器信号在 $0.45\ V$ 上下没有变化的情况已超过一定时间，自诊断系统就判定氧传感器信号系统出现故障。

（3）功能判定法

当控制计算机给执行器发出驱动指令后，检测相应传感器或反馈信号的输出参数变化，若输出信号没有按照程序规定的趋势变化，则确认执行器或电路出现故障。例如，在某些车辆上控制计算机发出开启排气再循环（exhaust gas recirculation，EGR）阀命令后，检测进气压力传感器（manifold absolute pressure-sensor，MAP）输出信号是否有相应变化，以确定 EGR 阀有无动作，若没有变化，则确认 EGR 阀及其电路出现故障。有些车辆采用 EGR 位置传感器（或其他传感器）来判断 EGR 的工作状态。

（4）逻辑判定法

控制计算机对两个或两个以上具有相互联系的传感器进行数据比较，当发现两个传感器信号间的逻辑关系违反设定条件时，就断定其一或两者有故障。例如，若控制计算机检测到发动机转速大于某个值时，节气门位置传感器输出信号小于某个值，则判定节气门位置传感器出现故障。又如，在捷达车上，当节气门位置传感器信号有问题时，控制计算机会比较在当时发动机转速下的空气流量信号与节气门位置信号，给出空气流量传感器信号不合理的故障代码，有时也会同时给出节气门位置信号的故障代码。

四、自诊断和故障安全功能的发展趋势

随着车辆计算机控制技术的发展和人们对车辆性能要求的提高，车辆计算机控制系统的自诊断和故障安全功能将得到不断发展。例如，随着排放法规的日益严格，将进一步加强对影响车辆排放性能部分的工作情况监测。自诊断和故障安全功能将在以下几个方面得到进一步的发展。

1. 故障情况及相关参数记录功能

车辆计算机控制系统的自诊断功能不仅能够可靠地诊断和明确记录各种故障情况，而且还能够记录故障发生时和故障发生后一定时间间隔内的相关参数，如环境温度、车速、发动机转速、发动机爆振强度等。

2. 故障定位功能

自诊断功能不仅能对传感器、执行器存在的故障进行准确定位，而且能够对 ECU 内部的故障进行具体定位，使维修人员能够根据 ECU 提供的故障部位信息，迅速、准确地确定故障部位，特别是 ECU 内部的故障，并通过更换元器件迅速排除故障。

3. 故障预告功能

在大量必要的技术数据支持下，利用模糊逻辑、神经网络、自学习系统和专家系统等现代数据处理技术，ECU 不仅能够对计算机控制系统已经发生的故障进行可靠诊断，而且还能够预告系统出现故障的可能性，以及对系统进行维修的必要性，并向驾驶员预告系统的潜在故障，使驾驶员能够采取必要的防范措施，提高车辆的可靠性和有效性。

4. 参数替代功能

当计算机控制系统中的某些传感器发生故障不能产生正确信息时，ECU 可以利用参数替代功能继续进行工作，使车辆能够在保证基本性能的前提下进入"回家"状态，或者对车辆的某些性能进行稍许限制，使车辆能够以良好的状态继续行驶。替代的参数一方面可以通过处理其他传感器产生的信息获得，另一方面可以调用存储在随机存取存储器中的备用参数获得。例如，车辆的速度参数既可以从变速控制系统获得，也可以从制动控制系统获得，还可以从巡航控制系统获得；电动机的温度可以根据环境温度和电动机的持续工作时间进行确定。

5. 指导驾驶功能

自诊断和故障安全功能的进一步发展，不仅能够在控制系统出现故障时向驾驶员提供明确的故障信息，还能够通过文本、图像甚至同步语音将故障情况、故障可能导致的后果，以及应当采取的措施等信息明确地告知驾驶员，如"需要添加冷却液""以

最低车速开到维修站""有损坏发动机的危险""停车！制动系统存在故障"等。

6. 离车诊断标准接口

为了利用离车故障诊断设备对车辆进行故障诊断，车辆计算机控制系统必须提供有利于与离车诊断设备连接的标准接口，使离车诊断设备不仅能够读取控制系统存储的故障信息，还能够对控制系统进行重新检测和诊断。

7. 维修档案功能

车辆计算机控制系统将会具有维修记录功能，对控制系统的维修情况进行记录，内容包括已进行维修的次数、每次维修时的行驶里程和时间、维修内容和维修站名称等。

第七章
新技术在内燃装卸机械上的应用

第一节
新型能源动力车辆技术

一、概述

传统的柴油机、汽油机因其使用的石油燃料便于储存、运输，并且曾被认为可得到稳定的供应，所以广泛应用于船舶、车辆及各种运输机械、固定式发电装置等。但自20世纪70年代开始，连续发生两次石油供应危机，世界各工业先进国家对车辆排放物的限制渐趋严格；20世纪80年代以后在联合国环境大会上又提出了防止地球温室效应等要求，使用汽油、柴油作能源的传统车辆受到了严峻挑战。

基于上述原因，世界各国对开发新能源内燃机和动力机械给予了极大关注，新型能源动力车辆的研究非常活跃，已取得了许多突破性的成果。这里所说的新型能源，是相对于车辆使用的汽油和柴油等传统能源而言的。就目前研究应用于车辆动力的新型能源来说，主要有各种代用燃料、天然气和液化石油气、太阳能及燃料电池等。

新型能源动力车辆技术的内容涉及面极广，既包括能作为车辆动力能源的新型能源资源及其获取技术，也包括使用新型能源动力机械的开发技术，还包括与应用新型能源动力相匹配的车辆开发技术。

目前，除醇类燃料和天然气（包括液化石油气）发动机车辆技术已趋于成熟并有实际应用外，其他新型能源动力车辆皆因技术和经济等原因，尚未达到实用阶段。

二、代用燃料车辆技术

1. 车用代用燃料的种类

所谓代用燃料,是指能够取代或部分取代目前内燃机传统燃料(汽油、柴油、煤油)的燃料。能作为内燃机实际使用的代用燃料要求发动机本身不必进行大的改动即能利用,应有足够的资源,加工、运输、使用和保管比较方便且安全可靠,并且使用代用燃料后发动机的动力性、经济性、排放性、耐久性和可靠性不应降低。

目前,代用燃料的研究内容极为广泛,但就燃料种类来说,可归纳为两种,即液体燃料(醇类燃料、植物油燃料)和气体燃料(氢气、天然气、液化石油气)。

氢气是极好的燃料,但目前存在价格高、寿命短、启动时易回火、最大功率不足等问题。天然气、液化石油气在内燃机上的应用已取得了比较成熟的经验。但从总体来看,气体燃料的能量密度低,需要庞大的专用储气装置,适于作为固定动力燃料,而用于车用发动机的燃料则需压缩或液化。

醇类燃料因其辛烷值高、抗爆性好,可通过提高压缩比来提高热效率而在汽油机上得到了广泛应用。但醇类燃料用于柴油机时,因十六烷值低、汽化潜热大而造成着火困难等问题使其受到了限制。

相对汽油而言,植物油燃料的性质更接近于柴油,因此,目前的研究大多集中于柴油机。

2. 醇类燃料动力车辆技术

醇类燃料包括甲醇和乙醇。在第二次世界大战中,由于燃料短缺,使用过以醇类作为燃料的发动机。1973年因第四次中东战争爆发,西方国家的石油供应发生困难,也使长期依靠石油进口为生的第二世界国家及少数第三世界国家的经济蒙受打击,于是把甲醇和乙醇作为石油系液体燃料的代用燃料受到各国重视。

醇类燃料车辆与传统燃料车辆的主要区别在于两种不同燃料的发动机,其余仅在油路上有所不同。因此,醇类燃料车辆技术本质上是醇发动机技术。

3. 天然气车辆技术

天然气车辆(natural gas vehicle,NGV)是指以天然气作为燃料的车辆,它于20世纪30年代初由意大利人率先使用,到1939年意大利人已有1万辆车燃用天然气。苏联早在1938年就研制出两种压缩天然气车辆,并在第二次世界大战后,于1947—1948年开始批量生产吉斯-156和格司-51B型压缩煤气瓶车辆,但在20世纪50—60年代发展较为缓慢。直到1973年第一次石油危机之后,人们才逐渐确认车辆燃用天然气既经济又清洁,且安全可靠。

我国NGV技术从20世纪50年代开始出现,主要采用低压气囊式。随着国民经济的迅速发展,交通运输及农业机械化对矿物燃料的需求急剧增加,燃油紧缺程度加大,从 1986 年以后，我国 NGV 技术出现了发展的好势头并逐渐掌握了完备的技术。目前全国已超过数万辆 NGV，主要以汽车运输业为主。

4. 氢燃料车辆

氢气是一种热值高、污染低的清洁燃料，作为内燃机的代用燃料国内外已进行过大量研究。日本曾研制成功以氢气作燃料的小轿车，时速达 160 km（最高可达 200 km），车上安装了一台 1.2 L 的以氢气作燃料的旋转发动机。苏联率先试验在汽油中加入 5% 的氢气作为车辆混合燃料，可节约 25%～30% 的汽油，热效率提高 19%。氢燃料发动机能否实用化的关键是解决如何廉价地获得氢和携带储运氢两个问题。

5. 生物质燃料车辆技术

生物质燃料（biomass fuel）是指由植物中获取的燃料。植物在生长过程中吸收二氧化碳，而在长成后可以不同方式变成人类生活中的能源。植物的生长期远远短于石油的生成期，且可以人工种植，因此，利用植物替代石油燃料，对节约石油能源、减少全球的二氧化碳排放量具有深远意义。

前面介绍的甲醇和乙醇均可通过植物获得，下面介绍另一类生物质燃料——植物油。

有些植物的籽粒含油十分丰富，如菜籽、棉籽、棕榈、大豆、花生及向日葵等。研究表明，这类植物油十六烷值较高，只要用合适的方法将其黏度调整到柴油的水平，就可以在发动机不进行改进的情况下直接使用。使用过的食品油回收处理后，也可以作为柴油机燃料，这同时也减轻了废食品油对江、湖水源的污染。但这类植物油使用时必须经过精制或改性处理，否则会引起喷油器针阀偶件卡死和燃烧室严重积炭等问题。

世界上还有一些树，能生产液体碳氢化合物，称为石油植物。1979 年，美国生物化学家、诺贝尔化学奖获得者梅尔文·卡尔文在访问巴西期间，发现一种古巴香蕉属的树能生产"柴油"。当地居民在它 1 m 粗的树干上钻一个直径 5 cm 的孔，然后用塞子堵上，每过 6 个月左右，拔去塞子就可以收集到 15～20 L 碳氢化合物。后来，人们又陆续发现了一些大戟属石油植物，如续随子、绿玉树及产于波多黎各的三角大戟等。

植物油作为柴油机燃料的研究，可以追溯到鲁道夫·迪塞尔发明压燃式内燃机时期。当时他就考虑了多种燃料，能喷入气缸并在压缩高温空气中着火的油类，他几乎都试验过，只是因为后来出现了大量质优价廉的石油才停止了研究。但到 20 世纪 70 年代，由于石油危机，这项研究又掀起了高潮。由于技术、经济等原因，目前植物油尚未实际应用在车辆上，但在一些农用动力机械上已得到了应用。

三、太阳能车辆技术

和传统车辆不同，太阳能车辆已经没有发动机、底盘、驱动、变速箱等构件，而是由电池板、蓄电池和电动机组成，车辆的行驶只要控制输入电动机的电流就可以实现。全车主要有三个技术环节，一是将太阳能转化为电能，二是将电能储存起来，三是将电能最大程度地发挥到动力上。

太阳能车辆是真正意义上的无公害、无能源消耗的环保车辆。由于其零污染、能源用之不竭，因此，代表着车辆发展的新水平，所以又称"未来车辆"。但因其造价昂贵、动力受太阳照射时间限制及承载能力较差等特点，目前尚在研发中。

四、电动车辆及混合动力车辆技术

1. 电动车辆及其发展

电动车辆是以电池为动力的车辆，与燃油车辆有显著区别。电动车辆是涉及机械、电力、电子、计算机控制等多种学科的高技术产品。

目前车辆的动力源主要是汽油和柴油，而石油短缺与环境污染已严重制约了燃油车辆的发展。因此，发展电动车辆，实现车辆工业的可持续发展已是全世界的共识。高效、节能、低噪声、零排放的电动车辆将会是应用最广泛的交通工具。

2. 混合动力车辆技术

目前，采用混合动力驱动系统是解决电动车辆续航距离短问题最快捷、最有效的途径。混合动力车辆有两套驱动系统，即燃油驱动系统和电驱动系统，其动力源主要是燃油，而在低速、启动和加速时则利用电力。此外，在燃油不完全燃烧时也利用电力，以提高燃料的燃烧效率。

这种系统既能发挥电驱动车辆在城市里运行时低排放、低噪声的优点，同时又能保留内燃机车辆能长距离运行的优点，还可以利用驱动系统中的电动机回收车辆制动能量。当车辆启动和爬坡时可以利用电动机的辅助转矩，使车辆配置的内燃机排量减小。当车辆在城市内处于低速运行时，可完全依靠电动机运行；在长途运行过程中可利用内燃机为电驱动系统中的蓄电池充电。

但由于混合动力车辆只是燃油车辆与电动车辆之间的过渡产品，一旦电动车辆关键技术得以突破，成本下降到具有商业化推广价值的水平，混合动力车辆很快就会被淘汰。

第二节 环保排放电子控制系统

车辆给人们的出行和运输带来了很大的便利，同时也带来了严峻的环境问题，其产生的废气和噪声是公认的城市两大公害。车辆排放对大气的污染和车辆噪声对环境的危害，恶化了人类的生存环境，影响了人们的身体健康，已发展成为严重的社会问题。特别是进入 21 世纪以来，车辆的保有量呈飞速增长趋势。因此，监督并检测车辆排放污染物和车辆噪声，已成为车辆检测项目中极为重要的部分。

一、车辆排放污染物的主要成分及其危害

车辆发动机工作时排出的废气，含有大量的有害成分，主要有一氧化碳（CO）、碳氢化合物（HC）、氮氧化合物（NO_x）、硫化物、微粒等。随着车辆工业的迅速发展，车辆保有量的急剧增加，车辆排放污染物对大气的污染已经构成公害。它对部分人群，尤其是对大城市的人群造成了严重的健康威胁。同时它还损害生态环境，污染河流湖泊，危及野生动植物的生存。

1. 一氧化碳

车辆排放污染物中的 CO 是燃料不完全燃烧的产物，当发动机混合气过浓或燃烧质量不佳时，易生成 CO。CO 是一种无色无味的有毒气体，它进入人体后极易与血液中的血红蛋白结合，其与血红蛋白的亲和力是氧的 300 倍。因此，CO 可使血液携带氧的能力降低而引起缺氧。CO 被人体大量吸入后会使人感觉恶心、头晕及疲劳，严重时会使人窒息死亡。

2. 碳氢化合物

车辆排放污染物中的 HC 是多种碳氢化合物的总称，是发动机未燃尽的燃料分解或燃油供给系统中燃料蒸发所产生的气体。车辆排放污染物中，HC 的 20%～25% 来自曲轴箱窜气，20% 来自化油器和燃油箱中的液体蒸发，其余则由发动机排气管排出。单独的 HC 只有在浓度相当高的情况下才会对人体产生影响，一般情况下作用不大。但 HC 能引起光化学反应生成光化学氧化剂，还会生成甲醛，形成烟雾，对人的眼、鼻和咽喉黏膜有较强的刺激作用，严重时可致癌。

3. 氮氧化合物

车辆排放污染中的氮氧化合物主要指 NO_2 和 NO，通常可概括表示为 NO_x。NO_x 主要是在高温燃烧过程中由空气中的氧和氮化合而成，燃料中含氮化合物也会部分形成氮氧化合物排放。车辆尾气中直接排出的氮氧化合物基本上是 NO，汽油机排出的氮氧化合物中，NO 占 99%，而柴油机排出的氮氧化合物中 NO_2 比例稍大。NO 从发动机刚排出时毒性较小，但排出之后在大气中会被氧化为剧毒的 NO_2，这一过程一般需要几小时，若空气中有强氧化剂，如臭氧，则氧化过程会变得很迅速。NO_2 是一种刺激性很强的污染物，它能刺激眼、鼻黏膜，麻痹嗅觉，甚至引起肺气肿。

4. 硫化物

车辆排放污染物的硫化物主要为二氧化硫（SO_2）。它由所用燃料中含有的硫与

空气中的氧反应而生成。SO_2 有强烈的气味，它本身可刺激咽喉与眼睛，严重时可使人中毒，引起呼吸道疾病。SO_2 还是形成酸雨的主要成分，它能严重污染河流、湖泊等水系，使土壤和水源酸化，殃及野生动植物的生存安全，破坏自然界的生态平衡。

5. 微粒

汽油机排出的主要微粒为铅化物、硫酸盐、低分子物质；柴油机排出的主要微粒为炭化物质（炭烟）和高分子量的有机物（润滑油的氧化和裂解产物），其微粒的直径大约在 0.1～10.0 μm 范围内，柴油机产生的微粒量是汽油机的 30～60 倍。炭烟是柴油燃烧不完全的产物，它由直径较小的多孔性炭粒构成。微粒中对人体和大气环境危害最大的是 2.5 μm 左右的微粒，它悬浮于离地面 1～2 m 高的空气中，容易被人体吸入。而这些微粒，往往吸附许多有机污染物、重金属元素和一些致癌物质，因而当其沉积到人体肺部时，会严重危害人体健康。

二、排放控制系统电子控制技术

1. 燃油蒸发控制系统的电子控制

在现代车辆上，为了防止油箱中的汽油蒸发到大气中，控制 HC 的总排放，都会采用汽油蒸发控制系统。

汽油蒸发控制系统的作用：阻止燃油箱内蒸发的汽油蒸气泄漏到大气中，以免污染环境；同时将燃油箱的汽油蒸气进行收集后，适时送入进气歧管，与空气混合后进入发动机燃烧，使汽油得到充分利用。

2. 二次空气喷射电子控制

空气喷射装置可在发动机工作时向高温排放气体中喷入新鲜空气，使废气中未燃烧的 HC 和 CO 氧化（燃烧），从而减少 HC 和 CO 的排放量。当喷射的新鲜空气与废气结合时，空气中的氧和碳化氢反应生成水，并呈蒸气状，而氧和一氧化碳反应生成二氧化碳，它是一种无害气体，但会引发温室效应。

3. 三元催化转化闭环电子控制

为了适应排放法规提出的排放要求，许多车辆上都装有三元催化转化器。三元催化作用的前提是混合气在理论空燃比附近，这样才能使 CO、HC 的氧化作用与 NO_x 的还原作用同时进行。为了能有效利用三元催化转化器，充分净化排气，就要提高空燃比的配制精度，使其尽可能地维持在以理论空燃比为中心的非常狭窄的范围内。

4. 排气再循环电子控制

采用 EGR 可有效降低 NO_x 的生成。电子式排气再循环控制系统不仅结构简单，而且可进行较大 EGR 率（15%～20%）的控制，另外，随着 EGR 率的增加，燃烧将变得不稳定，缺火严重，油耗上升，HC 的排放量也增加。因此，当燃烧恶化时，可减少 EGR 率，甚至完全停止 EGR。电子式 EGR 控制系统的主要功能就是选择 NO_x 排放量多的发动机运转范围，进行适量 EGR 控制。

第三节 新材料的应用

一、发动机上的新材料

虽然现代材料技术发展迅速，但是金属材料仍然是现代车辆发动机上使用最广泛的材料。

1. 曲轴

目前，国内普遍使用的曲轴材料主要有锻钢和球墨铸铁两类。

（1）锻钢曲轴

锻钢曲轴多采用精锻中碳钢或中碳合金钢，它需要采用调质（或正火）热处理来提高强度并改善加工性能。由于锻造曲轴需要热处理，因此工艺较复杂，需要时间多，而且能源消耗较大。另外，国外采用 45 钢经锻造余热淬火后，增加淬透性，提高硬度、抗拉强度、冲击韧性和延伸率，从而降低毛坯成本。

微合金非调质钢曲轴是近年来发展起来的新钢种，通过添加钒、铌、钛等合金元素细化晶粒，强化钢的基体，提高钢的强度。其优点是可省去调质（或正火）处理工艺，具有明显简化工艺、节时节能的效果。同时，微合金非调质钢曲轴可改善切削加工性能，提高劳动生产效率。微合金非调质钢与调质碳钢相比可降低成本 7%～11%，与调质合金钢相比可降低成本 11%～19%。国外车辆对微合金非调质钢曲轴的应用已十分广泛，德国的奔驰、意大利的菲亚特、美国的福特、日本的三菱和丰田汽车公司都有部分车辆发动机曲轴采用微合金非调质钢。

（2）球墨铸铁曲轴

球墨铸铁比钢轻约 10%，无残留应力，加工时产生的缺陷少，而且球墨铸铁减振性、耐磨性、对缺口敏感性等优于锻钢。铸造曲轴与锻造曲轴相比，可使连杆轴径中空，减小回转质量，且可减少轴拐角处的应力集中。球墨铸铁曲轴，尤其是铸态球墨铸铁曲轴，具有生产工艺简单、能源消耗少、生产成本低、生产效率高等优点。球墨铸铁要取代锻钢，其重点是提高韧性，尤其是动态韧性。

奥贝球铁（austempered ductile iron，ADI）是近年来铸铁冶金中的重大发现之一。将球铁加热到897 ℃附近，奥氏体化溶解碳，然后进入247～397 ℃盐浴中急冷，以防止出现珠光体，并保温1～2 h，最后急冷到室温，获得基体为奥氏体加贝氏体混合组织的ADI材料。ADI材料可被用来制造承受高负载的曲轴，而通常条件下，普通球墨铸铁材料无法达到如此高的要求。ADI材料的开发提高了球墨铸铁类材料的力学性能，拓展了球墨铸铁材料的应用空间。由于其价格低廉，设计自由度大，经不同温度下等温淬火处理后，具有高强度、高韧性、耐疲劳和耐磨性能，因此，ADI材料是一种非常有发展前途的材料。

2. 活塞和活塞环

现代发动机的活塞多采用铝合金材料。其主要优点是质量小、导热性能好。随着发动机功率的不断提高和活塞工作寿命的不断延长，普通的铝合金活塞难以满足要求，因此，许多性能更好的新材料应用于活塞中，如铝基复合材料。用这种材料制成的活塞质量大幅减小，与普通铝合金材料相比其高温强度和抗热疲劳性能明显提高，并具有较低的线膨胀系数，可提高活塞使用寿命，降低油耗和废气排放量，提高发动机功率。日本丰田汽车公司的发动机已广泛采用这种材料。美国能源部橡树岭国家实验室还研制出用于制作车辆发动机活塞的发泡石墨，这种材料具有比铝高4倍、比铜高5倍的传热系数，并且具有密度低、质量小、制取成本低等特点，其质量可减少40%（与金属材料相比），可有效提高发动机的输出功率，改进工作效率。

活塞环是易损件，在工作中与缸套摩擦剧烈，其摩擦损失占发动机总摩擦损失的60%～70%。因此，减轻摩擦和降低磨损是提高效率、延长寿命的重要途径。研究表明，在活塞环（尤其是压缩环）工作面上涂覆一层耐磨微小颗粒物质，可提高其耐磨性能和载荷能力。例如，对柴油机压缩环施以铬和陶瓷涂层（Al_2O_3的含量为2%～6%），其耐磨强度较普通环提高0.5～1.5倍。有了这种涂层，活塞环的工作面将永久存留一层润滑油膜。有的活塞环表面涂覆极精细的钻石微小颗粒可进一步提高环的耐磨强度。

3. 缸套

为减小发动机质量，很多汽油发动机机体采用铝合金作为材料，并另外设置一个灰铸铁缸套作为气缸的工作面。两种材料具有不同的热膨胀特性，会影响整个气缸系统的工作，降低效率。目前已开发出双层材料缸套，即内层为铁，外层为铝合金，两者构成一个整体。

石墨铝基复合材料具有较好的耐磨性、抗咬合性、自润滑性。采用该材料代替传统的铸铁缸套可大幅提高发动机的功率，降低线膨胀系数和耗油量，改善导热性。采用碳短纤维增强的铝合金缸套取代铸铁缸套，以 Al_2O_3 与碳纤维的混合物作为增强物，在铝合金缸体的内表层形成 2 mm 厚的石墨铝基复合材料层，其中含纤维体积为 12%～15%，不但能达到减重、改善冷却特性、减小发动机尺寸的目的，而且能够减小气缸的变形，提高气缸和活塞的耐磨性。日本本田汽车公司已批量生产出碳短纤维增强的铝合金缸套，并大量应用于汽油机缸体中。

4. 进气歧管

随着铝合金在发动机中的应用范围不断扩大，进气歧管也逐渐由钢材改为铝材。为了进一步减小零部件的质量，进气歧管开始采用非金属材料。玻璃纤维增强尼龙（glass fiber polyamide，GFPA）便是其中一个很好的材料。采用 GFPA 替代金属制造进气歧管，可以减少流动阻力，提高发动机燃烧效率，降低油耗，减少振动，降低噪声。用 GFPA 制造进气歧管采用模具旋转焊接法，将注塑与注射焊接集成于一个生产循环中，所制作的两个部分不需要从模具中取出，因此，可保持热态、柔顺，焊接时不会翘曲。使用此方法时可在普通注塑件上的同一模具内完成进气歧管的注塑与焊接。

5. 连杆

目前，主要车辆生产厂家都在考虑变换连杆材料代替传统的连杆材料。美国杜邦公司和克莱斯勒汽车公司合作开发出纤维增强铝锂合金基复合铸造连杆，其质量小、强度高，抗拉强度达 560 MPa，而且线膨胀系数小，对提高发动机效率极为有利，刚度、强度和疲劳极限都能满足高性能车辆的材料要求。日本本田研发中心开发出一种不锈钢加强的铁合金连杆，质量减小了 30%，可应用在家庭小型车辆上，以提高发动机功率和燃料经济性能。

二、摩擦材料

在 20 世纪 70 年代中期以前，车辆制动系统多为四轮毂式，制动摩擦片几乎都使用石棉基摩擦材料，只有超重型车辆才会采用金属基摩擦材料。由于石棉基摩擦材料的热衰退性大且为强致癌物质，20 世纪 70 年代中期至 80 年代中期，车辆制动器结构开始向"前盘后毂"与非石棉基摩擦材料过渡。20 世纪 80 年代中期以后，是盘式制动器与新型无石棉摩擦材料大力发展和工业化生产、应用时期。

基于现代社会对环保与安全的要求越来越高，世界车辆工业发达国家迅速开展了非石棉基摩擦材料的研究开发，相继推出了非石棉基的半金属型摩擦材料、烧结金属型摩擦材料、代用纤维增强或聚合物黏结摩擦材料、复合纤维摩擦材料、陶瓷纤维摩擦材料等，它们的共同特点如下。

1. 均没有石棉成分，而是采用代用纤维或聚合物作为增强材料。
2. 增加了金属成分，以提高其使用寿命。
3. 加入了多种添加剂或填料，以改善摩擦平稳性和抗黏着性，降低制动噪声和减少震颤现象。